미국 '1극 체제'의 탄생

미국사 산책

책

12

미국사 산책 12 : 미국 '1극 체제'의 탄생

ⓒ강준만, 2010

1판 1쇄 2010년 11월 8일 펴냄 1판 2쇄 2016년 2월 12일 펴냄

지은이 | 강준만 펴낸이 | 강준우 기획편집 | 박상문, 박지석, 박효주, 김환표
디자인 | 이은혜, 최진영 마케팅 | 이태준, 박상철 펴낸곳 | 인물과사상사
출판등록 | 제17-204호 1998년 3월 11일 주소 | (121-839) 서울시 마포구 서교동 392-4 삼양빌딩 2층
전화 | 02-471-4439 팩스 | 02-474-1413 홈페이지 | www.inmul.co.kr | insa@inmul.co.kr
ISBN 978-89-5906-164-8 04900 ISBN 978-89-5906-139-6 (세트)
값 14,000원

미국 '1극 체제'의 탄생

미국사 산책 12

강준만 지음

인물과
사상사

차례

• 일러두기

외국인의 인명은 생존한 경우 괄호 안에 본래 이름만 넣었고, 사망한 경우 본래 이름과 생몰연도를 함께 실었다. 그 외에 인명과 연도를 괄호 안에 함께 묶은 것은 책의 끝에 있는 참고문헌의 길라잡이로 밝히고자 함이다.

제1장

내셔널리즘과 '레이건 독트린'

미국 내셔널리즘의 물결
UN 탈퇴 운동과 로스앤젤레스 올림픽

레이건의 한국 방문

'성찰하는 미국'에서 '강력한 미국'으로의 전환을 주도한 로널드 레이건(Ronald Reagan, 1911~2004) 대통령에게 한국은 군사적으로나 경제적으로 중요한 의미를 갖는 나라 중 하나였다. 레이건은 1983년 11월 11일 한국을 방문해 전두환 정권에 대한 지지를 재확인했다. 김포공항에서 서울 시내로 들어오는 가두에는 학생 고적대를 비롯해 "로널드와 낸시 여사를 환영합니다" "당신처럼 우리도 당신들을 사랑합니다"라고 쓴 플래카드를 든 시민들이 도열했다. 다소 과장과 오류가 있긴 하지만, 당시 주한 미국 대사였던 리처드 워커(Richard Walker 1998a)의 회고를 들어보자.

"기쁨에 들뜬 군중은 150만 명 이상을 헤아렸다. 축제 기분으로 가득 찼으며 또 그만큼 중요한 날이었다. 전두환 대통령 참모진들은 환영 인파가 정말 인상적일 수 있도록 일에 만전을 기했다. 레이건 대통령은 한국인들에게 인기가 좋았다. 전임 지미 카터 대통령에 대한 인식이 별로 좋지 않았던 터여서 더욱 그랬다. 레이건 대통령 부부는 그날의 환영 인파는 두고두고 가장 인상 깊은 것이었다고 말했다. 레이건 대통령 부부가 방문 일정을 마치고 김포공항으로 되돌아갈 때는 군중들이 더 많았다.(200만 명은 될 것 같았다.) 이번만큼은 소집된 사람들이 아니었다. 방문은 아주 성공적이었다. 미 대통령은 한국과 한국민에 대한 미국의 의지를 훌륭히 전달해 한국민들에게 정말 깊은 감동을 주었다."

한국 도착 2시간 후에 이루어진 국회 연설에서 레이건은 한국의 업적과 미국이 받은 도움을 열거하면서 "그 이후로 미국에 대한 한국의 빚은 모두 갚은 셈이라는 것을 이 자리를 빌려 말씀 드린다"고 말했다. 워커는 "레이건 대통령이 국회에서 연설한 이 같은 개인적이고도 친밀한 어조는 참석한 모든 한국민에게 깊은 인상을 남겼다"며 다음과 같이 말한다.

"청중 중 눈가에 눈물이 맺히지 않은 사람은 거의 없었다. 나중에 우리는 텔레비전을 시청한 모든 국민도 똑같은 감동을 받았다는 것을 알았다. …… 대통령 연설 후 국회 본관 1층 로비인 로턴더홀의 리셉션에서 나의 오랜 친구이자 전 주미대사 및 외무장관을 지냈던 박동진 씨가 온 얼굴이 눈물 범벅이 된 채 나와 자리를 나란히 했다. 인사말을 건네자 그는 나에게 '대사, 내 생애 가장 훌륭했던 두 연설을 들을 수 있었습니다. 첫 번째는 서울이 수복된 뒤 맥아더 장군이 했던 것이고, 두 번째는 지금 막 들은 것입니다'라고 말했다. 그는 흐느끼기까지 하며 깊은 격정에 사로잡혔다."

레이건은 미국 대통령으로서는 처음으로 직접 휴전선 시찰을 나서는 등 한국에 대한 방위공약을 확고히 했다. 휴전선 시찰 시 푸른색의 야전 점퍼로 갈아입은 레이건은 미군 병사들에게 "지금처럼 내가 자랑스러울 때는 없었다"고 말했다. 미국의 한 정치평론가는 레이건이 1984년 대선에서 압승을 거두고 재선된 데에는 한국 방문 중 휴전선을 바라보며 주한미군에게 연설하는 강인한 이미지가 적잖은 기여를 했다고 평했다.(Pomper 1985a)

북한의 『로동신문』은 1983년 11월 11일자에서 레이건의 방한을 30여 년 전인 1950년 6월 미 국무부 고문 존 포스터 덜레스(John Foster Dulles, 1888~1959)의 방한에 비유하면서, 덜레스의 방한이 한국전쟁 발발 준비의 최종 점검이었듯이 레이건의 방한 역시 '제2의 조선전쟁'을 획책하기 위한 것이라고 주장했다. 그러나 북한은 그렇게 주장하면서도 미국에 대해 공식 외교관계를 수립할 용의가 있다는 신호를 계속해서 보냈다.(김학준 1995a)

레이건이 단지 안보 문제만으로 방한한 건 아니었다. 레이건은 한국에 "관세 인하, 수입량 규제조치 제거, 서비스 산업의 자유화, 외국인의 재산권 보호 강화" 등의 강력한 요구 사항들을 내놓았다. 양측 재무장관 김만제와 도널드 리건(Donald T. Regan, 1918~2003) 간의 한미 경제회담에서 미국 측은 화장품, 소형컴퓨터, 면도날, 아몬드 등 432개 품목에 대한 시장 개방을 요구했으며 1983년 말까지 미국이 개방을 요구한 품목의 총수는 274건이나 되었다. 이 품목 수는 매년 늘어나 1988년에는 379건에 이르렀으며, 특히 미국의 농축산물 수입 개방 압력이 크게 강화되었다.(Bello 1998, 문창극 1994a, 최진섭 2000)

레이건 행정부의 반(反)국제주의

1983년 12월 미국의 유네스코(UNESCO) 탈퇴 선언은 레이건 행정부가 표방해온 미국 제일주의가 제3세계 전체를 대상으로 가동되었음을 웅변해주었다. 레이건은 이미 유엔대사로 조지타운대학 정치학과 교수 출신의 여성 진 커크패트릭(Jeane J. Kirkpatrick, 1926~2006)을 임명함으로써 제3세계에 대한 태도를 분명히 했다. 커크패트릭은 제럴드 포드(Gerald R. Ford, 1913~2006) 행정부 시절 유엔대사를 역임했던 민주당 상원의원 대니얼 패트릭 모이니헌(Daniel Patrick Moynihan, 1927~2003)처럼 국내문제에 관한 한 진보적 민주당원이면서도 외교정책에 관한 한 미국 제일주의와 힘의 외교를 부르짖는 보수주의자였다.

그녀가 레이건의 관심을 끌게 된 건 한 편의 논문 덕택이었다. '미국유대인위원회(American Jewish Committee)'의 출판물로 신보수주의를 표방하는 『코멘터리(Commentary)』라고 하는 월간정론지 1979년 11월호에 기고한 「독재주의국가와 이중기준(Dictatorships and Double Standards)」이 바로 그것이다. 논문에 깊은 감명을 받은 레이건은 대통령에 당선되자 그녀에게 유엔대사 자리를 맡아달라고 부탁했으며 유례없이 국무장관의 간섭을 받지 않는 각료급 지위를 부여하기까지 했다.(Rabinowitz 1981)

커크패트릭(Kirkpatrick 1979)은 그 논문에서 지미 카터(James E. Carter, Jr.) 행정부의 인권정책을 신랄히 비판하면서 "미국이 제3세계에 대해 지기비하(self-abasement)와 사과(apology) 따위를 일삼는 태도는 도덕적으로도 불필요하며 정치적으로도 온당치 않다"고 주장했다. 그녀는 유엔을 '죽음'과 '세금'에 비유해 '없는 게 좋은데도 존재하는 나쁜 것'으로 간주하면서 유엔과 그 산하기구들이 납입회비의 액수에 따른 가중투표제(加重投票制)를 실시할 것을 역설했다. 그 어떠한 경우에도 우익독재가 좌익독재보다 미국의 이익에 기여하는 바가 훨씬 크다는 그녀의 제3세계관은 이른바 '레이건 독트린(Reagan Doctrine)'의 바탕이 되었다.

레이건 행정부는 이미 1981년 3월 해저광물 채취를 국제기구 관리 하에 두자는 국제해양협정의 조인을 거부했고, 1982년 4월 100여 개국 이상이 가입한 국제해양협정에 따르지 않고 독자적인 해저광물 채취를 하겠다고 선언함으로써 미국 다국적 기업의 이익을 배려하는 반국제주의(anti-multilateralism) 또는 일방주의(unilateralism) 노선을 분명히 했었다.

특히 1981년 5월 118개국이 승인한 제3세계에서의 분유판매에 관한 세계보건기구(WHO)의 윤리규정에 따를 것을 단독으로 거부한 레이건 행정부의 결정은 반국제주의의 진면목을 드러낸 것이었다.(이 규정의 채택에 대해 한국, 일본, 아르헨티나 3개국은 기권했다.)

그간 미국 및 유럽의 분유회사 직원들은 제3세계에서 의료복을 입고, 분유가 모유보다 좋다는 분유판매촉진 활동에 나서는 등 소비자들을 오도하는 비윤리적 행위를 범해왔다. 그 결과 서구와 같은 위생환경을 갖추지 못한 제3세계의 많은 유아들이 분유 때문에 각종 질병에 걸리거나 영양실조로 사망하는 일까지 벌어졌다. 이러한 폐단을 바로잡기 위해 분유에 대한 허위 및 과장 광고를 중지할 것을 요청한 국제보건기구의 윤리규정을 레이건 행정부가 거부한 것은 미국 내에서도 큰 논란이 되었다.

민주당 상원의원 에드워드 케네디(Edward M. Kennedy, 1932~2009)는 '부끄러운 짓'이라고 개탄했으며, 공화당 상원의원 마크 해트필드(Mark O. Hatfield)도 레이건 행정부의 결정은 '인명 경시의 메시지'라고 비난했다. 레이건 행정부의 이 결정은 미국 기업들이 남미 등지에서 피임약을 비타민이라고 속여서 보급하는 등 제3세계 국가의 인구조절에 비윤리적인 태도로 관여해온 사건과 더불어 '추한 미국인(ugly american)'의 모습을 보여준 것이라는 비판까지 낳았다.

"미국은 유엔에서 탈퇴하라"

반국제주의의 정점이라 할 수 있는 미국의 유네스코 탈퇴 선언은 그간 누적되어온 미국과 유엔의 불편한 관계를 반영한 결과이기도 했는데, KAL기 격추사건도 그 관계를 악화시키는 데에 일조했다. KAL기가 격추된 지 보름 후인 1983년 9월 16일, 미 국무성은 유엔을 방문하기로 한 소련외상 안드레이 그로미코(Andrei A. Gromyko, 1909~1989)가 뉴욕 케네디국제공항을 통해 입국할 수 없다고 발표함으로써 논란을 불러일으켰다. 그로미코의 입국 거부 결정은 뉴욕 주지사 마리오 쿠오모(Mario M. Cuomo)와 뉴저지 주지사 토머스 킨(Thomas Kean)이 내린 것이었다. 『뉴욕타임스(The New York Times)』와 『워싱턴포스트(The Washington Post)』 9월 18일자에 따르면, 미 국무성은 원래 주지사들의 결정에 경악을 금치 못했으나 레이건이 주지사들의 결정을 지지하자 마지못해 따른 것으로 알려졌다.(Bernstein 1983)

그로미코의 입국 금지 조처는 근본적으로 유엔에 관한 국제조약을 어긴 것으로 유엔에서 심각한 논란거리로 떠올랐다. 이에 대해 따지고 드는 유엔 회원국들의 항의에 시달리던 미국의 주(駐)유엔주재 부대사인 찰스 리헨스타인(Charles M. Lichenstein, 1926~2002)은 9월 19일 "정 그렇다면 유엔이 뉴욕에서 떠나면 될 것 아니냐"는 발언을 해 문제를 더욱 확대시켰다. 극우보수단체들은 리헨스타인의 발언이 널리 보도되자, 즉각 "미국은 유엔에서 탈퇴하라"는 플래카드를 앞세우고 시위를 벌임으로써 이 기회를 이용하여 그들의 오랜 숙원을 풀고자 했다. (Alter 1983)

이즈음 뉴욕시장 에드워드 코흐(Edward I. Koch)는 한 연설을 통해, 자신은 유엔이 뉴욕에 있기를 바란다고 이야기했다. 헌데 그 이유가 유엔에 대한 최대의 모욕적 언사였다. '그 어떤 나라든 똥통(cesspool)을 필요로 하기 때문'이라는 것이다. 유엔 덕분에 뉴욕 시가 1년에 벌어들이는 돈이 미국의 1년 유엔 회비의 두 배인 7억 달러가 넘는데도, 코흐가 국제기구에 대해 이런 모독적인 발언을 한 것은 레이건 집권 이후 팽배한 미국의 반제3세계 성향을 반영하고 있었다.(Banta 1983, New York Times 1983a)

리헨스타인의 발언에 대해 기자들의 논평을 요구 받은 백악관대변인 래리 스피크스(Larry M. Speakes)는 그의 발언은 백악관의 승인을 받지 않은 사견일 뿐이라고 해명했으며, 미 국무성 역시 그의 발언이 국무성의 견해가 아님을 분명히 했다. 그러나 며칠 후인 9월 21일 레이건은 기자회견을 통해 유엔이 뉴욕에서 떠나는 것을 환영한다는 더 놀라운 발언을 했다. 레이건은 유엔총회를 6개월간은 뉴욕, 6개월간은 모스크바에서 열어 과연 어느 나라가 더 나은지 알아보는 것도 괜찮겠다며 여유를 보이기까지 했다.(Bernstein 1983, Clines 1983)

레이건의 기자회견 다음날인 9월 22일 미 상원은 미국의 유엔회비를 즉각 21퍼센트 삭감하고 매년 10퍼센트씩 더 삭감하여 4년간에 걸쳐 5억 달러를 삭감하는 법안을 통과시킴으로써, 그간 매우 불편한 관계를 유지해오던 유엔과 미국의 관계를 새로운 분쟁 국면으로 몰고 갔다. 이는 제3세계가 수적 우세로 힘을 과시하게 만든 유엔의 1국1표주의에 반대하고 국제통화기금(IMF; International Monetary Fund)처럼 납입회비 또는 국력의 크기에 따른 가중투표제를 도입할 것을 요구해온 미국이 금력으로 유엔을 길들이겠다는 의지를 표명한 결정이었다. (New York Times 1983)

카터 행정부 시절 국무차관이었던 찰스 윌리엄 메인즈(Charles William Maynes 1988)가 지적했듯, 미국의 정치인들은 적어도 선거 때에는 제3세계에 대해 누가 더 강력하고 가혹한 정책을 제시하는가 하는 경쟁을 한다. 선거를 앞둔 레이건은 이러한 선거의 불문율을 염두에 두고 있었기에, 유엔 탈퇴를 대신할 희생양으로 그 당시 '신세계정보질서(New World Information Order)'를 내세우며 미국의 정보제국주의에 저항하던 유네스코로부터의 탈퇴를 결정했던 것으로 보인다.

레이건과 브루스 스프링스틴

그레나다 침공과 유네스코 탈퇴 선언 등으로 강력한 미국의 이미지를 구축하는 데에 성공한 레이건은 1984년 선거의 주요전략으로 '미국제일주의'를 내세웠다. 민심도 이에 화답하는 듯했다. 『로스앤젤레스 타임스(Los Angeles Times)』 1984년 3월 18일자 1면에 실린 「애국주의: 성쇠하는 열정」이라는 제목의 기사는 "4분의 3에 해당하는 미국인들이 자국의 방식이 최선이라고 생각하고 있다. 병역 지원자의 수가 꽉 찼으며, 대학 캠퍼스에는 학군단이 성행하고 있다"고 했다.(Luedtke 1989)

'미국 제일주의'가 보수 일변도의 이데올로기만은 아니었다. 이는 1984년 중반 미국에서 폭발적 인기를 끌던 록 가수 브루스 스프링스틴(Bruce Springsteen)의 활약에서도 잘 나타났다. 스프링스틴은 누구인가? 그는 1980년대, 엘비스 프레슬리(Elvis A. Presley, 1935~1977) 이래 가장 성공한 백인 록 스타였다. 1975년 세 번째 앨범 〈본 투 런(Born to Run)〉이 발표됐을 때 양대 시사주간지 『타임(Time)』과 『뉴스위크(Newsweek)』가 10월 27일자에 동시에 스프링스틴을 표지 모델로 삼을 정도로 그는 큰 인기를 누렸다. 박은석(2009)은 "거칠지만 순수하고, 새로우면서도 전통적인 스프링스틴의 음악에서 미국의 비평가들은 아메리칸 로큰롤의 부활 가능성을 발견했던 것"이라며 다음과 같이 말한다.

"세 번째 앨범의 동명 타이틀 트랙인 '본 투 런'은 초기 스프링스틴 음악의 정수다. 데뷔 이후 줄곧 천착해온 미국적 가치에 대한 주제의식이 뜨거운 응어리를 토해내는 듯한 목소리에 고스란히 담겨 있다. 고속도로를 질주하는 자동차에 현실 극복의 이상을 투영하는 특유의 어법으로, 노동계급 젊은이들의 현실을 통해 아메리칸 드림의 좌절과 개척자적 탈출을 노래하는 보통 사람들의 찬가. 그래서 관객들은 스프링스틴을 '노동계급의 영웅'이며 '보스'라고 불렀고, 비평가들은 그의 음악에 미국적 본질로서 '허트랜드(Heartland) 록'이라는 애정 어린 꼬리표를 달아주었던 것이다."

스프링스틴이 '노동계급의 영웅'으로 불린 건 그의 '허세'와 관중의 착각에 기인한 것이었지만, 전혀 근거가 없는 건 아니었다. 로이 셔커(Roy Shuker 1999)에 따르면 "스프링스틴의 노동계급적 허세는 인도주의적 신실성으로 완화됐으며, 심금을 울리는 보편성을 보여주었다. …… 스프링스틴은 록 스타 라이프스타일의 방종을 피하면서 동시에, 진정성의 이미지와 평범한 모습을 보여준다. 그의 노래는 사람들의 삶, 노동의 압박감, 돈 문제, 감정적 어려움 등과 관련되었다."

1984년 6월에 발매되어 폭발적 인기를 누린 스프링스틴의 앨범 〈본 인 더 유에스에이(Born in the USA)〉는 레이건의 선거구호 '미국의 아침(It's Morning in America)'에 활력을 불어넣었다. 스프링스틴과 레이건의 정치관은 크게 달랐지만 '애국'이라고 하는 공통분모는 유권자들에게 그들이 같은 메시지를 던져주고 있다는 인상을 주었고, 그래서 레이건의 선거참모들은 스프링스틴의 인기를 레이건의 선거유세에 이용하려고 애썼다.

스프링스틴은 기질적으로 또는 음악적으로 보수주의자였지만, 정치적으로는 남아프리카공화국의 인종차별 정책에 반대하고 근로계층의 이익을 대변하는 진보주의적 성향을 갖고 있었다. 그는 레이건 측의 〈본 인 더 유에스에이〉 이용 시도에 대해 명확히 항의하지 않고 당황하는 모습을 보임으로써 진보 진영의 비판을 받기도 했다.(Angus & Jhally 1989·1996) 그러나 곧 정신을 차렸던 것 같다. 레이건은 스프링스틴을 선거유세장과 백악관으로 초청했지만 거절당했다. 레이건은 "어쨌든 스프링스틴은 나와 같은 생각을 갖고 있다"고 주장했다.(Morley 1987, Wiener 1984)

스프링스틴은 '본 인 더 유에스에이'에서 베트남 참전군인의 부조리한
현실을 노래했다. '그들은 내게 총을 쥐어줬지/그리고 외국으로 날 보
냈어/고향에 돌아와 제련소에 일자리를 얻으러 갔지/사장은 나더러 재
향군인회에 가보라네/갈 데가 없어/난 미국에서 태어났어'

1984년 9월 19일, 레이건은 뉴저지(New Jersey) 주 해밀턴(Hamilton)
에서 행한 한 연설을 통해 뉴저지 주 출신인 스프링스틴이 노래하는
꿈이야말로 바로 자신이 추구하는 꿈임을 역설했다. 이 이야기를 전
해들은 스프링스틴은 이틀 뒤 피츠버그에서 연 공연에서 도대체 레이
건이 자신의 노래를 제대로 듣기나 하면서 그러는지 모르겠다며 '조
니 99(Johnny 99)'라는 노래를 불렀다. '조니 99'는 자동차공장에서 해

고된 한 실업자가 술에 취해 총으로 사람을 죽이고 징역 99년형에 처해진다는 내용의 노래로, 스프링스틴은 그 실업자를 대신해 "차라리 내 머리를 깎고 전기의자 위에 앉혀줘"라고 외쳤다.(Wormser 1984)

로스앤젤레스올림픽

레이건의 선거 전략인 '미국 제일주의'는 1984년 8월의 로스앤젤레스 올림픽에서 그 클라이맥스를 장식했다. 로스앤젤레스올림픽 중계를 맡은 ABC-TV가 미 3대 텔레비전 방송사 가운데 보수적 성향이 가장 강하다는 사실도 레이건의 선거 전략과 맞아떨어지는 행운으로 작용했다. 미국 텔레비전 스포츠의 귀재로 불리는 ABC 스포츠의 사장 룬 아를레지(Roone Arledge)는 미국의 라이벌 소련이 불참했기 때문에 로스앤젤레스올림픽을 '미국의 축제'로 꾸미는 게 시청률을 올리는 데에 가장 유리할 것이라는 결론을 내리고, 중계방송을 미국용과 외국용 두 가지로 나누어 미국 시청자들을 대상으로 한 국내용 중계방송은 노골적으로 '애국주의'라는 테마로 몰고 가라고 지시했다. 물론 이것은 레이건의 선거운동을 대신하는 결과를 가져왔다.

ABC-TV 중계방송을 지켜본 호주의 육상선수 데이비드 스미스는 "마치 이번 올림픽이 미국과 미국을 제외한 전 세계와의 싸움 같은 인상을 준다"고 비판했다. 실제로 ABC-TV는 미국 선수가 출전하여 상위권에 입상한 경기에 중계방송을 편중시켰으며 타국 선수에 관해서는 거의 언급하지 않았다. ABC-TV 스포츠 아나운서들은 중계할 때 미국 선수를 '우리 편'이라고 부르고, 미국 선수가 승리할 때는 환호하고 패배할 때는 노골적으로 안타까움을 표시함으로써, 텔레비전 시청자들을 흥분의 도가니로 유인했다. 미국 관중들은 성조기를 흔들며 미친 듯이 '미국', '미국' 을 외쳐댔으며, 이는 '2차 세계대전 이후 가장 격렬한 승리감의 표현' 이라고 평가되었다.(Bain 1984, Broadcasting 1984, Henry 1984, Kopkind 1984, Sanoff 1984, Waters 1984)

소련과 동구권이 불참한 로스앤젤레스올림픽은 미국의 독무대였다. ABC-TV의 180시간 올림픽중계는 ABC-TV의 라이벌인 CBS-TV와 NBC-TV의 평소 수입의 두 배인 4억 3500만 달러를 ABC-TV에 안겨주었다. 언론인 윌리엄 그라이더(William Greider)는 레이건의 1984년 선거 승리에 결정적으로 기여한 인물로 룬 아를레지를 꼽았다.(Robinson 1985)

로스앤젤레스올림픽은 미국만의 축제가 아니라 한국의 축제이기도 했다. 8월 13일 폐막 때까지 한국은 금메달 여섯, 은메달 여섯, 동메달 일곱 개로 종합 10위에 오르는 대기록을 세웠기 때문이다. 올림픽 기간 16일 중 모두 11회의 호외를 발행한 『조선일보』를 필두로 하여 언론매체들은 '올림픽 열기' 를 달구는 데에 앞장섰다.

로스앤젤레스올림픽이 끝난 후에도 올림픽 찬가는 계속해서 울려 퍼졌다. 메달을 딴 선수들의 출신학교는 물론이고 본적지와 거주지에 이르기까지 대대적인 환영대회가 개최되었고, 방송은 이를 중계하느라 바빴다. 이런 올림픽 찬가의 하이라이트는 선수들의 개선을 환영하는 국민축제였다. 8월 25일 MBC와 KBS가 여의도 광장에서 공동으로 주최한 '로스앤젤레스올림픽 개선 국민축제' 가 성대하게 열렸는데, 이 날 행사는 초호화판 대형쇼였다. 고광헌(1988)은 "충격적인 것은 즉석에서 환상적으로 강요되었던 애국심이었다" 며 "여의도에 모인 사람들과 전국의 모든 시청자들은 집단 최면에 빠져들어 가고 있었다"고 말했다.

그러나 바로 그 점이 애국심의 속성 중 하나가 아니겠는가. 미국의 내셔널리즘은 추해도 한국의 내셔널리즘은 아름답다고 말해야 하는가? 전자는 '공격적 내셔널리즘'이지만, 후자는 '방어적 내셔널리즘'이기 때문에 정당하다고? 그렇게 볼 여지가 없지 않을망정, 미국을 포함한 강대국 국민들은 그렇게 생각하지 않으리라. 유엔 탈퇴 운동에서부터 로스앤젤레스올림픽에 이르기까지 미국을 덮친 미국 제일주의 내셔널리즘은 '레이건 독트린'이라는 이름하에 그간 미국의 '뒷마당'이었던 중남미에 대한 정책에서도 나타나고 있었다.

참고문헌 Alter 1983, Angus & Jhally 1989 · 1996, Bain 1984, Banta 1983, Bello 1998, Bernstein 1983, Broadcasting 1984, Clines 1983, Finger 1983~1984, Henry 1984, Hewitt 1985, Kirkpatrick 1979 · 1981 · 1982 · 1983, Kopkind 1984, Lowi 1981, Luedtke 1989, Maynes 1988, Morley 1987, New York Times 1983 · 1983a, Pomper 1985a, Rabinowitz 1981, Robinson 1985, Rossiter 1982, Sanoff 1984, Shuker 1999, Underhill 1984, Walker 1998a, Waters 1984, Wiener 1984, Wolfe 1981, Wormser 1984, 강준만 1989, 고광헌 1988, 김학준 1995a, 문창극 1994a, 박은석 2009, 이정희 2005, 최진섭 2000

중남미에서의 '레이건 독트린'
엘살바도르와 니카라과의 비극

'도미노 이론'의 부활

레이건 행정부의 그레나다 침략을 부추긴 배경엔 그간 실패를 거듭해 온 중남미정책과 이에 따른 여론의 반발이 자리 잡고 있었다. 레이건 행정부는 중남미정책을 홍보의 문제로 이해했다. 레이건의 여론조사 가인 리처드 비일은 중남미정책의 문제점은 그것이 미국민들 앞에서 잘 연출되지 못했다는 점이라고 지적했다.(Reiter 1987) 과연 그런 것인 지 이 주장을 검증해보자.

레이건 행정부의 중남미정책에 대한 언론 홍보의 주무부서는 중앙정보국(CIA)이었다. CIA가 언론에 개입하는 정도는 일반인들의 상상을 훨씬 초월할 만큼 광범위했다. 1950년대 초기에는 400~600여 명에 이르는 미국 기자들이 CIA에서 봉급을 받았다. 미국의 3대 텔레비전 방송사와 『뉴욕타임스』를 비롯한 거의 모든 유력지들이 과거 CIA에 적극 협력한 경험을 갖고 있었다. CIA의 언론 침투를 위한 연간 예산은 미국 내의 모든 뉴스 통신사들의 연간 예산을 합한 것보다 더 많았다. 1975년 미상원정보위원회의 조사 결과에 따르면, CIA는 200여 개가 넘는 각종 언론사들을 비밀리에 소유하고 있는 것으로 밝혀졌다. 1987년 3월엔 CIA가 니카라과(Nicaragua) 정부군에 대항하는 콘트라(Contra)에 대한 미국민의 호의적 여론을 끌어내기 위해 50여 명의 미국 기자와 8명 이상의 외국기자들에게 뇌물을 줘온 것으로 밝혀졌다.(Honey 1987, Parenti 1986)

레이건의 보좌관들은 레이건이 높은 지지도를 얻기 위해서는 중미에서 멋진 한판 승리를 거두어야 한다고 굳게 믿고 있었다. 그들의 고민은 중미의 골칫거리 니카라과가 한사코 그들이 거는 싸움의 유혹에 말려들지 않는다는 것이었다. 레이건의 호전성을 잘 아는 니카라과는 엘살바도르 반군에게 무기를 공급하는 것까지 중단해 가며 도발의 빌미를 주지 않으려고 애쓰고 있었다.(Demouse 1984)

레이건은 1981년 취임 직후부터 소련의 영향력을 전면 봉쇄하는 강력한 중남미정책을 표방했다. 그는 1981년 2월 19일 전 우방국에 도미노(Domino) 이론을 상기시키며, 엘살바도르는 소련이 추구하는 세계혁명의 한 본보기라는 전문을 발송했다. 월남전 당시 베트남이 적화되면 동남아시아는 물론 하와이까지 적화될 것이라고 주장했던 린든 존슨(Lyndon B. Johnson, 1908~1973)의 도미노 이론이 오래 전에 설득력을 잃었음에도, 레이건은 엘살바도르가 중남미 적화의 전진기지가 될 것이라고 본 것이다. 그러나 과테말라를 사이에 두고 엘살바도르와 가까이 위치한 멕시코는 레이건의 이런 중남미정책에 강력한 반대를 표명하고 나섰다.(Schoenbrun 1984)

스페인 정복자들이 구원자(Savior)라고 부른 인구 475만의 소국 엘살바도르에서, 레이건의 호전적 중남미정책으로 인해 벌어진 참상은 올리버 스톤(W. Oliver Stone) 감독의 〈살바도르(Salvador)〉(1986)라는 영화를 통해 알려진 바 있다. 엘살바도르는 전체 인구의 1퍼센트에 불과한 지주들이 전 국토의 77.8퍼센트를 소유하고 있으며, 2퍼센트에 불과한 부유층이 전체 국민소득의 2분의 1을 점할 만큼 레이건 행정부가 지원하는 우익 독재국 중 최악의 군부독재국가였다.(Barry, Wood & Preusch 1982, Herman & Brodhead 1984)

엘살바도르의 비극

레이건 행정부의 지원을 받은 엘살바도르의 극우정부군이 보여준 학살극은 성선설을 전면 부정할 수 있을 만큼 잔인하고 광란적인 것이었다. 산 사람을 황산을 부어 죽이고 여자의 유방을 도려내 죽이는 등 이루 말로 다할 수 없는 살육 행위가 미국의 원조를 입고 자행되어왔다. 앰네스티(Amnesty; 국제사면협회)에 따르면, 엘살바도르에서는 1980년에만도 1만 2000여 명의 무고한 양민이 극우정부군에 의해 학살되었는데도, 레이건은 1981년 3월 6일 엘살바도르 지원이 인권을 옹호하는 세력을 돕는 것이라고 주장했다.(Green & MacColl 1983, Hochschild 1983)

엘살바도르 주재 미국대사도 미 의회 증언을 통해 1979년과 1983년 사이에 6만여 명의 민간인이 정부군의 손에 학살되었다고 보고했지만, 레이건은 학살자 수가 앞으로는 1년에 5000명 정도로 줄어들 거라고 주장하며, 엘살바도르 정부군에 대한 원조를 정당화했다. 1982년

시신을 묻으러 가는 엘살바도르인들. 1981년 12월 미 의회는 행정부가 엘살바도르를 지원하는 대신, 향후 2년 간 인권상황 개선을 입증하는 보고서를 6개월마다 제출케 하는 법안을 통과시켰다. ⓒ Gary Mark Smith

엘살바도르는 이스라엘, 이집트, 터키에 이어 네 번째로 미국의 군사 및 경제원조를 많이 받는 나라가 되었으며, 1984년 한 해만도 미국의 대(對)엘살바도르 원조액은 무려 10억 달러에 이르렀다.(Barber 1985, Bonner 1984, McMahan 1985)

1983년 민간인의 대량학살을 규탄한 딘 힌턴(Deane R. Hinton) 주 (駐)엘살바도르 미 대사는 그러한 공개적 비난이 반군 게릴라들에 대한 엘살바도르 국민의 호응도를 높여줄 위험이 있다는 이유로 미 국 무성으로부터 함구령을 받았다. 그런가 하면 엘살바도르 정부군의 학정을 피해 1981년과 1982년에 1만 5800명—어떤 통계는 1979년과 1984년 사이에 50만 명이라고 주장한다—의 엘살바도르인이 미국으로 피란해왔는데, 레이건 행정부는 엘살바도르에 인권유린 사태가 없으며 그들은 단지 보다 나은 일자리를 찾아온 불법 입국자라고 단정

짓고, 죽음이 기다리고 있는 엘살바도르로 피란민들을 쫓아보냈다.

한 가지 아이러니는 레이건 행정부가 엘살바도르 정부군에 공급하는 무기의 40퍼센트는 엘살바도르의 반정부 게릴라들에게 넘어갔다는 것이다. 엘살바도르 정부군의 상당수는 길거리에서 강제 징집되었거나 기아를 모면하기 위해 자진 입대한 10대 병사들이었는데, 이들은 항복할 경우 반군 게릴라들이 잘 대해준다는 것을 알기 때문에 전투가 벌어지면 싸울 생각도 않고 곧 투항해 반군 게릴라들에게 미제무기를 공급하는 역할을 맡았다. 주엘살바도르 미국 대사관조차도 엘살바도르 반군이 전 국민의 80퍼센트 이상의 지지를 받고 있다고 인정했다.(Barry, Wood & Preusch 1982, McMahan 1985, Ungo 1983)

인기 없는 정부군을 지원해야 하는 딜레마에서 허우적거리던 레이건 행정부는 1984년 5월에 실시된 엘살바도르 선거에서 극우 파시스트인 로베르토 다우부이손(Roberto D'Aubuisson Arrieta, 1944~1992)을 누르고 비교적 온건한 호세 나폴레온 두아르테(José Napoleón Duarte, 1925~1990)가 대통령에 당선되자, 이를 엘살바도르 지원에 대한 국내외 여론을 바꿀 수 있는 대대적 선전의 호기로 이용했다. 레이건 행정부는 물론 하원의장인 토머스 오닐(Thomas P. O'Neill, Jr., 1912~1994)과 민주당 의원 짐 라이트(James C. Wright, Jr.) 그리고 미 언론마저 두아르테가 '민주주의의 신봉자이며 용기와 인격을 갖춘 위대한 지도자'라고 격찬하는 수선을 떨며 엘살바도르 정부군 지원을 정당화하려고 들었다. 이에 화답하듯 두아르테도 대통령에 당선되자 취임도 하기 전에 워싱턴으로 날아가 군사원조를 늘려달라는 로비를 벌였다.

그러나 두아르테는 1980년 5월 정부군이 600여 명의 부녀자와 어린

CIA의 지원하에 대통령에 당선된 두아르테.

아이를 학살한 사건을 은폐하려고 했던 인물이었다. 그는 민간인 대량학살에 책임이 있는 과거 군사정권 때의 각료들을 그대로 임명해 자신이 엘살바도르군부의 일원이거나 그 꼭두각시에 불과하다는 것을 스스로 입증하고 말았다. 엘살바도르 군부와 레이건 행정부는 두아르테의 이미지를 조작해 미 의회로부터 대엘살바도르 군사원조를 늘리려는 목적을 공유하고 있었다. 두아르테가 엘살바도르 정치 사상 50년 만에 처음으로 선출된 민간대통령이라는 점을 최대한 선전하여, 엘살바도르 군부와 레이건 행정부는 미국의 대엘살바도르 원조액을 2배로 늘리는 데에 성공했다.(Shenk 1988)

엘살바도르 사태는 한동안 미국 대학가에서 벌어지는 시위의 대표적인 주제가 되었다. 특히 정치학과 교수 출신으로 대학생들 앞에서 연설을 자주 해온 유엔대사 진 커크패트릭은 이 문제로 관중들로부터 야유를 받곤 했다. 1983년 3월 캘리포니아 버클리대학에서 학생들이 "엘살바도르에서 4만 명이 죽었다!"고 계속 외쳐대자 그녀는 연설을 중간에 포기하고 말았다.(Williams 1983)

니카라과의 비극

레이건은 엘살바도르 게릴라 소탕작전과 니카라과에 대한 강공책을 병행했다. 앞서 지적했듯이, 1983년 7월 레이건은 5000명의 미군을 온두라스(Honduras)에 파병하고 항공모함 등 19척의 해군함과 140대의 비행기를 동원함으로써 니카라과를 전면봉쇄하기에 이르렀다. 언론이 이 니카라과 봉쇄를 어떻게 보도하느냐에 따라 미군의 무력행사의 강도가 결정될 수 있었기 때문에 레이건의 보좌관들은 언론의 눈치를 살피기에 바빴다.

미국의 주요신문들은 레이건의 호전성이 지나치다는 쪽으로 기울었다. 『뉴욕타임스』는 사설을 통해 '의회의 반대에도 불구하고 미국을 전쟁국면으로 몰고 가는' 니카라과 봉쇄에 대해 강한 불만을 표시했다. 특히 『워싱턴포스트』는 미국 신문으로서는 최초로 7월 31일 니카라과 관리들과의 인터뷰를 신문 한 면 전체에 걸쳐 게재했는데, 이 인터뷰에서 한 니카라과 관리는 "도대체 우리가 미국에게 무슨 해를 입혔다고 이러는가?"라고 항변했다. 워싱턴에서는 5000여 명의 미국인이 레이건의 니카라과 봉쇄에 항의하는 반전시위를 벌였으며, 여타 많은 신문들도 니카라과 봉쇄가 애꿎은 미군의 생명을 빼앗는 전혀 불필요한 도발행위임을 지적하고 나섰다. 레이건의 강경 노선에 언론이 처음으로 제동을 건 경우였다.(Demouse 1984)

1983년 8월 15일 레이건은 루이지애나(Louisiana) 주의 뉴올리언스(New Orleans)에서 열린 해외참전용사 모임에서 언론이 부정적인 측면만 보도함으로써 자신의 중미정책을 방해하고 있다고 비난했지만, 결국 니카라과 봉쇄를 해제하고 뒤로 물러설 수밖에 없었다. 그러자 이젠 보수파들의 공세가 시작되었다. 칼럼니스트 패트릭 부캐넌(Patrick J. Buchanan)은 『뉴욕포스트(New York Post)』 9월 20일자에 레이건은 '무력' 하며 '레이건혁명은 끝났다' 고 선언했다. 그는 보수세력이 레이건을 완전히 버리지는 않겠지만 '둘 사이의 밀월관계는 이제 끝이 났다' 고 주장했다—레이건의 재취임 후 부캐넌이 레이건의 보좌관으로 기용된 이유를 시사하는 발언이다—. 니카라과 봉쇄 해제 이후 수 주일에 걸쳐 이루어진 『뉴스위크』의 여론조사 결과는 레이건의 인기가 급격히 하락하는 추세에 있음을 보임으로써 전쟁은 싫어하되 패배는 더욱 싫어하는, 전쟁에 대한 미국인들의 이중 기준을 다시 한번 입증했다. 바로 레이건의 그레나다 침공을 부추긴 배경이기도 했다. (Demouse 1984, Massing 1983)

CIA국장 윌리엄 케이시(William J. Casey, 1913~1987)는 1984년 2월 니카라과 연안에 기뢰를 설치하려는 계획을 실행에 옮겼다. 이는 명백한 국제법 위반이었다. 니카라과가 이를 국제사법재판소에 제소하자, 레이건은 국제사법재판소의 결정에 불복할 것을 선언했다. 보수 정치인이긴 하나 '미국 공화당의 양심' 으로 불릴 만큼 도덕적 측면을 강조하는 배리 골드워터(Barry M. Goldwater, 1909~1998) 상원의원은 니카라과 연안에 기뢰를 설치하는 것은 비도덕적 행위라고 신랄히 비판했다.

1984년 4월 10일 미 상원은 에드워드 케네디 상원의원이 제출한 니카라과 기뢰설치 해제안을 행정부에 구속력을 갖지 않는 건의안의 형식으로 84대 12로 가결했다. 레이건은 결국 이 건의안에 굴복, 니카라과 연안에 설치된 기뢰를 해제하라고 명령했다. 그러나 미 상원이 레이건 행정부의 니카라과 정책기조 자체를 반대하는 것은 아니었다.

그들은 다만 방법상의 문제에 있어서 견해차가 있을 뿐이었다. (Woodward 1987)

레이건의 니카라과 정부 전복 음모와 이에 소극적으로 가담한 미 의회의 니카라과 정책은 국제적으로 전혀 공감을 얻지 못하고 있었다. 1985년 미 상원이 니카라과 정부군에 대항하는 콘트라에게 3800만 달러를 지원할 것을 결정한 그날, 캐나다의 외무부장관은 니카라과의 수도 마나과(Managua)에서 1100만 달러 규모의 니카라과 원조안에 서명함으로써, 레이건 행정부와 미 의회의 콘트라 지원은 캐나다의 보수정권으로부터도 협력을 얻지 못하는 미국의 '마이 웨이'임이 입증되고 말았다.

니카라과 정부 전복작전의 거점인 온두라스에 대한 미국의 군사원조는 1980년 400만 달러에서 1986년 5970만 달러로 급증했으며, 콘트라는 1981년부터 1986년 중반까지 레이건 행정부로부터 2억 3000만 달러 상당의 지원을 받았다. 미국의 이런 공격적인 정책으로 인해 니카라과 경제는 거의 파탄지경에 이르렀다. 젊은이들의 징집 및 살상으로 노동력이 부족해, 1984년의 경우 주산품인 커피를 다 재배해놓고도 40퍼센트가량을 수확하지 못하는 일까지 벌어졌다. 레이건 행정부는 바로 이 점을 이용해 니카라과 경제를 파국으로 몰고 가는 전략을 계속 추구했다. 그러면서 레이건 행정부는 니카라과 경제난국을 예로 들며 우익독재의 우수성을 역설했다.(McMahan 1985, Setterberg 1987)

포클랜드전쟁의 배경

중남미를 미국의 뒷마당으로 간주하여 일국의 주권보다 미국의 국익을 앞세우는 것을 골자로 하는 '레이건 독트린'은 1982년 4월 영국과 아르헨티나 사이에 벌어진 포클랜드전쟁의 주요 원인이 되었다.

극심한 물가상승, 외채, 실업사태에 봉착해 있던 아르헨티나 군사정권은 그로 인한 정치적 위기를 해소하는 차원에서 영토 회복이라는 대의를 내걸고 영국 시민 2만 3000명이 사는 영국령 포클랜드(Falkland)를 점령했다. 방치하면 다른 영국령 영토가 위협받을 것을 우려한 영국은 총력 대응했다. 영국군은 열 척이 넘는 군함이 침몰되는 피해를 입으면서도 미국의 지원을 받아 끝내 포클랜드제도를 재점령해 6월 15일에 아르헨티나군의 항복을 받아냈다. 양측에서 1000명이 넘는 전사자가 나왔다.(류한수 2003)

왜 아르헨티나 군사정권은 이길 수 없는 전쟁을 하는 오판을 저질렀을까? 레이건은 대통령이 되기 전부터 아르헨티나 우익군부의 민간인 대량학살 중지를 요청한 카터 행정부의 '지나친 요란'을 비난했던 적이 있으며, 또 유엔대사 진 커크패트릭은 취임 초부터 아르헨티나 군부에 대한 레이건 행정부의 지원은 절대적인 것임을 자주 강조해왔다. 커크패트릭은 국무장관의 통제를 받지 않은 각료급 지위를 누리고 있었으며, 제3세계정책에 관한 한 레이건의 절대적 신임을 받고 있었기에, 아르헨티나 군부가 우쭐했었음은 이해할 만한 일이다. 즉 아르헨티나 군사정권이 레이건 행정부가 포클랜드 점령을 반대하지 않거나 적어도 영국과의 분쟁에서 중립을 지킬 것으로 믿었던 것은 결과적으로는 어리석은 일이었지만 놀라운 일은 아니었다.(Foster 1985,

(위)어뢰를 맞고 침몰하는 아르헨티나의 벨그라노함.
(아래)전투 배치된 아르헨티나 군인들.
영국의 단호한 대응으로 아르헨티나의 독재자 레오폴도 갈티에리는 이 전쟁에서 패배했고, 대처 수상은 '철의 여인' 이라는 별명을 얻었다.

Woodward 1987)

어쨌든 포클랜드전쟁에서 레이건 행정부의 노골적인 영국 지원은 중남미국가들을 분노케 했다. 이를 달래기 위해 1982년 말 레이건은 5일간에 걸쳐 브라질, 콜롬비아, 온두라스, 코스타리카 등의 나라들을 방문하여 그들의 경제발전을 위해 미국이 최선을 다할 것임을 역설했다. 레이건은 브라질을 방문해서는 그곳을 볼리비아로 아는 어처구니없는 실수를 저지르고 말았지만, 레이건에게 그런 건 중요하지 않았을지도 모른다. 독재를 해도 좋으니 미국의 구속에서 벗어나지만 말라고 주문하고 중남미 독재자들이 이를 따르기만 하면 그만이었던 셈이다.

레이건은 온두라스에서 만난, 세계에서 가장 부패한 학정을 일삼는다는 악명을 떨친 과테말라 군부독재자 에프라인 리오스 몬트(José Efraín Ríos Montt)를 '민주주의에 헌신하는' 정치인이라고 격찬한 후, 군사원조를 증강하기로 약속했다. 레이건이 제3세계국가를 향해 상찬한 '민주주의'란 곧 '친미 독재주의'를 의미했던 것이다. 물론 중남미의 지도자들이 모두 미국에 굴종한 것은 아니었다. 콜롬비아의 대통령 벨리사리오 베탕쿠르(Belisario Betancur)는 콜롬비아를 방문한 레이건에게 쿠바가 중미국가들의 사회소요를 선동하고 있다는 레이건의 주장은 거짓이며, 레이건의 호전적 중남미정책은 그 지역의 발전을 오히려 크게 저해하고 있다는 비난을 퍼부었다.(Dallek 1984)

중남미국가들로부터 레이건 독트린에 대한 적지 않은 반발을 받고 있던 레이건에게, 포클랜드전쟁 패배 이후 아르헨티나 군부의 몰락은 최선은 아니었지만 차선의 결과를 가져다주었다. 1983년 11월 실시된 선거에서 '아르헨티나의 조지 맥거번'으로 불리는 온건 인권운동가인 라울 알폰신(Raul Alfonsin)이 대통령으로 당선되었기 때문이다. 알폰신을 탐탁치 않게 생각하던 레이건 행정부도 좌익정권이 들어서지 않은 것으로 만족해야 했다. 알폰신은 아르헨티나의 카리스마적 지도자였던 후안 도밍고 페론(Juan Domingo Perón, 1895~1974)에 필적할 만한 인기를 누리고 있었지만 연 700퍼센트에 달하는 인플레율 그리고 450억 달러에 이르는 외채 등 경제난국이라고 하는 심각한 내적 위기에 직면했다.

앞서(10권 3장) 지적했던 자본거래의 자유화와 변동환율제는 서구은행의 해외 대출이 1974년에서 1982년 사이에 2000억 달러에서 1조 달러로 다섯 배나 급성장하게 하는 결과를 초래했다. 세계적인 금융파국의 서막이 열린 것이다. 1982년 멕시코의 지불유예(moratorium) 선언으로부터 시작된 중남미의 외채 위기는 1983년 브라질 폭동으로 이어졌다. 이미 1982년 외채규모가 800억 달러에 이른 브라질이 외채 이자를 지불하기 위해 원목·광석·육우 수출에 매달리는 바람에 아마존 원시림과 유역이 대대적으로 파괴되었다.(1986년 말 외채규모는 1100억 달러였다.) 브라질의 시위 군중은 미국의 지배를 받는 IMF(국제통화기금), 포르투갈어로 IMF를 의미하는 약자인 FMI(Fonds monétaire international)를 "국제적인 굶주림과 빈곤"으로 번역해 이해했다. 외채 위기는 중남미 전역으로 확산되면서 이 지역의 반미주의를 더욱 강하게 만들며, 레이건 독트린은 이후 필리핀사태에서 심각한 재도전을 받게 된다.

인도 보팔 가스 참사

미국의 다국적 기업들도 반미주의의 확산에 일조했는데, 그 대표적인 사례가 인도 보팔(Bhopal) 가스 참사다. 1984년 12월 3일 새벽 인도 중부 보팔 시의 한 농약 공장에서 가스가 새어나오기 시작했다. 그 공장은 미국의 화학그룹인 유니언 카바이드(Union Carbide)의 농약 제조시설이었다. 1866년에 설립된 유니언 카바이드는 『포천(Fortune)』이 선정한 1984년 전미 500대 제조업체 가운데 매출액 순위로 35위(95억 달러), 화학산업에서는 국내 3위, 세계 7위에 속하는 다국적 기업이었다. 일반 소비자들도 알 만한 대표 상품은 소니와 합작으로 만든 건전지 에버레디(Eveready)였다.

시안화 가스와 1차 세계대전 당시 독가스로 쓰인 포스겐이 혼합된 맹독성 가스 메틸이소시아네이트(Methyl isothiocyanate)는 인구 100만 명이 사는 이 도시의 대기 구석구석으로 흘러들었다. 아무것도 모른 채 깊은 잠에 빠져 있던 사람들은 폐 속에 불이 붙은 듯한 느낌에 하나둘 깨어났다. 그날 아침 2000여 명의 사망자가 발생했고, 3일이 지나자 사망자는 8000여 명으로 불어났다. 최종적으로 가스에 중독돼 숨진 사람은 2만 5000명에 이르렀으며 이 도시 인구의 절반 이상이 가스 중독으로 인한 피해를 본 것으로 보고됐다. 공기 중 오염뿐 아니라 상수도 오염으로도 이어져 암과 호흡 곤란, 기형아 출산율이 치솟았기 때문이다. 사상 최악의 가스 누출 사고로 기록된 '보팔 참사'다.

사고 직후 유니언카바이드 측은 피해보상금으로 3억 5000만 달러를 제시했고, 인도 정부는 피해자들을 대표해서 33억 달러를 요구했다. 유니언카바이드 측은 이 사고가 현지인 노동자의 태업에서 비롯

보팔 참사추모 기념물. 보팔 사고는 인류 역사상 최악의 산업재해였다. ⓒ Simone.lippi

된 것이라고 주장한 반면, 인도 정부는 회사 측의 부실한 안전 관리가 원인이라며 맞섰다. 양측은 오랜 법정 다툼 끝에 1989년 유니언카바이드 측이 민·형사상 책임에 대해 4억 7000만 달러를 지급하는 것으로 합의했다. 피해 규모를 감안하면 턱없이 부족한 액수였다. 대부분 부상자들은 1인당 550달러를 받는 데 그쳐 만성적인 폐질환, 눈병, 정신적인 피해에 대한 치료비도 감당하지 못했다. 사망자 유족에 대해서도 사망자 1인당 1300달러가 돌아가는 데 그쳤다.

1992년 보팔 법원은 사고 당시 유니언카바이드의 최고경영자 워런 앤더슨(Warren M. Anderson)과 여덟 명의 간부들에 대해 과실치사 혐

© Obi

워런 앤더슨의 책임을 촉구하
는 보팔 참사 피해자들. 2010
년, 인도 정부는 앤더슨의 신
병 인도 추진, 피해자 보상 등
대책을 재정비하기로 했다.

의로 인도 법원에 출두할 것을 명하는 영장을 발부했지만, 미국 정부
는 유니언카바이드가 인도의 재판관할권 아래 있지 않다고 주장하며
신병 인도를 거부했다. 1996년 국제의료위원회(International Medical
Commission)의 보고서는 참사로 인한 병이 제대로 알려지지 않았고 치
료되지 않았으며 생존자들은 학대 당했다고 주장했다.(Madeley 2004,
손제민 2009a)

사고 직후 유니언카바이드는 보팔 공장을 폐쇄하고 철수했지만 잔
류 독성 물질을 완전히 제거하지 않아 지금도 그 부지는 불모의 땅으

로 남아 있으며 유독 물질이 지하수에 스며들어 지속적인 피해를 낳고 있다. 미국의 다국적 기업들은 전 세계 곳곳에 진출해 있는바, 이후 이와 유사한 사건들은 계속 터져 나와 전 세계적으로 반미주의를 확산시키는 주요 이유가 된다.

참고문헌 Barber 1985, Barry, Wood & Preusch 1982, Bonner 1984, Dallek 1984, Demouse 1984, Foster 1985, Green & MacColl 1983, Herman & Brodhead 1984, Hochschild 1983, Honey 1987, Madeley 2004, Massing 1983, McMahan 1985, Nairn 1984, Parenti 1986, Reiter 1987, Schoenbrun 1984, Schumann, Grefe & Greffrath 2004, Setterberg 1987, Shenk 1988, Ungo 1983, Williams 1983, Woodward 1987, 구춘권 2001, 류한수 2003, 손제민 2009a, 시무라 마사오 외 1995, 신호창 · 김지영 1995, 이찬근 1999

1984년 대선
로널드 레이건 재선

"햄버거 속의 고기가 어디로 갔지?"

1984년 대통령선거는 민주당 대통령후보 게리 하트(Gary Hart) 돌풍으로부터 시작되었다. 대통령예선의 출발점인 아이오와 코커스(Iowa Caucus)에서 콜로라도(Colorado) 주 상원의원 하트는 존 F. 케네디(John F. Kennedy, 1917~1963)를 연상케 하는 이미지와 박력으로 '뉴 프런티어(New Frontier)'를 방불케 하는 '뉴 아이디어(New Idea)'를 간판상품으로 내걸면서 민주당 고참 조지 맥거번(George S. McGovern)을 1500표차로 누르고 선두주자 월터 먼데일(Walter F. Mondale)에 이어 2위로 부상했다. 이때 언론은 이미 지명도가 높은 먼데일보다는 다크호스로 등장한 하트에게서 새로운 뉴스 가치를 발견하고 그에게 많은 지면과 시간을 할애하기 시작했다.

하트는 아이오와 코커스에서 1위에 비해 큰 표 차이로 2위를 기록했음에도 예상 밖의 선전이었다는 이유 하나로 일약 전국적인 인물로

부상했다. 맥거번은 졸지에 망각의 그늘로 사라졌으며, 하트는 아이오와의 여세를 몰아 뉴햄프셔 예선에서도 좋은 성과를 거두고 한때 7퍼센트의 득표율에서 38퍼센트로 뛰어오르는, 미 예비선거 역사상 최고의 경이적인 기록을 세웠다.(이때 먼데일은 57퍼센트에서 31퍼센트로 하락했다.) 그러자 언론은 먼데일의 정치적 사망을 성급히 거론하기 시작했다.(Adams 1987, Reiter 1987)

먼데일은 독한 마음을 먹고 1984년 4월 애틀랜타에서 개최된 토론회에서 하트를 정면 공격했다. "저는 당신의 새로운 아이디어라는 슬로건에 대해 묻고자 합니다. 새로운 아이디어, 참신한 정부, 좋습니다. 그러나 당신의 슬로건을 듣고 나서 저는 '햄버거 속의 고기가 어디로 갔지?(Where is the Beef?)' 라는 광고를 연상했습니다. 새로운 아이디어에서 새로운 아이디어란 무엇입니까?" (이준구 2010)

당시 유행했던 텔레비전 광고인 웬디스 버거(Wendy's Burger)의 광고에 비유해 하트의 슬로건이 알맹이가 없다는 것을 지적한 것인데, 이게 하트를 무너뜨리는 결정타가 되었다. 결국 이 예선의 승자는 먼데일이었고 '먼데일의 정치적 사망'을 거론했던 언론은 1980년 선거에 이어 또 한번 특유의 허점을 노출한 셈이었다.

레이건의 '보통 사람' 이미지

인스턴트 뉴스 가치에만 매달려 양철지붕처럼 쉽게 달아오르고 쉽게 식는 언론의 이러한 속성을 레이건이 이용하지 않을 리 없었다. 레이건은 1983년 대통령으로서의 중국 방문을 1984년 대선 재출마 선언의 호기로 활용했다. 그의 중국 방문에 모든 언론매체가 매달려 수행기자만도 350명에 이르렀고 3대 텔레비전 방송사가 각 50명의 방송요원을 파견하고 있던 터라, 재선 출마선언은 화려한 각광을 받을 수 있었다.

백악관은 1984년 6월 런던에서 열린 서방 7개국 정상회담도 선거캠페인의 일환으로 활용했다. 레이건의 보좌관들은 레이건의 텔레비전 광고를 촬영하기 위한 자리를 만들려고 다른 미국 취재기자들의 출입을 금지해 가면서까지, 정상회담 무대를 레이건이 세계적 지도자라고 하는 선거용 이미지 창출에 이용하는 극성스러움을 보였다. 재선에 도전하는 현직 대통령으로서의 프리미엄을 레이건은 유감없이 활용했던 것이다.(Schiller 1986)

레이건은 1984년 선거에서 '보통 사람'의 이미지를 만들어내려 했다. 하지만 레이건은 그 어떤 면에서든 '보통 사람'은 아니었다. 그 자신도 백만장자요, 아내 낸시의 사치벽도 워싱턴에 늘 풍성한 화젯거리를 제공해왔다. 레이건은 사고방식조차도 '보통 사람'과는 거리가 멀었다. 다음과 같은 일화가 있다.

레이건은 선거유세 기간 중 '보통 사람'의 이미지를 부각하기 위해 맥도널드 햄버거 가게를 방문한 적이 있었다. 그때 그는 보좌관에게 "뭘 주문해야지?"라고 물었다. 이를 엿들은 『워싱턴포스트』의 기자가 그것을 가십거리로 기사화 했는데, 레이건은 실제로 보통 사람들의 생활에 대해 아는 바가 거의 없었다. 그러나 가십은 가십에 불과할 뿐, 텔레비전을 통해 나타나는 레이건은 그 누구보다도 철두철미한 '보통 사람'으로 보여졌다.(Green 1987)

'레이건을 레이건답게'

레이건의 선거참모들은 연설원고뿐 아니라 적당한 연설장소를 물색하고 그곳을 꾸미는 데에도 세심한 신경을 썼다. 언젠가 레이건이 10일간의 유럽순방을 마치고 앤드루스 공군기지에 도착했을 때, 1만 5000여 명의 환영인파가 성조기를 흔들며 열광하고 있었다. 이는 백악관이 버스를 대절하여 대거 동원한 공무원들이었지만, 텔레비전 시청자들에게는 레이건의 인기가 참으로 대단하구나 하고 감탄을 자아내게 하기에 충분했다.(Spear 1984)

이러한 관중동원 수법은 선거유세 시에 본격적으로 사용되었다. 민주당 대통령후보 먼데일은 사전에 자신을 지지하는 청중을 연단 앞에 배치하지 않아 앞에 앉은 레이건 지지자들의 야유로 수시로 연설이 중단되는 곤욕을 치른 반면, 레이건은 모든 청중들을 열광적인 공화당 지지자들로 채운 결과 텔레비전을 통해 그의 인기가 폭발적이라는 인상을 심어주어 재미를 톡톡히 보았다.

질의응답 시간에도 친(親)레이건 청중들이 던진다는 질문은 기껏해야 "대통령 각하! 각하께서 그렇게 위대하실 수 있는 비결은 무엇입니까?" 따위였고, 그러면 레이건은 만면에 인자한 미소를 함빡 머금다가 진지하고 엄숙한 표정으로 "그것은 위대한 우리 미국인의 힘" 때문이라고 대답하곤 했다.(Donaldson 1987)

레이건은 먼데일과의 텔레비전 토론에서 1980년 선거 때와는 달리 먼데일의 토론연습 내용을 담은 책자를 사전에 입수하지 못해 고전했다. 레이건은 첫 번째 토론에서 그가 1980년 선거 때마다 즐겨 사용한 "또 그 이야기를 하시는구려(There you go again)"를 먼데일에게 던졌다가 역습을 당하고 말았다. 먼데일은 침착한 낯빛으로 그 상투어를 마지막으로 쓴 게 언제냐고 레이건에게 물었다. 레이건이 주춤거리는 사이 먼데일은 '그건 1980년 카터가 의료보험 연방정부 보조액을 대폭 삭감하려는 레이건의 계획을 공격할 때 레이건이 사용했던 말' 임을 상기하면서 레이건이 대통령에 당선된 후 과연 어떠한 일이 벌어졌는가를 지적했다. 의료보험금 200억 달러를 삭감한 레이건의 조처를 물고 늘어진 것이다.(Pomper 1985a)

1차 토론은 레이건 스스로 인정했듯이 먼데일의 판정승으로 끝났다. 1차 토론이 끝난 후 레이건의 보좌관들은 '레이건답지 않게, 사실에 집착한 논리적이고 이성적인 주장을 내세우도록 하여 그런 면에서 훨씬 뛰어난 먼데일에게 덜미를 잡혔다'고 패인을 분석하고, 2차 토론에서는 '레이건을 레이건답게' 내버려두는 전략으로 임하기로 했다.

'첫인상이 곧 영원한 인상'

'레이건을 레이건답게' 라는 말은 기자들의 질문에 사실을 열거하며 정공법으로 대꾸하지 않고, 재치 있는 한마디로 질문을 회피한다는 뜻이기도 했다. ABC-TV의 샘 도널드슨(Sam Donaldson 1987) 기자가 "레이건은 지적으로 게으르고 망각증세가 심하다. 그의 지도력은 건망증(amnesia)의 지도력이다"라고 비난한 먼데일을 어떻게 생각하느냐며 질문을 던지자, 레이건은 씩 웃으면서 "먼데일이 '건망증' 이라는 그 어려운 단어를 알고 있는 게 놀랍다"고 답변했다. 또 한번은 차를 타고 막 떠나려는 레이건에게 어느 기자가 먼데일의 비난(charges; 비용이라는 뜻도 있음)에 대해 어떻게 생각하느냐고 외쳤다. 레이건은 떠나면서 크게 외쳤다. "그건 먼데일이 지불해야 해." 레이건은 그야말로 순발력 있는 유머감각의 소유자였다.

이 선거에서 레이건 참모들의 가장 큰 걱정 중 하나는 56세의 먼데일에 비해 레이건이 꽤 고령(73세)이라는 점이었다. 이미 1980년 대선에서도 문제가 돼 레이건은 "대통령이 되면 정기적으로 건강검진을 받겠다"고 공약했지만 1984년 대선에선 '레이건다운' 방식으로 이 문제에 대처했다.(Sheehy 1987)

2차 텔레비전 토론에서 레이건은 자신의 나이에 대한 일반의 우려를 멋진 한마디로 잠재웠다. "나는 이번 선거에서 나이를 쟁점으로 만들고 싶지는 않다. 내 경쟁자(먼데일)의 젊음과 무경험을 내 정치적 목적에 이용하고 싶지 않으니까." 이 역시 지극히 레이건다운 화술로, 레이건은 고령, 영화배우 경력, 실언 등과 같은 자신의 약점을 물고 늘어지는 질문에 뛰어난 재치를 발휘했다. 레이건의 정책을 혹독히 비판한 먼데일마저 개인적으로는 레이건을 좋아하지 않을 수 없다고 고백할 정도였다.(Pomper 1985a)

선거에 임하는 레이건 참모들은 '첫인상이 곧 영원한 인상'임을 믿고 있었다. 이 원칙은 1984년 10월 조지 H. W. 부시(George H. W. Bush)와 제럴딘 페라로(Geraldine A. Ferraro)의 부통령후보 토론이 끝난 후, 부시의 공보담당 보좌관 피터 틸리(Peter Teeley)가 기자들에게 엉겁결에 한 다음과 같은 발언에서 잘 엿볼 수 있다. "텔레비전 토론에서는 무엇이든 사실 여부에 관계없이 말할 수 있다. 8000만 유권자가 지켜보고 있지 않은가? 신문기자가 거짓말을 한 후보의 오류를 지적한 기사를 나중에 쓴다 하더라도 그걸 읽은 사람이 얼마나 되겠는가? 200명?

2000명? 2만 명?'(Church 1984, Sklar 1986)

　'첫인상이 곧 영원한 인상'이라는 레이건의 선거 전략은 유권자들이 사실과 논리보다는 이미지와 감성에 따라 표를 던지는 경향이 있음을 의미하기도 했다. 이를 무작정 잘못됐다고 말하는 건 어리석다. 그게 우리 인간인지도 모른다. 레이건이 무슨 말을 하고 먼데일이 무슨 말을 하건, 레이건이라는 인물이 먼데일에 비해 유권자들에게 어필하는 그 어떤 막연한 느낌이 표로 연결된다는데 무슨 수로 말리랴. 물론 레이건이 내세운 정책의 알맹이에 호감을 표시하는 유권자들도 적지 않았을 것이다. 다만 알맹이도 포장하기 나름인데, 그 포장술에 있어 레이건이라는 인물의 실체가 아닌 이미지가 적잖은 영향을 미쳤다는 건 부인하기 어려울 것이다.

　페라로는 연방 하원의원으로 역사상 최초의 여성 부통령후보였지만, 먼데일의 표를 깎아먹는 역할만 하고 말았다. 레이건 측에서 그녀의 남편이 불법적인 부동산 거래를 하면서 세금 신고를 누락했다는 사실을 찾아내 집중적으로 공격했기 때문이다. 결국 페라로는 이에 대해 눈물로 사과하고 공식 선거일정을 취소함으로써 먼데일에게 타격을 입히고 말았다.(이준구 2010)

내셔널리즘과 경제조작

선거는 레이건의 압승으로 끝났다. 레이건은 59퍼센트의 득표율로 49개 주 525개 선거인단을 휩쓴 반면, 먼데일은 41퍼센트의 득표율로 자신의 출신지역인 미네소타(Minnesota) 주와 워싱턴 D.C.의 13개 선거인단의 획득에 그치는 대참패를 당하고 말았다. 레이건의 득표율 59

퍼센트는 20세기에 치러진 대통령선거를 통틀어 1964년 린든 존슨의 61.1퍼센트, 1936년 프랭클린 루스벨트(Franklin D. Roosevelt, 1882~1945)의 60.8퍼센트, 1920년 워렌 하딩(Warren G. Harding, 1865~1923)의 60.3퍼센트에 이어 5위의 높은 비율을 기록했다.

이 선거에서 레이건의 보좌관들은 내셔널리즘의 물결 이외에 경제문제가 국민적 화합을 이룩하여 레이건의 지지도를 높일 수 있는 유일한 이슈라고 생각했다. 낙태금지와 같은 사회적 이슈는 화합이 불가능할 만큼 의견대립이 양극화되어 있기 때문에 가급적 피하는 것이 불필요한 적을 만들지 않는 방법이라고 믿었던 것이다. 그래서 레이건의 참모들은 경제를 주요 이슈로 내세웠는데, 이 작전은 적중하여 투표를 끝내고 나온 사람들을 대상으로 실시된 한 여론조사에 따르면, 경제상황이 좋다고 생각한 사람들의 92퍼센트가 레이건에게 표를 던진 것으로 나타났다. 그러나 유권자들이 경제상황이 좋다고 '생각'한 것이지, 경제상황이 실제로 좋은 것은 아니었다.(Schwartz 1984)

이미 공화당 대통령후보 수락연설에서 레이건은 "오늘날 미국은 선진공업국가들 가운데 2차 세계대전 이후 가장 높은 경제성장률, 가장 낮은 인플레율, 가장 높은 고용증가율, 가장 낮은 세공제후 소득증가율을 기록한 나라"라고 선언했었다. 투표 수일 전인 1984년 11월 5일 『뉴욕타임스』는 한 경제전망 전문 회사의 분석결과를 인용하며 레이건의 승리를 점치기도 했었는데, 미국 역사상 현직 대통령으로서 경제성장률이 3.8퍼센트 이상을 넘는 선거 해에는 재선에 실패한 경우가 전혀 없기 때문에 6퍼센트의 경제성장률을 기록한 1984년엔 레이건의 승리가 확실시된다는 것이었다.(Quirk 1985)

그러나 이러한 장밋빛 경제실적은 '첫인상이 곧 영원한 인상' 이라는 원칙에 근거해 상당 부분 조작된 것이었다. 물론 선거 시의 경제조작은 레이건에게만 한정된 것은 아니었다. 앞서(9권 1장) 지적했듯이, 경제학자 에드워드 터프트(Edward R. Tufte 1980 · 1987)의 연구결과에 따르면 미국 경제는 일종의 특유한 경기순환을 갖고 있는데, 지난 수십 년간 중간선거 때마다 미국인의 가처분소득은 대폭 증가했으며, 대통령선거 때마다 실업률이 감소한 경향을 꾸준히 보여 왔다.

단 드와이트 아이젠하워(Dwight D. Eisenhower, 1890~1969)와 카터 정권 때만 예외였다. 카터가 실패한 것도 그가 에너지 파동 등의 경제난국에 처했을 때 선거가 당장 눈앞에 닥쳐 있는데도 임시변통의 경제조작을 하지 않았기 때문이라고 주장하는 사람들도 있다. 카터가 장기적인 경제 관점에서 볼 때는 옳지만 정치적으로는 바보였다는 것이다.(Schneider 1988, Wills 1987)

어찌 됐건 1984년 선거 시 레이건의 경제조작은 예산국장 데이비드 스토크먼(David A. Stockman 1986)의 증언으로도 입증되었다. 스토크먼은 그의 저서 『정치의 승리(The Triumph of Politics)』에서 레이건이 1984년 선거유세 시 미국의 장밋빛 경제전망을 떠든 데에 경악을 금치 못했다고 썼다. 그에 따르면 그것은 마치 산수의 법칙을 바꾸려 드는 것처럼 무책임하고 터무니없는 기만행위라는 것이다.

레이건의 '이미지 포트폴리오'

1984년경 미국의 중산층 유권자들은 연방적자는 늘어나도 인플레율이 낮아짐에 따라 미국 경제에 대해 낙관적인 견해를 갖고 있었다. 다른 경제현상과는 달리 인플레이션의 효과는 즉각적인 것이어서, 미국 중산층은 인플레이션에 대해 필요 이상의 공포심을 갖고 있었다. 그런데 인플레율을 포함한 경제실적은 실제로 카터 행정부 4년간이 레이건 행정부의 4년보다 훨씬 더 좋은 기록을 가지고 있었다. 카터 행정부 때의 경제성장률은 13.6퍼센트, 실업률은 6.4퍼센트, 빈민층 비율은 13퍼센트, 연방적자 590억 달러인 데 비해, 레이건 행정부 4년간의 수치들은 각각 10.3퍼센트, 8.6퍼센트, 13.9퍼센트 및 2000억 달러였다.

그러나 한 가지 커다란 차이점은 1980년 선거 시 카터 행정부의 경제실적 지수들은 내리막길에 있었고, 1984년 선거 시 레이건 행정부의 경제실적 지수들은 오르막길에 있었다고 하는 점이다. 1984년 인플레율의 감소는 경기침체와 회계방법의 변경에 크게 힘입은 것이었지만 '지금 당장' 통계상으로 호전되고 있는 인플레율을 유권자들에게 떠벌이는 레이건에 비해, 4~8년 전 카터 행정부 시절의 인플레율을 기억해줄 것을 호소하는 먼데일은 확실히 수세에 놓여 있었다.(Plotkin 1985, Wills 1987)

게다가 사회의 전반적인 보수화 흐름에 겁을 먹은 탓인지 먼데일은 외교문제에서도 레이건을 따라가는 자세를 취했고 노동 문제를 포함한 사회적 이슈들에 대해서도 보수적인 입장을 취함으로써 레이건과 차별화점을 두지 못했다. 그러나 코헨 · 로저스(Cohen & Rogers 1988)는 1984년 대선뿐 아니라 1980년 대선에서도 레이건의 승리에 결정적으로 기여한 것은 경제문제였지, 미국 사회가 보수화되었기 때문은 아니라고 주장했다.

에드워드 터프트(Edward R. Tufte 1980)는 "근시안적 유권자에게는 근시안적 정책이 제격"이라는 명언을 남겼다. 선거를 앞둔 정치적 경제조작에 현혹되는 유권자들에 대한 경고다. 현직 대통령이 재선을 노릴 경우 또는 재임을 마친 대통령이 자기당 소속후보를 위해 장기적인 경제안정과 발전을 저해하면서 일시적으로 경제사정을 호전시킬 수 있다는 것은 누구나 다 알고 있는 사실임에도 불구하고, 일시적인 피부경제 지수가 투표성향을 결정짓는 경우는 어느 나라에서건 흔히 볼 수 있다.

경제조작도 일종의 이미지 창출이다. 1984년 선거는 레이건의 모든 이미지가 포트폴리오(portfolio; 유가증권명세표)를 형성한 느낌마저 준다. 럿거스대학의 정치학과 교수 제럴드 폼퍼(Gerald M. Pomper 1985a)는 1984년 선거에서 레이건이 승리한 이유는 그의 치적 때문도 철학 때문도 아니요, 단지 이미지 때문이라고 주장했다.

그에 따르면 한국을 방문해서 휴전선을 바라보며 주한미군에게 연설하는 강인한 이미지, 석양에 낸시와 다정히 걷는 인자한 이미지, 2차 세계대전 때의 노르망디 상륙작전을 기념하는 세계 지도자로서의 이미지, 1980년 저격을 꿋꿋하고 여유 있게 이겨낸 초인적 이미지, 로스앤젤레스올림픽의 대성공을 축하하는 승리의 이미지, 대형 성조기를 배경으로 미국인의 긍지와 전통을 이야기하는 애국적 이미지 등, 이 모든 모습이 유권자들의 뇌리 속에 깊이 박혀 있었다는 것이다.

먼데일의 연설문 담당자인 마틴 캐플런(Martin Kaplan)은 레이건을 꺾을 수 있는 사람은 영화배우 로버트 레드포드(C. Robert Redford Jr.)나 뉴스앵커맨 월터 크롱카이트(Walter L. Cronkite, Jr., 1916~2009)밖에

(왼쪽)로스앤젤레스올림픽 참가 선수들을 격려하는 레이건.
(오른쪽)저격사건 직후 낸시의 부축으로 걸음을 떼는 레이건.
(아래)미네아폴리스에서 연설 중인 레이건.

없다고 주장했다. 먼데일 역시 기자들에게 자신이 패배한 가장 큰 이유는 텔레비전 때문이라고 주장했다. 물론 승자는 승리의 이유를 자신의 개인적인 장점으로 돌리는 경향이 있고, 패자는 그 이유를 자신이 어찌할 수 없는 외부적 요인으로 돌리는 경향이 있지만, 캐플런과 먼데일의 주장이 전적으로 틀리다고 말할 수는 없을 것 같다. 1984년 대통령선거를 위해 레이건은 텔레비전 광고에만 2100만 달러(먼데일은 1700만 달러)를 썼는데, 이는 레이건이 쓴 모든 매체광고 비용의 93.2퍼센트를 차지했다.(Davis 1987, Reeves 1985)

선거 컨설턴트 로버트 스미스(Robert Smith 1987)는 먼데일의 패배 이유 중 하나로 그가 자기 노출을 지나치게 꺼려했던 점을 들었다. 유권자들은 선거쟁점보다도 우선 후보 개인에 대해서 알고 싶어 하는데, 먼데일은 그런 욕구를 충족해주지 못했다는 것이다. 가령 먼데일의 중동정책에 대한 견해보다는 왜 먼데일의 코가 그렇게 이상하게 생겼는지에 대해 더 관심을 보이며, 이러한 사소한 관심이 곧 표로 직결될 수 있다는 논리다.(먼데일은 미식축구를 하다 코뼈가 부러졌었다.) 그러나 먼데일은 자신의 신변 노출을 체질적으로 매우 꺼려하는 노르웨이 혈통으로, 바로 이러한 점에 있어서 레이건에 비해 열세에 놓여 있었다는 주장이다.

'미국의 영광을 되찾자'

1984년 선거에서도 텔레비전의 선거결과 예보가 또 논란을 불러일으켰다. 투표를 끝내고 나오는 유권자들을 대상으로 실시한 여론조사 결과를 근거로 텔레비전은 투표가 채 끝나기도 전에 레이건의 승리를 선언함으로써, 투표를 아직 하지 않은 사람들의 기권을 유도해 투표 결과에 영향을 미쳤다는 것이다. 방송사들이 위치하고 있는 뉴욕, 즉 미동부 시간으로는 투표가 오후 8시에 끝났지만 시간대가 다른 중부 및 서부지역에서는 두세 시간 후에야 투표가 끝나기 때문이다.

CBS-TV 앵커맨 댄 래더는 전국의 투표결과 집계비율이 불과 1퍼센트 정도에 불과한 시점이었던 동부시간으로 8시에, ABC-TV의 피터 제닝스는 13분 후에 그리고 NBC-TV의 톰 부로코(Tom Brokaw)는 30분 후에, 각각 레이건의 승리를 발표해버렸다. 발표를 해놓고 나서도 앵커맨들은 천연덕스럽게 타 지역 유권자들에게 기권하지 말고 투표에 꼭 참여하라는 충고를 잊지 않음으로써, 그들의 위선에 분노한 많은 사람들로부터 항의를 받았다.(Henry 1984a)

정치평론가 폴 위버(Paul H. Weaver 1976)는 미국 언론의 선거보도를 멜로드라마에 비유했다. 그 멜로드라마는 인기 드라마인 모양이다. '미국의 영광을 되찾자'는 레이건의 선거구호는 선거가 끝난 이후에도 한동안 큰 반향을 불러일으켰기 때문이다. 선거에 승리한 레이건은 '미국의 영광'이라는 명분하에 12월 유네스코 탈퇴를 최종 확인했으며, 이어 국제사법재판소를 탈퇴하고, 유엔이 1국1표제를 버리고 국력에 따른 가중투표제를 실시할 것을 요구하며 회비지불을 거부함으로써 유엔을 파산 상태로 몰고 가는 등, 반국제주의 성향을 노골적으로 드러냈다.

럿거스대학의 정치학교수 스코트 키터(Scott Keeter 1985)는 먼데일의 패배 이유를 선거기간 중 어느 신문에 실린 한편의 풍자만화에 비유했다. 해변에서 한 쌍의 남녀가 일광욕을 즐기고 있는데, 바로 그 태양은 레이건의 얼굴이며 옆에서 폭풍이 몰려오고 있다고 떠들어대는 건 민주당의 상징인 당나귀다. 폭풍은 언젠가 반드시 몰려오겠지만, 적어도 그 시간에 일광욕을 즐기고 있는 남녀에게는 마이동풍(馬耳東風)일 뿐이다. 이는 먼데일이 레이건을 비난하는 말을 듣는 1984년 미국 유권자들에 비유될 수 있다는 것이다.

먼데일은 선거에서 패한 후 이틀 뒤 기자회견을 통해 정계 은퇴를 선언하면서 민주당에 다시는 언론의 취향에 맞추지 못하는 후보자를 추천하지 말라고 충고했다. 자신은 이슈를 중심으로 선거운동을 펼치려 했지만 언론의 외면으로 실패로 돌아갔다는 것이다. 충심으로 한 말 같지는 않고 억울하다는 하소연처럼 들린다. 그런 이유 때문일까? 민주당은 1984년의 경험에서 아무것도 배우지 못한 채 1988년에도 비슷한 실수를 반복한다.

참고문헌 Adams 1987, Church 1984, Cohen & Rogers 1988, Davis 1987, Donaldson 1987, Ferguson & Rogers 1984, Gitlin 1984, Green 1987, Henry 1984a, Keeter 1985, Patterson 1999, Plotkin 1985, Pomper 1985a, Quirk 1985, Reeves 1985, Reiter 1987, Schiller 1986, Schneider 1988, Schwartz 1984, Sheehy 1987, Sklar 1986, Smith 1987, Spear 1984, Stockman 1986, Tufte 1980 · 1987, Weaver 1976, Wills 1987, 이준구 2010

"어느 정당에 금발이 더 많은가?"
민주당의 딜레마

민주당과 공화당은 어떻게 다른가?

1984년 대통령선거는 민주당의 고정표마저 로널드 레이건에게 안겨 줘 민주당에 큰 충격을 안겨주었다. 이 선거에서 레이건은 평소 민주 당 지지자임을 표방하는 유권자의 24퍼센트, 공화당 지지자의 94퍼센 트, 특정 정당을 지지하지 않는 유권자의 61퍼센트 표를 획득함으로 써—1980년 선거에서는 각각 25퍼센트, 87퍼센트, 52퍼센트였다— 대 통령선거 때마다 공화당과 민주당이 전혀 다를 바 없다고 두 당을 싸 잡아 공격하는 군소정당 및 무소속후보 들의 주장이 크게 틀리지 않 음을 입증한 셈이 되고 말았다.

민주당과 공화당은 어떻게 다른가? 이 의문은 끊임없는 논란거리 로 거론되어왔는데, 유머작가 로버트 벤칠리(Robert C. Benchley, 1889~ 1945)는 "민주당보다는 공화당 지지자들 가운데 금발이 더 많다"고 이 야기한 적이 있다. 흑백 인종분리 양상을 빼고는 민주당과 공화당의

시민운동가 제시 잭슨 목사(맨오른쪽)가 조직한 무지개 연합은 레이건 시대에 배제된 민중을 대변하여 선거에서 소기의 성과를 거뒀다. 흑인·히스패닉·아랍·아시아·인디언계, 농부, 빈민, 백인 노동자, 성적 소수자, 미국 공산당 및 트로츠키주의자들이 그 지지자다.

경계선이 점차 흐려져 가고 있다는 말도 된다. 1984년 조사에 따르면 민주당과 공화당의 각 범주별 지지율은 다음과 같다.

흑인(민주65퍼센트, 공화4퍼센트), 천주교인(민주42퍼센트, 공화22퍼센트), 유태인(민주43퍼센트, 공화 17퍼센트), 남부인(민주44퍼센트, 공화21퍼센트), 여성(민주41퍼센트, 공화27퍼센트), 가족 연수입이 1만 1000달러 이하인 미국 전체 가구수 25퍼센트를 점하는 빈민층(민주48퍼센트, 공화18퍼센트).(Reiter 1987)

레이건은 1984년 선거에서 종교별로는 프로테스탄트의 66퍼센트, 카톨릭 56퍼센트, 유태교의 31퍼센트의 표를 획득했으며, 소득별로는 연 5000불 이하의 유권자의 31퍼센트, 5000불 이상의 유권자의 68퍼센트의 표를 획득했다. 또한 레이건은 여성 유권자로부터 54퍼센트의 표를 얻어(1980년 선거에서는 47퍼센트), 먼데일이 여성인 제럴딘 페라로를 러닝메이트로 삼음으로써 기대했던 여성표는 무소득으로 끝나고 말았다.

1984년 선거에서는 민주-공화를 중심으로 한 흑백 분리 양상만이 그 어느 때보다 더욱 뚜렷이 나타났을 뿐인데, 레이건은 백인표의 63퍼센트를, 먼데일은 흑인표의 무려 90퍼센트를 획득했다. 민주당 예선에서 먼데일에게 도전했던 흑인후보 제시 잭슨(Jesse L. Jackson, Sr.)의 '무지개 연합(Rainbow Coalition)'이라는 소수인종 유권자 등록 운동이 기여한 결과였다. 잭슨은 흑인의 단결을 칭찬한 후 "만약 여성과 히스패닉계 그리고 유태인들이 흑인처럼 먼데일에게 90퍼센트의 표만 던져주었더라면 우리가 압승할 수 있었을 것"이라고 애석해했다. 그러나 흑인의 일방적인 민주당 지지는 백인의 반발을 불러올 것이라는 우려 때문에 민주당은 흑인의 절대적 지지를 마냥 반길 수만은 없었다.(Mashek 1984)

투표참여 캠페인의 부메랑

민주당으로서는 대통령선거와 함께 실시된 일부 상·하원 및 주지사 선거에서 약간의 진전을 보였다는 것이 유일한 위안이었다. 민주당은 상원의원 선거에서 2석을 추가함으로써 공화 대 민주의 상원의석 비율을 53대 47로 좁혔다. 하원의원 선거에서는 현직의원 90퍼센트가 재선됨으로써 별 변동 없이 민주 대 공화의 의석 비율은 253대 182로 머물렀다. 주지사 선거결과는 민주 대 공화의 비율이 34대 16으로 그 격차가 크게 벌어졌다.

1984년 선거에서 민주당의 주요한 선거전략 가운데 하나는 빈민층, 유색인종, 여성의 투표참가율을 높여 민주당 표로 흡수한다는 것이었다. 제시 잭슨, 랠프 네이더(Ralph Nader), 여성운동가 벨라 압주그(Bella S. Abzug, 1920~1998) 및 운동권 학생들의 측면지원을 받은 민주당의 대대적인 투표참여 운동에 힘입어, 투표등록인 수는 1980년에 비해 1200만 명이 늘었으나 그 가운데 실제로 투표에 참가한 사람 수는 400만 명에 불과했다. 즉 1984년 선거 때보다 0.7퍼센트 상승한 55.8퍼센트의 투표율을 기록한 것이다. 그러나 놀랍게도 그 400만 명의 증가된 표는 2대 1의 비율로 레이건을 지지한 것으로 밝혀져, 엄청난 자금과 인력을 투입해 당운(黨運)을 걸고 벌였던 민주당의 투표참여 캠페인은 레이건의 승리를 돕는 부메랑 효과를 초래하고 말았다.(Mashek 1984, Osborne 1985, Teixeira 1987)

한국 또는 유럽 국가들에서는 선거인명부를 작성하는 등의 유권자 관리를 국가가 알아서 하지만, 미국에서는 노스다코타(North Dakota) 주를 제외하고는 유권자가 스스로 등록해야만 하는 번거로움이 있다. 바로 이 유권자 등록제가 투표율을 10퍼센트 정도 낮추는 결과를 초래하는 것으로 밝혀졌다.(등록한 사람의 약 90퍼센트가 투표에 참여한다.) 정치학자 프란세스 폭스 피벤과 리처드 클로워드(Piven & Cloward 1988)는 이 유권자등록의 유래가 근로계층의 투표참여율을 낮추기 위한 대기업들의 음모에서 비롯된 것임을 지적하며 이의 폐지를 주장한다.

다른 나라들의 경우 유권자의 교육수준, 소득 및 지위가 낮을수록 투표율이 꼭 낮은 것은 아니다. 그러나 미국은 세계 어느 나라보다도 그 상관관계가 높은 것으로 나타났다. 비록 1984년 선거에서 민주당의 투표참여 운동이 부메랑 효과를 가져온 셈이 되고 말았지만, 미국의 중상류층 이상의 투표율은 85퍼센트 정도에 이르고 있다는 점을 감안한다면, 궁극적으로 민주당의 미래는 투표율 제고에 달려 있는 것으로 지적되었다.(Burnham 1988, Schlozman & Verba 1987)

이 투표율 제고와 함께 민주당 일각에서는 선거인단 제도의 폐지를 부르짖는 목소리가 터져 나왔다. 지난 수십년간 늘 공화당이 우세한 주는 수십 개에 이르는 데 비해, 민주당을 일관성 있게 지지한 곳은 워싱턴 D.C.밖엔 없다는 것이다. 따라서 단 수천, 수만 표의 우세로 한 주의 선거인단을 모조리 독식해버리는 현행 선거인단 제도는 절대적으로 민주당에게 불리하다는 주장이다.(Schneider 1988)

'중산층을 겨냥한 새로운 비전'?

그밖에 민주당의 구조적 약점으로 지적된 요소가 바로 텔레비전이다. 선거를 위한 텔레비전 광고는 막강한 자금력을 필요로 하는데, 선거자금에 관한 한 대기업을 그 주요 지지기반으로 삼고 있는 공화당이 늘 유리할 수밖에 없다는 것이다. 또한 텔레비전은 지지계층 및 구성원이 공화당에 비해 훨씬 이질적이고 다양한 집단으로 이뤄진 민주당에 불리하게 작용한다는 주장도 대두되었다. 즉 텔레비전은 메시지의 세분화를 어렵게 하기 때문에 각 집단 간의 상충된 이해 조정을 거의 불가능하게 만든다는 것이다.(Ferguson & Rogers 1986)

1984년 선거에서도 언론은 압도적으로 레이건 편이었다. 레이건을 공개적으로 지지한 신문은 총 발행부수 1836만 부에 이르는 381개지였으며, 먼데일을 지지한 신문은 총 발행부수 757만 부에 이르는 62개 지에 불과했다. 레이건을 지지한 주요 신문으로는 『시카고트리뷴(Chicago Tribune)』, 『뉴욕데일리뉴스(New York Daily News)』, 『마이애미헤럴드(Miami Herald)』, 『샌프란시스코이그재미너(The San Francisco Examiner)』, 『덴버포스트(Denver Post)』 등이었으며, 먼데일을 지지한 주요 신문은 『뉴욕타임스』, 『워싱턴포스트』, 『보스턴글로브(The Boston Globe)』, 『필라델피아인콰이어러(The Philadelphia Inquirer)』, 『밀워키저널(The Milwaukee Journal)』 등이었다. (Parenti 1986, Radolf 1984a)

민주당 내부에서는 1980년에 이어 다시 한번 충격을 받은 데 대해 열띤 자성의 목소리가 높아졌다. 게리 하트는 "우리도 더 이상 소득의 재분배에만 매달릴 것이 아니라 중산층을 겨냥한 새로운 비전을 제시해야 할 것"이라고 주장했다. 하트는 또한 그간 카터와 먼데일로 대표된 민주당의 백악관 탈환은 불가능하다는 주장을 전개했다. 이런 주장이 말해주듯이, 민주당이 점점 공화당을 닮아가는 민주-공화의 동화현상은 1988년 대통령선거에서 더욱 두드러질 것으로 예상되었다.

어느 정당에 금발이 더 많은가? 이것이 공화당과 민주당의 주요 차이임을 어떻게 부인할 수 있을까.

참고문헌 Burnham 1988, Ferguson & Rogers 1986, Mashek 1984, Osborne 1985, Parenti 1986, Piven & Cloward 1988, Radolf 1984a, Reiter 1987, Schlozman & Verba 1987, Schneider 1988, Teixeira 1987, 강준만 1998, 손세호 2007

제2장

'이미지 정치'와 '람보 신드롬'

"정치는 쇼 비즈니스"
레이건의 이미지 정치

"쇼 비즈니스의 근본은 커뮤니케이션"

"정치는 쇼 비즈니스와 같다.(Politics is just like show business.)" 1966년 캘리포니아주 주지사로 당선되었을 때 이런 명언을 남긴 로널드 레이건은 자신의 인기가 할리우드 시절에 터득한 연기력에 힘입은 바 크다는 점을 인정하곤 했다. 레이건은 "쇼 비즈니스의 근본은 커뮤니케이션이다. 할리우드에는 한 가지 법칙이 있는데, 바로 카메라에 클로즈업된 상태에서는 대사를 실제로 믿는 마음으로 연기해야 한다는 것이다. 만약 자신이 믿지도 않는 말을 연기라는 걸 의식하고 이야기한다면 관객들 또한 실감나게 믿지 않을 것이다"라고 말했다. (Postman 1985, Seaman & Beckwith 1986)

레이건에 관한 책을 쓴 노스웨스턴대학 교수 게리 윌스(Gary Wills 1987)도 "레이건의 한 가지 놀라운 점은 그가 실생활에서 연기를 하면서도 연기를 한다고 믿지 않는다는 것"이라고 지적했다. 듀크대학의 정치학과 교수인 제임스 데이비드 바버(James David Barber)는 "텔레비전 뉴스는 시청자의 감정에 호소해 심각한 사회문제를 즉흥적인 감정의 문제로 격하하는 경향이 있다. 레이건의 강점은 그가 사실 추진력보다는 연기력이 더 강하다는 것이다"라고 평했다.(Morrow 1986a)

레이건이 두 번째 대통령 취임식을 마치고 백악관 내의 인사 및 주요내각 개편을 단행한 것도 그런 이미지 관리의 원칙을 기조로 이루어졌다. 이 개편에선 비서실장 제임스 베이커(James A. Baker, III)와 재무장관 도널드 리건이 서로 자리를 바꾸었으며, 그간 백악관에서 유일하게 자문관(counsellor)의 직책으로 레이건 행정부의 인사정책에 깊이 관여해왔던 에드윈 미즈(Edwin Meese III)는 법무장관으로 임명되었다. 동시에 비서실차장이던 마이클 디버(Michael K. Deaver, 1938~2007)와 내무장관 윌리엄 클라크(William P. Clark, Jr.)는 자진하여 사임했다.

놀라운 건 베이커와 리건의 자리 바꾸기가 레이건의 사전 허락도 없이 이루어졌다는 점이다. 헬렌 토머스(Helen Thomas 2000)에 따르면 "자리를 바꾼 결정 그 자체가 이상한 일이라기보다는 그렇게 하기로 결정한 뒤에야, 즉 기자실에 그 사실을 알릴 즈음에야 그들이 레이건과 그 문제를 상의했다는 사실이 더욱 놀라웠다. 다른 대통령들이었다면 대통령의 권위를 침해한 주제넘은 행동에 경악했겠지만, 이야기를 들은 레이건은 괜찮은 아이디어라고 대수롭지 않게 받아들였다고 한다."

이 인사 조치는 그간 백악관의 실세로 군림해온 베이커-미즈-디버의 삼두체제를 와해하고 백악관에서 리건이 독주할 수 있는 터전을 마련해준 셈이었다. 텍사스(Texas) 주 상원의원인 로이드 벤슨(Lloyd M. Bentsen, Jr., 1921~2006)은 비서실장 리건의 역할이 앞으로 일부 유럽 국가들의 '수상' 의 성격에 가깝게 될 것이라고 점치기도 했다. 리건 역시 그러한 목적으로 백악관 생활에 지친 베이커를 설득하여 비서실장 자리를 차지했던 터라, 자신의 권력강화를 위해 모든 노력을 기울였다. 리건은 레이건과 호흡을 맞추기 위해, 레이건이 참석하는 주요 보좌관회의 때마다 레이건 특유의 한마디 유머를 자신도 구사하기 위해 유머작가를 개인적으로 채용할 정도로 세심한 주의를 기울였다.(Chaze 1985, Wills 1987)

리건이 담당한 역할 가운데 하나는 레이건을 대신해서 고위관리를 파면하는 일이었다. 레이건은 자신의 부하를 직접 파면하는 일이 거

레이건 행정부 1기 주요인사들. (첫째 줄 왼쪽부터)알렉산더 헤이그, 레이건, 부시, 캐스퍼 와인버거.
(둘째 줄)레이먼드 도노반, 도널드 리건, 테럴 벨, 데이비드 스토크먼, 앤드루 루이스, 새뮤얼 피어스, 윌리엄 스미스, 제임스 와트, 진 커크패트릭, 에드윈 미즈, 제임스 에드워즈, 맬컴 볼드리지, 윌리엄 브로크, 리처드 슈웨이커, 존 블록, 윌리엄 케이시.

의 없었다. 아니 개인적으론 매우 너그러운 레이건에게는 아예 그런 능력이 없다고 보는 것이 더 정확하다. 그러나 비서실장 리건은 고위 관리를 파면하는 데에서 권력의 재미를 만끽하는 인물이어서 레이건 대신 욕을 먹어도 전혀 개의치 않았다. 그는 "나는 그 누구든 파면할 수 있으며 그걸 자랑스럽게 생각한다"고 말할 정도였다.(Dowd 1986)

나중에 낸시 여사의 점성술 탐닉을 폭로한 것으로 유명한 리건 (Regan 1988)의 자서전에는, 낸시가 마거릿 헤클러(Margaret M. Heckler) 후생장관을 해임하려고 벼르며 "우리가 그녀를 쫓아내야 해. 그이는 여자 앞에선 목소리조차 단호하게 낼 수 없는 사람이라는 걸 잘 알잖 아요"라고 리건에게 말했다고 쓰여 있다. 이를 보더라도 리건의 비서 실장 임명은 레이건의 이미지 보호를 위해 기여하는 바가 크리라고 짐작할 수 있다. 레이건은 대통령이라고 하는 권력의 열매는 즐기되 책임지기는 한사코 회피하며, 개인적으로 욕먹을 행동은 절대로 하지 않는 것으로 이미 정평이 나 있었다. '사람 좋은 레이건' 이라는 이미 지가 레이건에 대한 미국민의 주요 지지 기반이 된 것을 결코 우연히 이루어진 일은 아니었다.

'미소 짓는 인종차별주의'

레이건은 또한 보수 칼럼니스트인 패트릭 부캐넌을 공보수석비서관 으로 임명했다. 연봉 40만 달러를 올리던 칼럼니스트에서 연봉 7만 5000달러의 비서관으로 변신한 부캐넌은 '중용(moderation)'을 경멸 하고 흑백논리를 선호했다. 매카시즘(McCarthyism)의 주창자 조지프 매카시(Joseph R. McCarthy, 1908~1957)를 존경한다고 공언해온 부캐넌은 리처드 닉슨(Richard M. Nixon, 1913~1994) 행정부 시절 공보수석비서관으로서 진보적 언론에 대한 선전포고를 했던 장본인으로, 보수적 칼럼니스트 윌리엄 새파이어(William Lewis Safire, 1929~2009)와 함께 닉슨 및 스피로 애그뉴(Spiro T. Agnew, 1918~1996) 부통령의 언론 비난 연설문을 썼었다.

레이건의 비서관으로서의 부캐넌에게 흑백논리는 그의 강점이었다. 그의 보고나 브리핑은 단순명쾌하고 강력했다. 이는 레이건이 가장 좋아하는 스타일이었다. 게다가 부캐넌은 레이건의 주요 지지 기반인 극우보수단체들의 강력한 성원을 받고 있었기 때문에 곧 백악관 내에서 리건에 뒤이어 제2의 실력자로 부상했다.

부캐넌은 한국 정치에도 큰 영향을 미쳤다. 한국의 12대 총선 4일 전인 1985년 2월 8일 미국에 사실상 망명 중이던 김대중(1924~2009)이 전두환 정권의 강한 압력과 협박에도 불구하고 2년여 만에 귀국했을 때의 일이다. 김대중의 신변을 보호하기 위해 미국의 의원들과 인권운동가 등 20여 명이 자발적으로 수행했고, 수십 명의 기자단이 동행했다. 김포공항에선 미국 의원들과 한국 공항관리들 사이에 몸싸움이 벌어졌다. 부캐넌은 레이건이 이 사건에 대해 침묵하도록 하는 데에 결정적 기여를 했다.

부캐넌은 또한 백인의 지배에 의한 서구문명 보존의 필요성을 역설하며, 남아프리카공화국의 인종차별 정책을 지지하는 데에 앞장섰으며, 마틴 루서 킹(Martin Luther King, Jr., 1929~1968)을 비난하는 등, 미국의 극우보수파들이 즐거워할 일들을 도맡아 처리하기 시작했다. (Barnes 1985)

레이건 역시 인종차별주의 성향이 농후했다. 앞서 지적했듯이, 그는 1983년 11월 2일 마틴 루서 킹의 생일을 공휴일로 제정하는 법안에 서명했지만 개인적으론 이를 영 못마땅하게 생각했다.(Barnes 1988a) 당시 이 법의 제정에 강력 반대했던 이는 노골적인 인종차별 발언으로 유명한 노스캐롤라이나 상원의원 제시 헬름스(Jesse Helms, 1921~2008)였다. 헬름스는 "공휴일이 제정되면 50억 달러에서 120억 달러의 비용이 매년 추가로 소요될 것"이라는 이유를 제시하는 동시에 연방 수사국(FBI)의 도청기록을 근거로 마틴 루서 킹이 공산당에 동조했다고 주장했다. 헬름스는 상원이 법안을 승인하지 못하게 막으려고 16일 동안 의사진행 방해(filibuster)를 하는 등 집요한 반대운동을 전개했다. ABC-TV의 백악관출입기자 샘 도널드슨(Sam Donaldson 1987)은 레이건의 기자회견에서 헬름스의 킹 관련 발언에 대해 어떻게 생각하느냐고 질문한 적이 있었다. 레이건 특유의 동문서답이 시작되었다. "진실은 세월이 지나면 반드시 밝혀지는 법"이며 "헬름스 상원의원은 그 역사의 진실을 밝히는 일에 매우 진지하게 임하고 있는 것으로 알고 있다"는 내용의 답변이었다. 결국 레이건은 헬름스의 발언을 간접적으로 변호해주고 만 셈인데, 나중에 레이건은 킹 목사의 미망인 코레타 킹(Coretta S. King, 1927~2006)에게 언론이 자신의 진의를 왜곡되게 보도했다고 변명했다.

레이건은 또한 인종차별을 하는 학교에 대해서도 면세혜택을 주는데 앞장섰고, 기타 교육 및 고용에 있어서 흑인들이 겪는 불이익을 보호하기 위한 일련의 조치에 강력히 반대했다. 물론 레이건의 인종차별 정책 뒤에는 압도적 다수를 형성하고 있는 백인들의 지지라고 하는 정치적 계산이 숨어 있었다. 그러나 필요 이상으로 흑인들의 반발을 사는 것은 정치생명에 별로 이득이 되지 못한다는 것을 누구보다도 잘 아는 레이건은 백인들의 반발을 사지 않고 흑인들을 달랠 수 있는 상징적인 정치 쇼맨십을 유감없이 발휘했다. 흑인 가정을 방문하여 흑인들과 같이 식사를 한다든가 하는 따위가 바로 그것인데, 할아버지처럼 인자한 미소를 지으며 어린 흑인 소년과 이야기를 하는 장면을 텔레비전을 통해 보는 흑인의 상당수는 레이건의 인종차별 정책이 어떻든 그 순간 가슴 뭉클한 감동을 느끼게 마련이었다.

흑인 가수 마이클 잭슨(Michael Jackson, 1958~2009)이나 흑인 스포츠맨을 백악관에 초청하여 사진을 찍는 것도 바로 레이건다운 이미지 메이킹의 일환이었다. 언론인 로저 윌킨스(Roger Wilkins 1984)는 이러한 레이건의 상징조작을 가리켜 '미소 짓는 인종차별주의(smiling racism)'라고 꼬집었다. 어찌 됐건 중요한 것은 이러한 상징정치가 여의치 않을 경우, 레이건의 인종차별 정책에 대한 비난은 부캐넌이 다 뒤집어쓰기로 되어 있었다는 점이다.

비트부르크 묘지 참배사건

부캐넌이 백악관에 들어온 이후 레이건의 연설들이 갑자기 극우적인 방향의 강한 어조로 바뀌기 시작했다. 그는 레이건의 우익 역할을 충실히 수행하고 있었던 것이다. 2차 세계대전 종전(終戰) 40주년을 기념하여 독일의 비트부르크(Bitburg) 묘지를 방문하기로 한 레이건의 일정도 부캐넌의 작품이었다.

독일 내에서 적당한 묘지를 물색하는 일은 마이클 디버가 맡았다.

그는 사전에 독일을 방문하여 거의 모든 묘지들을 둘러보고 텔레비전에 가장 적합한 곳을 결정했다. 비트부르크 묘지에는 (전체 매장자 2000명 중 47명인) 나치전범들이 묻혀 있다는 것이 뜨거운 논란거리로 등장했다. 이제 레이건이 맡은 일은 텔레비전 연설을 통해 그런 논란을 잠재우는 것이었다. 레이건은 "이번 방문에 관하여 내게 편지를 보낸 많은 이들 가운데 한 소녀는 독일의 미래를 위해 비트부르크 묘지에 화환을 바칠 것을 간청했으며, 바로 이 이유 때문에 본인의 비트부르크 묘지에 방문이 결정된 것"이라고 말했다.

그러나 나중에 기자들의 추적으로 밝혀진 바에 따르면, 레이건에게 편지를 보낸 13세의 소녀 베스 프롬은 레이건의 주장과는 달리 "나는 대통령 각하의 입장을 이해는 하지만 동감할 순 없습니다. 군이 비트부르크를 방문하셔야 한다면, 독일 병사들을 위해서가 아니라 독일의 미래를 위해 꽃다발을 바칠 것을 요청합니다"는 글을 썼다는 것이다. 어찌 됐건 레이건의 비트부르크 묘지 참배는 1985년 5월 4일 강행되었으며, 중요한 것은 이에 대한 비난의 화살이 레이건보다는 부캐넌에게로 쏠렸다고 하는 점이다. 즉 부캐넌을 이용하여 자신이 선호하는 정책을 수행하면서도 직접 욕은 먹지 않겠다는 레이건 특유의 통치술이 여기에서도 발휘된 것이다.

자신의 이미지 관리를 위한 레이건의 노력은 레이건이 배우 시절 출연해 악역을 맡은 영화의 텔레비전 광고를 압력을 넣어 취소시킨 데서도 잘 드러났다. 레이건은 배우 시절 모두 53편의 B급영화에 출연했는데, 대부분 착한 주인공 역을 맡았으며, 악역으로 나온 영화는 딱 한 편이었다. 레이건은 나중에 악역을 맡은 그 단 한 편의 영화마저

하지 말았어야 했다고 두고두고 애석해했다.(Cannon 1982)

그래서 비트부르크 묘지 참배는 레이건에게 정치적 타격만 입혔는가? 그렇진 않았다. 비록 국내에선 논란이 일었지만, 외교적으로는 성공이었다. 이 참배는 그간 레이건의 외교 노선을 잘 따라준 서독 수상 헬무트 콜(Helmut Kohl)에 대한 정치적 보답의 의미가 컸다. 게다가 서독인들은 레이건이 국내의 뜨거운 논란에도 불구하고 묘지 참배를 강행한 점을 높이 샀다. 감격한 이들도 많았다.(Haeger 1985, Shapiro 1985)

레이건의 비트부르크 묘지 참배에 대한 미국 내의 거센 비판을 유태인들의 '음모'로 보는 시각도 있었다. 드러내놓고 한 비판이니 음모라고까지 할 건 없지만, 유태인들의 힘이 유감없이 발휘된 사건이었다는 뜻이다. 당시 미국 방문 중이던 일본의 노벨물리학상 수상자 에사키 레오나(江埼 玲於奈)는 『요미우리신문』 1985년 5월 26일자에 다음과 같은 글을 기고했다.

"레이건 대통령의 비트부르크 묘지 참배에 대한 신랄한 비난의 소리만큼, 미국 매스미디어의 공격력을 느낀 적은 없다. …… 원래 미국의 주요 미디어는 유태계에서 그 힘을 행사하고 있으며, 또 거기에는 리버럴파가 많이 있고, 유사 시에는 레이건 대통령의 인기를 떨어뜨리려고 노리는 사람도 적지 않다. 그들은 레이건 대통령의 비트부르크 묘지 참배를 일생일대의 실책이라 떠들어댔으니 견딜 수가 없는 것이다."(우노 마사미 1987)

레이건은 '정치적 천재'인가?

레이건의 취임 직후 이루어진 영국 수상 마거릿 대처(Margaret H.

Thatcher)의 백악관 방문은 레이건이 표방해온 보수노선의 세계적 재확인이라고 하는 점에서 중요한 상징적 의미를 띠고 있었다. 대처는 레이건을 능가하는 보수정치인으로, 레이건과 대처의 통치 기간 중 미·영 두 나라가 2차 세계대전 이후 가장 달콤한 밀월을 구가하게 된 것은 결코 우연한 일이 아니었다.

대처는 영국 수상으로서 처칠 이후 30년 만에 처음 미국 상하양원 합동회의에서 행한 35분간의 연설을 통해, 레이건의 대외정책을 적극 지지했다. 그녀는 이 연설로 영국 보수당 전당대회 때보다 더 많은 스물네 차례의 박수를 받았으며 끝날 때 기립박수까지 받는 인기를 누렸다. 미국의 텔레비전 방송들은 특별회견, 의회연설중계 등으로 대처에 대해 많은 시간을 할애했다. 대처는 전 미국인을 향해 "나는 레이건의 열렬한 팬"이라고 선언했다.

실제로 그간 대처는 영국 내 야당과 반핵운동단체의 극렬한 반대에도 불구하고 미국 크루즈미사일의 영국배치를 적극 주장해 유럽 국가 중 가장 먼저 실현했고, 미국이 추진 중인 전략방위계획(SDI; Strategic Defense Initiative)을 강력히 지지해왔다. 그뿐 아니라 미국 핵함의 기항을 거부하는 뉴질랜드를 공개적으로 비난하고, 미국에 뒤이어 유네스코 탈퇴를 선언함으로써 레이건을 매우 기쁘게 했다.

대처와의 정상회담이 서방국가들을 겨냥한 레이건의 대외 이미지 메이킹 작업이었다면, 한국의 전두환 대통령과의 2차 워싱턴 정상회담은 제3세계를 대상으로 한 일종의 의미심장한 제스처였다. 즉 미국은 군사독재 여부에 관계없이 우익정권을 선호하며, 경제발전을 원하는 제3세계국가들은 친미정책을 일사불란하게 구사해온 한국의 성공

사례에서 그 어떤 교훈을 얻으라는 메시지를 던져주고 싶었던 것이다.

레이건의 이미지 정치의 위력은 레이건 개인의 대통령 자질(교과서적 의미의 자질)과는 반비례했다. 레이건의 대통령 자질이 의심받으면 받을수록 오히려 통치자로서의 레이건에게 신비감만 더해줘, 레이건을 과소평가해서는 안 된다는 주장에 설득력을 부여하는 근거를 제공했다. 『타임(Time)』 1984년 2월 6일자는 바로 이러한 역설을 암시하는 기사를 게재했다. 그 기사는 도저히 믿기지 않는 내용을 담고 있어, 오히려 레이건이 세인의 상상을 초월하는 정치의 천재일지도 모른다는 생각마저 들게 한다.

그 기사에 따르면, 레이건은 자신의 주요보좌관들의 보직이 무언지도, 백악관 내에 그들의 사무실이 어딘지도 모르며 또 그가 사람들과 이야기를 하다가 주장을 뒷받침하기 위해 인용하는 역사적 일화는 사실과는 거리가 먼 영화 이야기이기 일쑤여서 사람들을 당황하게 한다는 것이다. 한번은 주택 및 도시개발성 장관인 새뮤얼 피어스(Samuel R. Pierce, Jr., 1922~2000)를 어느 도시의 시장으로 알고 그 도시가 요즘 어떤가 하는 안부 인사를 던져 주위 사람들을 놀라게 한 적도 있었다.

또 레이건은 간략한 연설을 할 때 꼭 가로 4, 세로 6인치 크기의 카드를 이용하는데 가끔은 엉뚱한 카드를 꺼내는 실수를 범하기도 했다. 대처 수상의 백악관방문 시 수많은 외교관들 앞에서 연설할 때에도 레이건은 카드를 잘못 꺼내 "친애하는 미국 시민 여러분, 본인은 오늘 실업의 곤경에서도 정부의 도움을 기다리지 않고 스스로 직업을 찾아낸 성공 사례를 하나 이야기할까 합니다"라고 엉뚱한 이야기를 하고 말았다. 『타임』에 따르면 처음에는 농담이겠거니 하고 미소를

띠던 외교관들이 차츰 공포영화를 보는 것처럼 질린 표정을 지었다고 한다.(Trillin 1984)

많은 사람들이 레이건은 실질적인 치적이나 중요한 원칙보다는 이미지 조작을 통해 성공한 정치인이라고 평하고 있는데, 어쩌면 오늘날의 미국 정치 자체가 이미 이미지 정치로 탈바꿈 했으며, 레이건은 여러 연기자 중 가장 뛰어난 이였다고 보는 것이 옳을지도 모른다. "정치는 쇼 비즈니스"라는 레이건의 원칙에 이의를 제기할 수 있는 정치인이 얼마나 되겠는가?

참고문헌 Barnes 1985 · 1988a, Cannon 1982, Chaze 1985, Donaldson 1987, Dowd 1986, Haeger 1985, Karlen 1985, Krauthammer 1985, Morrow 1985 · 1986a, New Republic 1985, Postman 1985, Regan 1988, Seaman & Beckwith 1986, Shapiro 1985, Thomas 1986b, Thomas 2000, Trillin 1984, Warner 1985, Wilkins 1984, Wills 1987 · 1988, 강준만 1998, 김종철 2009, 우노 마사미 1987

"물 묻은 비누 잡기"
대통령 기자회견의 정치학

텔레비전 기자회견 폐지론

1985년 워싱턴에서는 레이건의 이미지 정치에 대해 작은 목소리이기는 했지만 반발이 일기 시작했다. 대통령의 텔레비전 기자회견이 쇼 비즈니스로 타락했음을 지적하며 이를 영원히 폐지하자는 주장이 바로 그것이다. 미국의 대통령 기자회견은 그 자리에서 즉각적으로 일어나는 지극히 공개적이고 공식적인 것처럼 보이지만 실은 기자회견의 장소 및 시간 선정 그리고 구성에 이르기까지 대통령의 의도가 미리 개입된 것이며, 대통령과 기자의 개인적 인간관계 및 묵시적 내락 등이 적잖이 영향을 미치는 정교한 정치 쇼에 가깝다. 기자회견은 대통령의 성격에 따라 천태만상의 형태로 운영되어왔는데, 레이건에 이르러서 그런 쇼가 거의 예술의 경지에 이르렀다는 것이 폐지론의 주요 골자였다.

백악관대변인 래리 스피크스는 자신의 집무실에 한 가지 좌우명,

아니 기자들에 대한 경고문을 써 붙여 놓았다. "우리가 뉴스를 어떻게 연출하든지 기자들은 상관하지 말라. 당신들이 어떻게 취재하든지 우리도 상관하지 않겠다." 같은 맥락에서 마이클 디버는 "언론은 늘 부정적인 뉴스를 찾아내려고 애를 쓰기 때문에 백악관이 뉴스 조작에, 또는 적어도 뉴스 제작에 영향을 미치려고 노력하는 것은 당연하다"고 이야기한 적이 있다. 또 어떤 보좌관은 백악관을 노골적으로 쇼를 연출해내는 극장에 그리고 자신을 그 쇼의 성공적인 흥행을 위해 고군분투하는 연출가에 비유하기도 했다. CBS-TV의 한 PD는 "레이건의 보좌관들이 텔레비전 저녁뉴스의 프로듀서 노릇을 하고 있다"고 인정했을 정도였다.(Davis 1987, Schram 1987, Weisman 1984)

대통령은 늘 기자들에게 '심리적 뇌물'을 제공하여 자신에 대한 유리한 보도를 끌어내려 한다. 언론사들은 독점인터뷰 또는 특종기사일 경우 '독점' 또는 '특종'임을 크게 강조하는데, 그러한 '단독' 기사일수록 위험한 면이 많다. 어떤 사건에 대해 독점취재를 한 언론사는 그 사건의 중요성을 필요 이상으로 크게 부풀리는 경향이 있기 때문이다.

백악관은 가끔 『뉴욕타임스』 등의 신문에 대통령과의 독점인터뷰를 허용하는 대신, 어느 정도의 크기와 비중으로 그 기사를 다룰 것인가에 대한 발언권을 가져갔다. CBS-TV의 월터 크롱카이트마저 과거 포드 대통령과의 인터뷰를 얻어내기 위해 쉬운 질문만 던지기로 타협한 적이 있었다. 미국 텔레비전의 정치 토크쇼 또는 토론 프로그램 역시 거의 틀에 맞춘 각본에 따라 진행되는 경우가 많다. 유명인사 또는 고위관료들을 출연시키기 위해 치열한 경쟁을 벌이는 텔레비전 방송사들은 출연자들에게 던질 질문을 미리 알려줌으로써 섭외의 어려움

을 극복하는 경향이 있었다.(Grossman & Kumar 1981, Hitchens 1987)

다른 경우기는 하나, 한국의 박동선 사건이 미 언론에 떠들썩하게 보도된 것도 맨 처음 그 정보를 입수했던 『워싱턴포스트』가 독점보도를 과시하기 위해 연일 1면에 과장된 보도를 했기 때문이었다. 요컨대 '독점'을 강조하는 인터뷰 또는 기사는 일단 그 신뢰성을 의심할 필요가 있다.

기자에 대한 '심리적 뇌물'

일반적으로 대통령은 정례 기자회견을 하기 전 반드시 예행연습을 한다. 포드는 대여섯 시간 정도 미리 연습을 했으며 닉슨은 거의 이틀간 준비를 했다. 레이건의 기자회견 연습은 시간보다는 트릭(trick)을 많이 쓴다는 데에 그 특색이 있었다. 레이건은 기자회견을 하기 전 보좌관들과 가상 기자회견 연습은 물론 의상까지 포함한 광범위한 예행연습을 했는데, 그 가운데에는 그날 어떤 기자의 질문을 받을 것인가 하는 것까지 포함되어 있었다.

레이건은 기자회견장에 나타나기 전 모니터를 통해 기자회견장 내에 앉아 있는 특정기자들의 위치를 숙지하고 기자들이 손을 들 경우 자신이 염두에 두었던 기자를 지명하는데, 이러한 각본이 잘 들어맞지 않아 가끔 실수를 저지르기도 했다. 한번은 『타임』의 백악관출입 기자가 바뀌어 보좌관들은 신임기자에 대한 '심리적 뇌물'로 레이건에게 그 기자를 한번 지명해줄 것을 권했다. 회견 도중 버렛 사이먼이라는 신임기자의 이름을 잊어버린 레이건은 계속 손짓으로 사이먼을 불러댔으나, 사이먼은 질문에는 별 뜻이 없고, 고개를 수그린 채 계속

노트에 무언가를 써대느라 정신이 없었다. 결국 당황한 레이건이 "어이, 거기 펜을 놓고 고개를 들어!"라고 애원조로 외치는 촌극이 빚어졌다.(Donaldson 1987)

백악관대변인 래리 스피크스는 쉬운 질문을 하기로 약속한 기자 서너 명을 꼭 오른쪽 앞줄에 앉히곤 했다. 그리고 레이건에게, 궁지에 몰릴 때는 오른쪽 앞줄에 앉은 기자들에게 질문을 던지라고 일러주어 언제든지 만반의 준비를 갖추었다. 기자회견 시 예정돼 있지 않은 기자가 질문을 하면 대통령의 연단에 부착되어 있는 작은 스크린에 질문하는 기자의 이름이 나타난다. 물론 레이건만 볼 수 있었다. 그러면 레이건은 할아버지가 손자의 이름을 부르듯이 그 기자의 이름(first name)을 다정히 부르며 답변을 시작하는데, 이를 텔레비전으로 지켜보는 시청자들은 레이건이 백악관의 모든 기자들의 이름을 알고 있을 정도로 기억력과 인간관계가 비상하다는 인상을 받게 마련이었다.(Cockburn 1984)

기자회견 시 여기자들은 대통령의 시선을 끌어 질문기회를 얻기 위해 빨간색을 중심으로 한, 화려하다 못해 요란스러운 옷을 입고 나타났다. 평소 여기자를 괄시하는 것으로 악명이 높은 스피크스는 언젠가 "소방수를 불러야겠다"고 비꼰 적이 있었다.(Sidey 1985) 그러나 백악관 최고참 여기자인 헬렌 토머스(Helen Thomas 2000)에 따르면, 여기자들만 그랬던 건 아니다.

"레이건은 한때 아내가 좋아하는 색인 붉은색을 그 역시 좋아한다고 말한 적이 있었다. 그리고 기자들도 붉은 옷을 입고 오면 그들에게 좀 더 많은 질문 기회를 주겠다고 덧붙이기도 했다. 그 다음부터 기자회견장에서 텔레비전 카메라맨은 붉은 넥타이, 붉은 스포츠웨어, 붉은 스웨터, 붉은 재킷 등을 입고 있는 기자들을 찍어야 했다. 심지어 어떤 여기자가 질문을 하려고 손을 들었는데 붉은 장갑을 끼고 있었다. 그는 우스갯소리를 하며 그런 복장을 한 것을 칭찬했으나 나중에는 다른 색깔도 좋아한다고 언급했다."

대통령 기자회견에서는 텔레비전 기자들이 독주하는 경향이 있다. 기회와 순서를 정하기 위해(물론 일부 공격적인 기자들의 예봉을 희석하려는 의도가 숨어 있었지만) 백악관은 항아리에 기자들의 이름을 써넣어 제비뽑기를 한 적이 있었으나, 텔레비전 기자들의 반대로 중단되고 말았다. 기자회견의 꽃은 텔레비전이라는 말이기도 하다.

지방신문의 기자들도 전국에 중계되는 백악관 기자회견장에서 질문 한 번만 멋들어지게 잘 하면 일류 유력지 또는 텔레비전 방송사로부터 스카우트될 수도 있기 때문에, 또 저명한 기자들은 연봉은 물론 자신들의 팬(fan)을 늘 의식해야 하기 때문에, 어떤 의미에서 백악관 출입기자들은 여론이라고 하는 공동의 목표를 놓고 대통령과 일종의 경쟁을 벌이는 셈이었다. 물론 주도권은 대통령이 쥐고 있었지만 말이다.

장엄하고 선한 이미지

레이건은 정기 기자회견을 몹시 싫어했는데, 레이건의 연 평균 기자회견 수는 7회에 불과했다. 이는 닉슨을 제외한 전임 대통령들보다 훨씬 적은 수로 카터는 연 평균 15회, 포드는 16회, 닉슨은 7회, 존슨 25회, 케네디 21회, 아이젠하워 24회, 트루먼 40회, 루스벨트 83회였다. 레이건이 기자회견을 가능한 한 피해온 이유는 기자회견을 준비하기 위해 많은 노력을 기울이는 것이 싫기도 한데다, 노쇠한 탓인지 기자회견 때마다 엉뚱한 실수를 일삼는 것이 두려워서였다. 비서실차장 디버는 백악관 보좌관들에게 기자회견 전 레이건에게 이야기할 때는 매우 조심해줄 것을 요청한 적이 있었다. 레이건은 기자회견 시 방금 전에 들은 말을 무조건 그대로 반복하는 버릇이 있었기 때문이다.(Dallek 1984, Davis 1987, Speakes 1988)

1984년 4월 백악관은 대통령 기자회견의 드라마틱한 효과를 높이기 위해 회견장의 구조를 바꾸었다. 새 회견장에서는 레이건이 백악관의 동쪽거실로 향하는 길고 우아한 복도입구 앞에 서 있게 되어 있어, 기자회견을 지켜보는 시청자들은 그 분위기의 장엄함에 위압감을 느꼈다. 또한 이 긴 복도는 레이건이 뒷걸음질을 치면서 기자들의 질문에 대답하도록 고안된 것이었다. 즉 레이건의 호인 이미지는 이런 기자회견장의 구조에 이르기까지 교묘히 연출된 것이다. 레이건의 텔레비전 기자회견을 보면 레이건이 마이크 앞을 떠나 백악관 내실로 뒷걸음치며 기자들의 질문에 대답하는 장면을 목격하게 된다. 그건 레이건은 언제든지 기자들의 질문에 적극적으로 그 무엇이든 대답하고 싶어 하나, 그가 대통령으로서 다른 중요한 일정에 꼭 매여 있기 때문에 시간관계상 불가능하다는 인상을 주기 위해 연출된 제스처였다. (Denton & Hahn 1986)

기자회견을 몹시 싫어하면서도 레이건은 막상 마이크 앞에 서면 기자회견을 매우 즐기는 듯한 인상을 풍기려고 했다. 옆에서 보좌관이 "대통령 각하, 시간관계상 이번 질문에만 답하시고 끝내셔야 합니다"

라고 큰 소리로 외치면 레이건은 그 보좌관을 힐난하는 표정을 지으며 기자들에게는 부드러운 미소를 보낸다. 자신은 밤을 새워서라도 기자회견을 계속하고 싶은데 저 나쁜 보좌관들 때문에 어쩔 수 없다는 식의 인상을 풍기려는 것이다. 레이건은 기자들 앞에서 보좌관들이 자신을 못살게 군다고 불평을 하기도 한다. 레이건은 늘 착하고 선하며 악역 노릇은 그의 보좌관들이 도맡아 하고 있었다.(Donaldson 1987)

레이건은 선한 이미지 메이킹을 위해 때로는 매우 도전적이고 공격적인 기자를 이용하기도 했다. 가령 ABC-TV의 백악관출입기자인 샘 도널드슨은 레이건에게 무례한 어투로 질문하고 고함 지르는 것으로 악명이 높았다. 도널드슨은 레이건 지지자들로부터 상당한 미움을 받았지만, 레이건의 보좌관들은 도널드슨이 레이건의 선한 이미지 보호를 위해 매우 유익한 역할을 해주고 있다고 믿었다. 도널드슨의 질문하는 어투가 도전적이고 무례할 때엔 문답내용에 관계없이 텔레비전 시청자들은 레이건의 편에 서는 경향이 있었기 때문이다.

레이건은 또한 기자들에게 필요 이상의 관심을 보여줌으로써 자상한 이미지를 형성하려고 노력했다. 레이건이 새 옷을 입고 나오자 도널드슨 기자가 옷에 대해 치켜세운 적이 있었다. 레이건은 새 것이 아니라 4년 전에 맞춘 옷이라고 대답했다. 몇 분 후 백악관 내의 ABC-TV 기자실에 있는 도널드슨에게 레이건으로부터 전화가 걸려왔다. "샘, 내가 그릇된 정보를 알려줬던 것 같아. 알아봤더니 이 옷은 4년 전이 아니라 5년 전에 맞춘 거야." 도널드슨은 그의 저서에서 이 일화를 이야기하며 이런 점이 바로 레이건의 강점이라고 썼다.

또한 레이건은 CBS-TV 앵커맨 댄 래더가 저녁뉴스에서 레이건 행정부의 대(對)대만 무기판매 계획은 과거의 정책에 역행하는 것이라고 지적하자, 래더에게 직접 전화를 걸어 강력히 항의한 적이 있었다. 이러한 종류의 제스처는 실질적 항의라기보다는 기자들의 자긍심을 높여주어 차후라도 호의적인 보도를 끌어내겠다는 일종의 '심리적 뇌물'이었다.

'미디어 민주주의'의 전성기

텔레비전으로 중계되는 기자회견에서 기자의 질문에 수 초간 생각하는 표정을 짓는 대통령은 신뢰도에 손상을 받을 수 있다. 사회학자 어빙 고프먼(Erving Goffman 1959)이 지적한 대로, 사람은 자신의 역할을 잘 수행하고 있다는 '인상'을 주기 위해 그 역할의 실질적 충실성을 위태롭게 하는 경향이 있다. 가령 야구심판의 경우 정확한 판단을 내리기 위해서는 적어도 1~2초가량 고심할 필요가 있는 상황에서도 선수와 관중들에게 심판의 권위와 판정의 일사불란함을 과시하기 위한 거의 본능적인 충동 때문에 단 1초도 걸리지 않고 즉각적인 판정을 내리는 경향이 있다. 레이건은 심각하고 어려운 질문을 받으면 일단 짤막한 한마디로 기자들을 한바탕 웃겨놓고 질문에 답하는 재주가 있었는데, 이는 자신의 신뢰성에 상처를 보이지 않은 채 생각할 시간을 벌자는 뜻도 있고 기자들의 정신을 빼놓음으로써 문제의 본질을 호도하고자 하는 계산이 숨어 있었다.

언론인 엘리자베스 드류(Elizabeth Drew 1981)는 레이건과의 기자회견을 '물 묻은 비누를 잡기'에 비유한 적이 있다. 이 말은 레이건이 기자들의 심각한 질문을 적당히 유머 또는 동문서답으로 넘겨버리는 솜씨를 지적한 것이었다. 보다 근본적으로는, 기자들이 레이건 곁에 접근하는 것 자체가 물 묻은 비누를 잡는 것 이상으로 어렵다는 것이다. 1984년 선거 때 유세가 막바지에 접어들어 레이건은 예전보다 더욱 몸을 사려 기자들의 접근을 최대한 피해왔는데,『뉴욕타임스』의 백악관출입기자 스티브 와이즈먼(Steven R. Weisman 1984)은 이를 가리켜 '접근통제의 예술(The Art of Controlled Access)' 이라는 장문의 특집기사를 발표했을 정도였다.

백악관은 또한 뉴스의 질과 양에도 통제권을 행사했다. 좋은 소식은 으레 백악관 발표용이고 나쁜 소식은 각 부처로 떠넘겼으며, 대통령에게 곤란한 일이 생겼을 때는 기자들의 관심을 딴 곳으로 돌리기 위해 일시에 온갖 종류의 발표를 한꺼번에 해버리는 관행을 실시했다. 또 가령 인종차별을 하는 학교에도 세액면제를 허용한다는 대통령령과 같은, 레이건에게 불리할지도 모를 정보의 경우 백악관은 금요일 오후에 기습발표를 해버리는 관행이 있었다. 금요일 오후에는 기자들의 백악관 출입이 뜸하다는 점을 이용하여 뉴스의 초점을 피해 보겠다는 계산이었다.(Edwards & Wayne 1985, Speakes 1988)

기자회견의 연출과 더불어 홍보는 레이건 행정부의 가장 중요한 업무 중 하나였다. 1984년 백악관에 근무하는 관리들의 25퍼센트가 홍보담당이었다는 것이 이를 잘 말해준다. 루스벨트 행정부 때에는 그 비율이 5퍼센트에 지나지 않았다는 것을 감안한다면, 이는 미국 정치의 성격이 언론, 특히 텔레비전의 발달로 크게 변했음을 말해주는 것이다.

1985년 4월 11일자 『뉴욕타임스』가 보도했듯이, 레이건의 공보담당 보좌관인 부캐넌이 비서실장 리건에 이어 백악관의 2인자로 부상할 수 있었던 것은 결코 우연한 일이 아니었다. 레이건 행정부에서는 백악관 및 각 부처 대변인들의 전반적 지위 역시 향상되었는데, 이는 대변인이 자신이 발표하는 중대한 내용에 직접 관여치 못한 채 단지 읽는 역할만 하고 기자들의 질문에 전혀 대답을 못해줄 경우, 기자들이 그러한 발표 자체에 회의를 품고 필요 이상으로 부정적인 시선을 보낸다는 이유 때문이었다. 특히 레이건 행정부의 대외정책 관리들은 일하는 시간의 20퍼센트를 정책구상과 실시에 사용하고 80퍼센트를 언론을 다루는 데에 쓸 만큼 기자회견 등을 통한 유리한 여론 형성에 전력을 기울였다.(Blumenthal 1981 · 1983, Johnson 1986, Kirschten 1981, New York Times 1985, Orren 1986)

이처럼 언론과 텔레비전이 미국 정치에 미치는 엄청난 영향을 가리켜 정치학자 게리 오렌(Gary R. Orren 1986)은 현대 미국의 민주주의는 '미디어 민주주의(media democracy)'라고 했는데, 지난 4년간 축적된 경험으로 레이건 집권 2기는 '미디어 민주주의'의 전성기를 맞이하게 된다. 물론 "물 묻은 비누 잡기" 게임도 더욱 흥미진진해진다.

참고문헌 Blumenthal 1981 · 1983, Cockburn 1984, Dallek 1984, Davis 1987, Denton & Hahn 1986, Donaldson 1987, Drew 1981, Edwards & Wayne 1985, Goffman 1959, Grossman & Kumar 1981, Hitchens 1987, Johnson 1986, Kirschten 1981, Matusow 1983, New York Times 1985, Orren 1986, Paletz & Entman 1981, Schram 1987, Shaw 1984, Sidey 1985, Speakes 1988, Thomas 2000, Weisman 1984

"여보게, 지난밤에 〈람보 2〉를 보았어"
'람보 신드롬'과 '마돈나 신드롬'

〈람보〉 열풍

할리우드의 영웅상은 늘 바뀌게 마련이다. 그러한 변화가 시대적 상황과 어떤 상관관계를 맺고 있으리라는 건 분명하다. 시대상황과는 무관하게 영화제작자의 독창적인 마케팅 기법이 어떤 독특한 영웅상을 만들어냈다 하더라도 그 제작자의 독창성이라는 것도 알게 모르게 시대적 상황으로부터 영향 받은 것이라고 볼 수 있다.

레이건 행정부의 등장은 스타와 사회적 상황의 상관관계를 보다 분명하게 보여주었다. 1980년 레이건의 대통령 당선 이후 반핵 메시지를 담고 있는 〈스트랭글로브 박사(Dr. Strangelove)〉(1964)가 대학가를 중심으로 폭발적으로 유통되면서 그런 조짐을 보여 주었지만, 진정한 레이거니즘의 구현은 영화 〈록키(Rocky)〉(1976-1990)와 〈람보(Rambo)〉(1982-2008) 시리즈의 주인공 실베스터 스탤론(Sylvester E. Stallone)이 해냈다. (Rolloins 1983)

〈람보2〉는 람보가 베트남 월맹군기지에 침입해 포로들을 구출하는 과정을 스펙터클하게 보여준다. 이 영화는 베트남 패전의 아픔을 람보라는 미국식 마초영웅을 통해 극복하는 국가적 판타지가 되었다. ⓒ 중앙일보

〈록키〉는 1976년, 〈람보〉는 1982년에 첫선을 보였지만, 이후 계속 속편이 나오면서 사회적 신드롬을 만들어냈다. 〈록키〉는 유색인들의 사회적·경제적 신분상승을 바라보던 백인 하층민들의 좌절·분노·반격을 그린 영화였으며, 〈람보〉는 그런 메시지에 국제적 맥락을 부여한 영화였다. 1985년 여름부터 1986년 봄까지 스탤론의 영화 〈록키 4〉(1985)와 〈람보 2〉(1985)는 3억 5000만 달러의 수입을 올린 '초대박' 영화가 되었다. 이 두 영화는 레이건식 애국심을 자극함으로써 스탤론에게 '레이건의 포르노그라퍼(Reagan's pornographer)'라는 별명을 안겨주었지만 대중은 열광했다.(LeSueur & Rehberger 1988)

1985년 6월 미국 국적의 TWA(Trans World Airlines) 여객기가 아테네에서 시아파(Shia Islam) 이슬람교도에게 납치되어 레바논의 베이루트

공항에 강제 착륙해 39명의 미국인이 2주 이상 인질로 잡히는 사건이 벌어졌다. 7월 베이루트(Beirut) 인질사건이 끝나 인질이 풀려난 직후 레이건은 측근에게 "여보게, 지난밤에 〈람보 2〉를 보았어. 이제 나는 그런 일이 또 발생할 경우에 어떻게 해야 하는지를 알았지"라고 말했다나?(Distermeier 2002)

람보 신드롬을 타고 광고계도 애국적 메시지에 휩쓸렸다. 1984년과 1985년에는 미국의 국조(國鳥)인 흰머리독수리나 자유의 여신상을 배경으로 상품을 보여주면서 미국인의 개척정신과 애국심을 이야기하는 광고들이 우후죽순처럼 생겨났다. 1982년 이후 미국에서는 전쟁놀이 완구 판매고가 600퍼센트 증가했으며, 1985년 한 해만도 전쟁놀이 완구업계의 매출고는 10억 달러를 넘어섰다.

스탤론은 미국의 '새로운 영웅'으로 부상했다. 1985, 1986년은 그의 전성기였다. 『뉴스위크』는 그를 특집으로 다루면서 "싫든 좋든 스탤론은 새로운 영웅이 됐다"고 선언했다. 관객들은 모두 "잘한다 록키"를 부르짖으며 열광했다. 람보를 이용한 온갖 종류의 상품이 범람한 가운데, 장난감 가게에서는 영화에서 쓰인 총과 권투 글로브 모형들이 날개 돋친 듯 팔려나갔고 휴스턴엔 '람보' 분위기를 살린 술집까지 등장했다. 뉴욕에선 '람보 닮은 인물 뽑기 대회'까지 열렸다. 〈람보 3〉(1988)에 등장하는 폭력 장면은 모두 245커트로 1시간당 135개의 폭력 신이 이어졌으며, 람보는 이 영화에서 적어도 123명의 인명(소련군)을 살상했다. 군 당국은 람보의 포스터를 모병소 밖에 전시하여 젊은이들에게 입대를 종용했다.

'하드 바디'의 이데올로기

수잔 제퍼드(Susan Jeffords 2002)는 『하드 바디: 레이건 시대 할리우드 영화에 나타난 남성성(Hard Bodies: Hollywood Masculinity in the Reagan Era)』에서 "레이건 시대는 몸의 시대였다"고 주장한다. 레이건의 연로함과 그의 코에 암 성질을 띤 점이 생긴 것에 대한 걱정에서부터 에어로빅과 운동에 대한 열광, 아놀드 슈왈제네거(Arnold A. Schwarzenegger)라고 하는 미스터 유니버스 출신이 스탤론과 더불어 1980년대 최고 흥행배우가 된 사실, 낙태를 불법화 하려는 보수 진영의 의제, 마약 복용, 섹슈얼리티, 출산을 통해 '가치관'을 식별하려는 시도, 에이즈(AIDS)에 걸린 사람에 대한 공격 등에 이르기까지 몸에 대한 담론이 흘러 넘쳤다는 것이다.

제퍼드는 병들거나 오염돼 잘못된 몸을 '소프트 바디', 힘 · 노동 · 결단력 · 충성심 · 용기를 감싸고 있는 몸을 '하드 바디'로 구분하면서 인종과 젠더 위주의 사고 체계에서 소프트 바디는 여성과 유색인, 하드 바디는 남성과 백인의 것이었다고 말한다. 제퍼드는 많은 미국인들이 카터에게 환멸을 느낀 이유는 그가 국가적으로건 개인적으로건 미국인에게 왜소하고 불안한 느낌이 들게 한 것이었다며 '하드 바디'가 레이건 철학 · 정치 · 경제의 상징이 되었다고 주장한다.

제퍼드는 하드 바디를 구현한 영화로 〈록키〉와 〈람보〉 시리즈 외에 〈슈퍼맨(Superman)〉(1978), 〈레이더스(Raiders of the Lost Ark)〉(1981), 〈터미네이터(The Terminator)〉(1984), 〈탑 건(Top Gun)〉(1986), 〈로보캅(Robo Cop)〉(1987), 〈리썰 웨폰(Lethal Weapon)〉(1987), 〈다이하드(Die Hard)〉(1988), 〈배트맨(Batman)〉(1989) 등을 지적한다. 제퍼드는 "관객

1980년대는 슈퍼히어로 영화와 프로레슬링, 헤비메탈이 인기를 끈 시대였다.
지치지 않는 강고한 남성의 육체라는 상징에 개인과 국가는 열광했다. 사진은
블록버스터물의 영웅인 슈퍼맨과 배트맨. ⓒ schwa23, Pablo Costa

은 개인주의, 자유, 군국주의 그리고 신화적 영웅주의를 대표하는 캐
릭터를 다룬 멋진 영화를 보고 싶어 했던 것"이라며, 위와 같은 "블록
버스터 영화의 성공을 통해 할리우드는 1970년대 후반의 '파편화'와
'고통'을 극복하고 '관객이 보고 싶어 하는' 수백만 달러짜리 액션
영화의 시대로 성공적으로 진입했음을 보여주었다"고 말한다. 이어
제퍼드는 "영웅주의, 성취, 강인함, 선한 미국 등의 서사들이 '레이건
혁명'을 가능하게 했다"며 이렇게 말한다.

"1950년대 미국 남자는 풋볼을 좋아하고, 공격적이며 미국을 지지
하고 언제나 가족을 책임졌다. 1960년대 남자는 베트남전과 여성운동
의 영향으로 자신 속의 여성적인 면을 알게 됐다. 1970년대 남자는 인

생에 대한 부드러운 태도를 지니고 있었지만 에너지 혹은 삶을 만드는 능력이 없었기 때문에 불행했다. 레이건이 8년 동안 통치했던 1980년대 미국은 1950년대를 동경했다. 그리고 앞선 시대에 대한 반동으로 '하드 바디'의 남성을 국가모델로 택했다."

이런 상황에 대처하기 위해 사회주의 페미니즘 진영은 '사이보그 선언문'을 들고 나왔다. 페미니스트이자 과학사가인 도나 해러웨이(Donna J. Haraway 1995)가 1985년에 발표한 「사이보그 선언문(Cyborg Manifesto)」은 '남성/여성' 등의 근대 이원론적 사고를 비판하면서, 이원론은 인간과 인공물 간의 경계가 무너질 때 해체될 수 있다는 점에서 그 가능성의 은유로 사이보그(Cyborg; Cybernetic Organism)를 지지했다. 해러웨이는 사이보그가 종래 육체적 성 차에 묶여 있는 통념적인 인간 존재를 넘어설 수 있게 하는 측면에 주목하면서 성차 없는 이상적 사회에 대한 희망을 사이보그에 대한 연상과 결합했다. 예컨대 건강한 자궁을 시뮬레이션 할 수 있는 인큐베이터는 여성을 출산의 부담에서 해방시킬 것이며, 또한 건강한 사이버 섹스는 가부장적 구속이나 남성 주도의 전통적 성 역할을 철폐할 수 있게 하는 해방적 계기로 작용할 수 있다는 것이다.

김소영(1995)은 해러웨이의 프로젝트에는 분명 문제점들과 현실적 한계가 있지만, 해러웨이가 새로운 사회주의 페미니즘의 미래 기획으로서 제안하고 있는 테크노 페미니즘이 권력의 정보공학 시대의 하나의 패러다임으로서 그 역할을 완전히 잃는 것은 아니라고 평가한다. 반면 최혜실(2000)은 "해러웨이 등 일군의 페미니즘 이론가들이 성적 차이를 폐기하고 여성을 가부장적 불평등으로부터 해방시킬 수 있는 존재로서 사이보그를 상정하고, 사이보그가 인간과 기계 사이의 경계를 제거하면 다른 전통적인 위계적 경계도 제거할 수 있다는 낙관론을 내세우는 심정을 충분히 이해한다"면서도 "그러나 실제 대중문화에서는 사이버 공간에서 남녀의 성 차가 더욱 강조되고 있고 여기에 폭력과 에로티시즘까지 결합하고 있다"고 말한다.

스크린 밖에서 '람보'를 실제로 구현한 이가 레이건이라면 '록키'는 크라이슬러(Chrysler) 회장 리 아이아코카(Lee Iacocca)에 비유되곤 했다. 1980년대 전반 파산 위기에서 벗어나기 위한 크라이슬러의 광고 캠페인을 주도한 아이아코카는 스크린에서 '록키'가 구현해보인 '아메리칸 드림'을 국가적 차원의 현실 세계에서 이루자고 공격적으로 호소하여 인기를 얻었기 때문이다. 크라이슬러는 "미국인의 자존심을 되찾자"는 캠페인을 전개하면서 브루스 스프링스틴의 노래 제목 '본 인 더 유에스에이'를 캠페인 광고 슬로건으로 사용하는 대가로 1200만 달러의 로열티를 스프링스틴에게 지불했다. 이 캠페인의 폭발적 인기를 업은 아이아코카는 매일 2만여 통의 팬레터를 받는 등 한동안 유력한 대통령후보로까지 거론되었다.(Angus & Jhally 1989 · 1996, Thorpe 1988)

미국 내셔널리즘의 열풍이 스탤론이 연기한 '람보'의 우상화로 표현되고 강화되었음에도 람보 시리즈 영화는 많은 제3세계국가에서도 대흥행을 기록했다. 이를 어떻게 보아야 할까? 앞서(11권 2장) 살펴본 〈댈러스(Dallas)〉의 경우처럼, 〈람보〉는 이데올로기적인 내용을 담고 있었지만 이를 압도하는 '정서적 리얼리즘(emotional realism)'을 관객에게 제공했다고 보는 게 옳을 것이다.

더글러스 켈너(Douglas Kellner 1997)의 분석에 따르면 "무력한 관객들은 '초인적'이고 초자연적인 힘과 동일시되는 스릴을 만끽하며, 모든 역경은 마술처럼 극복된다. 할리우드의 특수효과는 관객들로 하여금 악을 결정적으로 징계하는 권력을 경험할 수 있게 하는 스펙터클을 생산한다. 따라서 스펙터클은 점차 힘을 상실해 가는 일상생활에 대한 보상으로서 순간적인 정복감과 권력의 맛을 제공한다. 스펙터클은 이와 같이 관객의 비판적 능력을 압도하는 빠른 편집, 휘황찬란한 첨단 기술의 이미지 그리고 서사의 흥미 등을 통해 이데올로기적인 내용을 은폐한다."

에이즈 공포

에이즈(AIDS; acquired immunity deficiency syndrome) 공포도 미국 사회의 보수화에 일조했다. 에이즈는 '후천성면역결핍증'으로 병원체인 HIV(human immunodeficiency virus), 즉 '인간면역결핍 바이러스'에 감염돼 체내의 면역 기능이 저하되어 사망에까지 이르는 일종의 전염병이다. 에이즈는 1981년 6월 UCLA 의대 교수 마이클 고트리브(Michael S. Gottlieb)가 최초로 세상에 알렸으며, HIV는 1983년에 발견되었다.

많은 과학자와 의사가 에이즈의 위험성을 경고했음에도 레이건 행정부는 이에 대한 연구에 힘쓰지 않았다. 이 병의 초기 희생자 중 상당수가 사회에서 적대시되던 동성애자였다는 이유도 있었다. 에이즈에 대한 관심을 넘어서 공포까지 불러일으킨 데에 결정적 기여를 한 이는 동성애자로 에이즈에 걸린 할리우드 스타 록 허드슨(Rock Hudson, 1925~1985)이었다.

영화에서 과시한 자신의 남성적 이미지를 유지하기 위해서였는지, 그는 동성애자라는 성적 정체성을 철저히 숨겼다. 1950년대에 영화사 직원과 3년간 결혼 생활을 하기도 했으나, 이 결혼이 사실혼이었는지 동성애자라는 사실을 숨기기 위한 위장결혼이었는지는 뒷날에도 논란이 됐다. 스크린에서 단짝이었으며 실생활에서도 절친했던 배우 도리스 데이(Doris Day)조차 허드슨의 성적 정체성을 알지 못했다고 말했다.

1984년 에이즈 진단을 받은 뒤에도 그의 주치의와 홍보 담당자들은 병명을 간암이라고 밝혔다. 죽음이 침상 앞까지 찾아왔던 이듬해, 허드슨은 자신의 병명을 솔직하게 밝혔고 심장병 수술 도중 에이즈에 감염된 혈액을 수혈 받았을 가능성을 제기했다. 그는 1985년 10월 2일 사망했는데, 그의 죽음과 함께 에이즈는 소수 공동체에 한정된 '게이병'에서 할리우드의 스타도 걸릴 수 있는 무서운 질병으로 인식되기 시작했다. 배우 모건 패어차일드(Morgan Fairchild)는 록 허드슨의 죽음이 "에이즈에 얼굴을 줬다"고 말했다.(백승찬 2009a)

허드슨의 사망 직전 『라이프(Life)』가 1985년 8월호 커버스토리로 에이즈를 다루는 등 언론의 주목을 받으면서, 일반 대중은 에이즈 공포에 빠져들었다. 이때 이미 에이즈로 사망한 사람은 미국에서만 1만 1000명에 달했다. 언론은 에이즈가 난잡한 성교의 위험성을 입증했다고 주장하면서, 앞으로 전통적 가치로의 회귀와 결혼의 강화가 나타날 것이라고 예측했다. 1985년 『여생 동안 한 사람만을 사랑하면서 만족하는 법(How to Make Love to the Same person for the Rest of Your Life and Still Love It)』이라는 책이 베스트셀러가 되면서, 짝짓기와 일부일처제를 향한 강한 의지가 표출되는 것 같았다. 이런 의지는 다양한 방식으로 표현되었다.

1986년 『뉴스위크』에는 뉴욕에서 마땅한 남성 파트너를 찾을 수 없는 것은 게이들이 많은 탓이라면서, 마흔 살 여자가 결혼할 확률보다는 테러리스트에게 살해당할 확률이 더 높다는 유명한 구절이 실렸다. 에이즈는 '게이 페스트'로 불리면서 동성애자들을 적대시하는 주요 이유로 등장한다. (Lischke & Tramitz 2000, McLaren 2003)

민주당의 여피화

'람보 신드롬'은 '여피(yuppie)' 현상과 맥을 같이 했다. 여피는 '도시에 사는 젊은 전문직 종사자(Young Urban Professional)'의 머리글자에 '히피(hippie)'의 뒷부분을 붙여 만든 단어다. 여피가 공식적으로 모습을 드러낸 시기는 1983년 3월이었다. 『시카고트리뷴(Chicago Tribune)』 논설위원 밥 그린(Bob Greene)이 히피와 신좌익의 중간을 자처하는 반체제 청년 집단인 이피(yippie)였다가 활동무대를 월스트리트로 바꾼 제리 루빈(Jerry Rubin)에 대한 기사를 쓰면서 이 말을 처음 사용했다.

'여피' 현상은 1960년대의 개인주의가 1980년대의 물질주의로 얼마나 쉽게 변질했는지를 보여주었다. 여피의 의미도 '도시에 사는 젊은 전문직 종사자'에서 '출세욕에 찬 젊은 전문직 종사자(Young Upwardly Mobile Professional)'로 왜곡되었다. 여피를 대변하여 여피의 이미지를 좋게 할 유명인이 없었기 때문일까? 굳이 찾자면, 영화 〈아메리칸 지골로(American Gigolo)〉(1980)에서 볼 수 있는 리처드 기어(Richard T. Gere)의 외형이 여피에 가까웠다. 『뉴스위크』 커버스토리는 1984년을 '여피의 해'로 정했는데, 이는 물질과 출세 위주의 풍토를 지적하기 위한 것이었다.(Callahan 2008, Twitchell 2003) 바로 이 해에 신디 로퍼(Cyndi Lauper)의 노래 '돈이면 뭐든지 바꿀 수 있다(Money Changes Everything)'가 대히트를 기록한 건 결코 우연이 아니다.

여피의 주요 관심사 중 하나는 브랜드 중심의 스타일과 패션이었다. 제임스 B. 트위첼(James B. Twitchell 2003)에 따르면 "여피는 숫자로 따져보면 불과 400만 명에 불과하지만 그들이 나머지 전체 인구에 미치는 영향은 실로 막대하다. 명품, 고품격 제품, 사치품 등이 폭발적으로 증가하던 시기에 여피들은 가장 앞장서서 그런 물건들을 소비했고 이제는 그 중심부에 서 있다. 르네상스 시대 이후 여피들만큼 자신들이 사용하는 물건들을 드러내놓고 과시한 사회적 계층이나 집단은 없었다."

마르크스주의자인 마이크 데이비스(Mike Davis)는 『아메리칸 드림의 수인들(Prisoners of the American Dream)』(1986)에서 여피의 출현엔 레이거노믹스의 주된 수혜자인 '상층·중간층'의 '과소비주의'가 깔려 있다고 주장했다. 레이건의 집권 1기 동안 저소득 가계는 임금과 사회적 혜택의 삭감으로 230억 달러를 손해 본 반면, 고소득 가계는 조세 삭감으로 350억 달러 이상의 이득을 보았다는 것이다. (Callinicos & Harman 2001)

고소득 가계라고 해서 무조건 레이건을 지지한 건 아니었다. 이들 중 상당수는 민주당을 지지했는데, 이는 오히려 더 복잡한 문제를 낳고 말았다. 민주당은 1984년 대선에서 패배했지만 레이건에 반대하는 전문직 종사자들이라는 새로운 지지층을 얻었다. 이른바 '민주당의 여피화'가 일어난 것이다. 여피의 민주당 지지는 오히려 '민주당의 보수화'를 초래함으로써 미국 정치는 '양당제 형태를 띤 1당제'라는 말이 나오게 된다.(우태희 2008)

마돈나의 반란

물질과 출세가 지배하는 기존 질서에 대한 저항마저도 물질과 출세를 껴안는 시대가 되었다. 이를 드라마틱하게 표현한 대표적 인물이 여성 가수 마돈나다. "현찰을 갖고 있는 사내는 언제나 여자의 이상형이지요." 그녀의 1985년의 화제곡 '물질적인 여자(Material Girl)'는 당시 미국 사회를 휩쓸던 황금만능주의와 오랜 여성 직업 중의 하나, 즉 사내들로부터 돈을 뜯어내는 창녀들을 묘사한 노래였다. 이 노래에서 마돈나는 자신이 물질주의적인 것은 순전히 이 세상이 물질주의적이기 때문이라고 암시한다.(Anderson 1995, Guilbert 2004)

마돈나는 물질주의의 승자였다. 그녀는 1985년 한 해에만 1600만 장의 싱글레코드 앨범을 팔았다. 어디 노래뿐인가. 마돈나는 탁월한 사업가였다. 1985년 2월 『타임』의 기자 데이브 마시는 마돈나에게 '쇼핑몰 문화의 산물'이라는 별명을 붙여주었다. 그럴 만도 했다. 주간지 『피플(People)』 1985년 5월

© Alan Light, Quibik

마돈나는 금기에 대한 도전으로 자신을 마케팅 했다.

13일자에 따르면 "콘서트에서 그녀가 기록한 티셔츠와 기념품의 일인당 판매고는 록 역사상 최고였다. '그녀는 스프링스틴이나 롤링스톤스, 듀란듀란보다 더 많이 팔립니다'라고 그녀의 순회 콘서트 독점 판매권자인 델 퍼라노는 말한다. 샌프란시스코에서는 20달러짜리 티셔츠가 6초에 한 개꼴로 팔렸다. 그녀는 '섹시한 사람들을 위한 스포츠웨어'라고 표현하면서 '마돈나웨어'를 팔기 시작했다. 이것은 '25달러짜리 레이스 탱크탑, 30달러짜리 스웨트셔츠, 20달러짜리 바지 그리고 말아내려 배꼽을 드러낼 수 있는 적당한 가격(30달러)의 튜브 스커트'로 구성되어 있었다."(Kellner 1997)

마돈나가 자신의 노래와 패션을 파는 프로가 된 이후 그녀의 '반란'은 상품이 되었다. 그녀의 마케팅 전략은 끊임없이 새로운 모델을 만들어내고 새로운 기능을 추가해 기존의 가전 제품들을 고의적으로 진부화해 시장을 확대하고자 하는 전자산업의 마케팅 전략과 다를 바 없었다. 그러나 마돈나는 전자산업과는 달리 소비자들에게 '정치적인 메시지'를 전달한다는 점에서 큰 차이점을 보이고 있었다. 그의 '정치적인 메시지' 가운데 가장 중요한 것은 무엇인가? 바로 정체성에 관한 것이다. 그리고 그에 부수적으로 따라붙는 섹슈얼리티, 성별, 인종, 계급에 관한 것이었다. 켈너(Kellner 1997)는 이렇게 말한다.

"사람들의 정체성은 마음먹은 대로 수정하거나 변화시킬 수 있는 구성물이며 바로 마돈나 자신이 그렇게 하려고 한다는 것을 암시한다. 게다가 마돈나가 뮤직비디오에서 (그리고 소문이 사실이라면 현실에서도) 자신을 다양한 피부색의 남성들에게 제공하는 행동은 섹슈얼리티에 대한 인종 장벽을 부수는 것이다."

기존의 장벽을 부순다는 건 '충격'이다. '충격'은 장사가 된다. 그래서 마돈나를 마땅치 않게 보는 사람들은 그녀가 장사를 위해 끊임없이 '충격'을 만들어낸다고 비판한다. 맞는 말이다. 허나 그게 전부는 아닐 것이다. 오직 장사만을 위해서라고 보기엔 마돈나가 만들어낸 충격들이 그야말로 충격적이었기 때문이다. 상업주의만으로는 설명할 수 없는 그 무엇이 있다는 것이다.

마돈나의 '처녀처럼'

마돈나의 1984년 히트곡 '처녀처럼(Like a Virgin)'에 대해서도 의견이 분분하지만, 이에 대해선 아무래도 긍정적인 평가가 더 많은 듯하다. 김형찬(1999)은 "여기서의 '처녀처럼'은 '처녀가 아닌데 처녀처럼 행동한다'는 의미가 아니다. 남성에 의해 아름다움이나 처녀 여부가 규정되는 것이 아니라 주체적으로 '처녀'가 된다는 뜻이다. 'Like a virgin=I am a virgin'인 셈이다"라며 다음과 같이 말한다.

"이 같은 등식과 관련해 일부에서는 마돈나를 '여성의 성적 주체성'을 확립한 인물로 꼽는다. 여권론자들은 '질의 입구를 막고 있는 탄력성 있는 점막'에 불과한 처녀막이 '가부장제를 유지하기 위한 주요 메커니즘'으로 기능해왔다고 순결성 논리를 비판해왔다. 마돈나는 '처녀처럼'의 강렬한 메시지를 통해 '막'을 둘러싼 논란에 종지부를 찍었다는 것이다. 마돈나는 '상처'를 딛고 새출발하는 모습을 강조하지도 않는다. 대신 '항상 처녀'라는 새로운 개념을 창출했다."

켈너(Kellner 1997)의 평가에 따르면 "이 고도로 성적인 노래의 연출은 처녀성을 조롱하고 동시에 섹슈얼리티의 코드와 몸짓을 비꼬면서 섹슈얼리티를 우스갯거리로 만든다. 그녀가 성적 코드를 갖고 노는 것은 섹슈얼리티가 일종의 구성물이며 '자연' 현상이기보다는 부분적으로 대중문화의 이미지와 코드에 의해 가공된 것임을 알려준다. 또한 섹슈얼리티가 놀이의 장, 자기 창조와 표현의 장, 욕망과 쾌락의 장임을 알려준다. 처음부터 마돈나는 섹슈얼리티를 성공적으로 이용했고 이어서 섹슈얼리티를 자연스럽고 즐기는 것, 재미있는 것으로 제시했다. 이것은 한때 청교도적이었던 문화에서는 확실히 건강한 태도였다."

성을 즐기는 건 좋은데 아무 데서나 즐겨도 괜찮은 건가? 마돈나에게 이런 의문을 품는 사람들이 많았다. 카트린 칼바이트(Cathrin Kahlweit 2001)는 "그녀는 사랑은 어두운 곳에서만 해야 한다는 미국의 '성교 규칙' 제1항을 무너뜨렸다. 할리우드의 감독들보다 앞서 그녀는 섹스를 눈부신 탐조등의 빛 아래로 옮겨놓았다"며 다음과 같이 말한다.

"아직 로널드 레이건이 가정의 가치를 맹신하고 공산주의를 악으로 혹평하던 시절이었다. 마돈나를 스타로 추앙하던 대도시의 디스코텍과 클럽, 언더그라운드에서는 오래 전부터 백악관과는 다른 윤리가 지배했다. '서둘러 사랑하고, 그보다 더 서둘러 돈을 벌어라.' 이것이 소위 물질주의자 마돈나의 인생 규칙이었다. 말로만 떠들던 레이건 시대의 청교도주의와 젊은 세대의 소비욕과 삶의 의욕은 동전의 양면이었다. 다른 사람들이 꿈만 꾸며 감히 해보지 못한 것들을 마돈나는 앞서 실천했다. 이런 의미에서 그녀는 낯선 사람과 침대를 나누기에는 너무 늙어버린 사람들의 꿈을 반영한 이상이었다."

마돈나에 대해 의견의 일치를 보기는 어려웠다. 마돈나가 페미니즘을 100만 년 정도는 후퇴시켰다고 비난하는 사람들도 있는가 하면, 마돈나를 페미니즘의 영웅으로 칭찬하는 사람들도 있었다. 1999년 4월 5일 미국 성(性)정보교육위원회는 자체 웹사이트에 접속한 6만 4000여 명을 대상으로 "미국인들이 성을 자연스럽고 건강한 삶의 일부로 이해하도록 긍정적인 변화를 일으킨 인물 10명을 선정하라"는 조사에서 마돈나가 10대 인물로 뽑혔다고 발표한다.

그러나 마돈나의 긍정적인 면을 아무리 인정한다 해도 문제는 다시 '자본'이다. 마돈나의 메시지는 돈을 통해 전달된다. 이 점을 불편하게 생각하는 사람들이 많다. 저항과 반란마저 자본이 차려준 마당에서 자본의 증식에 기여하는 한에서만 일으키고 퍼뜨릴 수 있는 세상이 열렸다고 보는 게 옳겠다. 수많은 대학에서 마돈나를 다루는 대중문화 강좌가 열리고 마돈나를 주제로 한 논문들이 쏟아져 나오는 등 이른바 '마돈나학(Madonnology)'이 생긴 것도 '이미지와 현실' 문제와 더불어 바로 그런 이유와 무관치 않다.

참고문헌 Anderson 1995, Angus & Jhally 1989 · 1996, Callahan 2008, Callinicos & Harman 2001, Distermeier 2002, Guilbert 2004, Haraway 1995 · 2002, Jeffords 2002, Kahlweit 2001, Kellner 1997, LeSueur & Rehberger 1988, Lischke & Tramitz 2000, Loschek 2002, McLaren 2003, Rolloins 1983, Shuker 1999, Thorpe 1988, Twitchell 2003, 강준만 2000 · 2005a, 경향신문 1999, 김성곤 2001, 김소영 1995, 김형찬 1999, 박영배 · 신난향 2000, 백승찬 2009a, 손세호 2007, 신호창 · 김지영 1995, 우태희 2008, 이동연 2005, 이상훈 1999, 최혜실 2000, 한겨레 1999, 한윤정 2002

"미국은 공개 사과하라"
서울 미문화원 점거 농성사건

"광주학살 책임지고 미국은 공개 사과하라"

한국에선 미국과 관련하여 무슨 일이 벌어지고 있었던가? 1985년 5월 부터 광주문제가 민주화세력의 본격적인 이슈로 떠오르면서 미국의 책임 문제가 부각되기 시작했다. 3월 29일에 발족된, 민주화세력의 결집체인 민주통일민중운동연합(민통련)이 광주민주화운동관련 성명서를 내고 농성에 돌입했으며, 5월 17일엔 전국 80개 대학 3만 8000여 명의 학생들이 광주민주화운동의 진상을 요구하며 격렬한 시위를 전개하기 시작했다.

이어 5월 23일 12시 서울대학 학생 함운경을 포함한 73명의 학생은 미문화원 2층 도서관을 72시간 동안 점거해 농성을 벌였다. 이는 1982년 3월 18일 문부식을 비롯한 부산 고신대생들이 주도한 부산 미문화원 방화(부미방)사건에 뒤이은 것으로 광주학살을 외면하고 신군부를 지지한 미국에 대한 항거였다. 그밖에도 1985년 4월 23일의 기독교농

전두환 정권은 주도자들을 격리시키기 위해 언론을 통해 서울 미문화원 사건(사진)을 크게 띄웠는데, 오히려 사람들은 언론보도를 통해 광주학살과 미국의 관련 가능성을 깨닫게 되었다.

민회원들의 미 대사관 농성, 1985년 11월 13일의 아메리카은행 부산 지점 점거 농성, 1985년 12월 2일의 광주 미문화원 점거 농성 등도 모두 '부미방' 사건의 연장선상에 있는 것이었다.

미문화원을 점거한 73명은 4월 17일에 결성된 전학련(전국학생총연합)과 삼민투(민족통일 · 민주쟁취 · 민중해방투쟁위원회) 산하 고려대 · 서강대 · 서울대 · 성균관대 · 연세대 학생들이었다. 이들은 "광주학살 책임지고 미국은 공개 사과하라" "미국은 전두환 군사독재 정권에 대한 지원을 즉각 중단하라" "신민당은 국정조사권을 발동하라" 등의 구호를 외쳤다.

이 사건은 민정당과 신민당 사이에 '삼민투 논쟁' 또는 '민중 논쟁'을 불러일으키기도 했다. 삼민투에 대한 민정당 중앙집행위원회가 낸 성명의 일부는 다음과 같다. "이른바 삼민투위의 민중혁명은 부르조아 민주주의 혁명이 아님을 명백히 하면서 스스로 반제 반매판 반독점자본 혁명이라고 주장하고 있고 그들이 말하는 민중은 국민을 모두 포함하는 게 아니라 무산자계급이며 민중혁명이 계급투쟁임을 분명히 하고 있다. 목표달성에 개량주의적 타협을 배제하고 민중봉기로 사회혁명을 주장하고 있다." 이에 반해 신민당의 성명은 "민중이란 반민주적 독재체제 아래 고통받는 사람 일반을 가리키는 것이며 민중해방이란 독재타파를 뜻하는 것이다"라고 말했다.(이경재 1987)

"우리는 왜 미문화원에 들어가야만 했나"

학생들은 「우리는 왜 미문화원에 들어가야만 했나」라는 제목의 성명서를 통해 다음과 같이 주장했다. "광주민중항쟁 5주년을 맞이하여 전국에서 학살의 책임자를 단죄하라는 소리가 드높아지고, 학살의 원흉인 군사독재 정권은 물러나라는 요구가 곳곳에서 터져나오고 있는 지금, 우리는 미국의 광주학살 지원의 책임을 묻고자 한다. …… 이제 한국 국민은 광주학살에 대한 미국의 지원에 깊은 의혹을 갖고 있으며, 광주학살에 대한 책임을 미국도 져야 한다는 것을 인식하기에 이르렀다."

이어 학생들은 다음과 같이 요구했다. "1. 광주학살 지원 책임지고 미 행정부는 공개 사과하라! 2. 미국은 전두환 군사독재 정권에 대한 지원을 즉각 중단하라! 3. 미국 국민은 한미관계의 올바른 정립을 위해 진지하게 노력하라!"

미 대사와의 면담 및 내외신 기자회견이라는 학생들의 요구는 거절당하고, 미국 측의 '선 농성해제, 후 대화' 입장과 학생 측의 '공식문서화와 학살동조 책임 인정 및 공개 사과' 입장이 팽팽하게 맞섰다. 학생들의 참사관과의 면담을 통해 미국이 광주 학살을 묵인·지지했음은 드러났다.(김민호 1988)

3일 후인 5월 26일 새벽, 학생들은 "미국이 우리에게 진정한 우방과 자유세계의 수호자로서 인식되기에는 상당한 거리가 있음을 확인했다. 보다 강고한 투쟁을 위해 농성을 풀기로 했으며 이는 농성 해제가 아닌, 보다 효과적인 싸움의 재출발임"을 천명하며 자진 해산했다.

이 점거사건은 당사자들의 예상을 뛰어넘는 큰 반향을 불러일으켰다. 전두환 정권은 이 기회에 여론으로부터 학생운동을 격리하기 위한 방편으로 이 사건을 언론을 통하여 크게 부각했지만, 오히려 이러한 언론의 대서특필은 국민들이 광주학살과 미국의 관련 가능성을 깨닫는 역반응으로 나타났던 것이다.

이는 단순히 학생들에게만 반향을 일으킨 것이 아니라 일반 국민들에게까지 '미국 문제'를 생각해보게 하는 계기가 되었다. 또한 이 점거사건을 주도했던 서울대학 삼민투 공동위원장 함운경, 서울대학 총학생회장이자 전국학생총연합 의장 김민석, 삼민투 위원장 허인회 등이 소위 '학생운동 스타'로 떠오르게 되었는데, 이 또한 국민들의 은

밀한 호응을 대변하고 있었다.

'반미자주화 투쟁'

이 사건 이후 '점거 농성'은 2학기 들어 학생들의 주요 투쟁 방법의 하나가 되었으며, 노골적인 반미운동이 거세게 일어났다. 1986년 3월 18일 서울대학에서 발족된 '반전반핵평화옹호투쟁위원회'(위원장 이재호)는 "미제국주의 몰아내자" "반전반핵 양키 고 홈" "팀 스피리트 훈련 중단하라" "휴전협정 폐기하고 평화협정 체결하라" 등을 주장했다.

1986년 3월 29일 서울대학에선 100여 명의 학생들이 모인 가운데, 대중적 차원에서 반제국주의론에 기초해서 최초의 조직인 '구국학생연합'을 결성했다. 나아가 이들은 반미 운동을 공개적으로 벌여 나갈 투쟁기구로 '반미자주화반파쇼 민주화 투쟁위원회(자민투)'를 4월 10일에 결성하고 「반미자주화반파쇼 민주화 투쟁선언문」을 발표했다.

"미제에 대한 적개심과 그 앞잡이 전두환 괴뢰도당"으로 시작하는 '자민투'의 선언문은 "19세기 말 이래 한반도의 역사는 미·일 제국주의의 침략의 역사였고, 이에 대한 민중의 치열한 투쟁의 역사였다"며 다음과 같이 주장했다.

"한국 민중의 반제민족해방투쟁은 미제의 군홧발과 총칼에 철저히 탄압되고, 미제는 자신의 정치·경제·군사적 이익을 철저히 대변하는 괴뢰정권을 수립했다. 그리고는 미에 대한 민중의 투쟁이 고양될 때 민중의 반미의식의 고양 및 해방투쟁의 고양을 저지하기 위해 통치력을 상실한 허수아비 괴뢰정권을 제거하고 기만적인 새로운 괴뢰

정권을 제거하고 기만적인 새로운 괴뢰정권을 창출하곤 했다. 이승만, 박정희, 전두환 괴뢰정권의 성립·소멸 과정은 바로 이들에 대한 민중의 적개심과 치열한 투쟁이 반미 투쟁으로 승화 발전하는 것을 두려워 한 미제의 간악한 책략이었다."(동아일보사 1990)

이 날 이들은 '반민주화 반파쇼민주화 투쟁 만세!' '반제민족해방 투쟁 만세!' '깨부수자 괴뢰정권 몰아내자 미국놈들!' '미국은 핵기지를 철수하라!' '휴전협정 폐기하고 평화협정 체결하라!' '반전반핵 양키 고 홈!' 등의 구호를 외쳤다.

'자민투' 산하 반전반핵투쟁위원회는 4월 16일 서울 남영동에 있는 미군기지 근접시위와 대학생 전방입소 거부운동을 벌였다. 이를 시작으로 서울 소재 각 대학에서도 대학생 전방입소 거부운동이 펼쳐졌다. 전방입소는 '양키의 용병교육'이라는 논리였다. 이후 전국 대학가엔 전방입소 반대 투쟁이 휩쓸아쳤는데 "이 시기에 반미투쟁이 가열화된 것은 특정한 사건이 있어서가 아니라, 반미투쟁 없이 민주주의를 쟁취하는 것이 불가능하다는 학생운동내의 각성" 때문이었다.(김민호 1988, 배기찬 1990)

전방입소 반대 투쟁은 4월 28일 서울대학생 김세진, 이재호의 분신자살로 정점을 이루었다. 그날 아침 9시경 약 400여 명의 85학번 학생들이 신림 사거리 가야쇼핑센터 앞에서 도로를 점거하고 연좌농성을 벌이던 중에 일어난 일이었다. 김세진은 온몸이 화염에 휩싸인 와중에도 두 손을 불끈 쥐고 "양키의 용병교육 전방입소 결사반대!" "민족생존 위협하는 핵무기를 철수하라!"고 외쳤다.

이런 일련의 사건들과 더불어, 필리핀 국민이 이른바 '피플 파워'

를 통해 마르코스 정권을 무너뜨리고 아키노 정권이 들어서게 했다는 '마닐라의 봄' 소식이 한국에 상륙하면서, 대통령 직선제 쟁취를 위한 개헌 열기가 1986년 한국의 봄을 뜨겁게 달군다.

참고문헌 강신철 외 1988, 강준만 2002-2006, 김민호 1988, 동아일보사 1990, 박세길 1992, 배기찬 1990, 이경재 1987

제3장
레이건의 '정치의 승리'

고르바초프와 레이건
제네바 정상회담

레이건-고르바초프 정상회담

1985년 소련 지도부의 세대교체가 이루어졌다. 1982년 11월 레오니트 브레즈네프(Leonid I. Brezhnev, 1906~1982)가 사망하고, 그의 뒤를 이어 국가안보위원회(KGB) 의장이었던 유리 안드로포프(Yuri Andropov)가 서기장에 취임했지만 그는 집권 15개월 만에 사망했다. 브레즈네프의 측근이었던 콘스탄틴 체르넨코(Konstantin U. Chernenko, 1911~1985)가 안드로포프의 뒤를 이었지만, 그 역시 서기장에 오른 지 13개월 만에 사망했다. 이들은 모두 70대의 노인들이었다. 1985년 3월 10일 53세의 젊은 나이로 소련 공산당 서기장이 된 미하일 고르바초프(Mikhail S. Gorbachev)는 세대교체 바람을 주도하면서 나중에 '고르바초프 혁명'으로까지 불린 개혁정책을 시작했다. 고르바초프 혁명은 페레스트로이카(perestroika; 개혁), 글라스노스트(glasnost; 개방) 그리고 노보에 미슈레니에(Novoe myshlenie; 새로운 사고)로 구성되어 있었다.

페레스트로이카 선전우표. 기존체제의 위기에서 소련은 인민에게 내놓을 만한 물질적 기반이 없었다. 따라서 고르바초프가 추진한 3대 개혁정책은 체제붕괴를 막으려는 목적이었지만 위험부담도 안고 있었다.

이 혁명이 본격화되기 전인 1985년 11월 19일 제네바에서 개최된 미·소 정상회담은 레이건의 대소정책의 세련된 경지를 보여주었다. 이 회담으로 레이건은 미국 역사상 소련의 최고 지도자와 만난 아홉 번째 대통령이 되었다. 레이건과 고르바초프는 미·소 간의 핵전쟁에서 그 누구도 이길 수 없으며, 따라서 핵전쟁은 있을 수 없다는 데에 의견을 같이 했다. 이는 이미 30년 전 아이젠하워와 니키타 흐루쇼프 (Nikita S. Khrushchyov, 1894~1971)가 만나서 했던 이야기의 반복에 불과했다. 이 회담은 레이건과 고르바초프가 각기 자국에서의 인기상승을 의식하고 벌인 정치쇼의 성격이 짙었다. 세계 각국 기자 3000여 명이 몰려 취재경쟁을 벌인 이 회담만큼 효과적인 국제 선전무대가 있을 수 없었던 셈이다.

레이건과 고르바초프는 이 회담에 대해 동상이몽을 품고 있었다. 소련을 '악의 제국(evil empire)' 이라 불러온 레이건이 소련과의 협상 테이블에 마주 앉는다는 상징적 제스처 하나만으로도 세계 여론은 물

제네바 정상회담 중 레이건과 고르바초프. 냉전 이래 두 초대강국의 첫 번째 전략목표는 직접적 군사대결을 피하는 동시에 각 진영의 세력을 규합하면서 핵 억지를 통해 공포의 균형을 유지하는 일이었다.

론 미 의회에서도 보통 이상의 칭송을 들을 수 있었다. 레이건은 이 회담이 있기 3주일 전 영국 BBC 방송과의 인터뷰에서 미국과 소련의 체제상의 차이점을 비교하다가 "나는 언어학자는 아니지만 러시아어에는 자유라는 단어가 없다고 알고 있다"고 주장했다.(러시아어에도 '스보보다(svoboda)' 라고 해서 'freedom' 에 해당하는 단어가 있다.)

중요한 건 레이건의 대소 시각은 사실보다 이데올로기를 앞세웠다는 점이다. 베트남전쟁을 가리켜 '숭고한 전쟁' 이었다고 주장해온 레이건의 호전적 자세를 가늠케 하는 일화는 무수히 많다. CIA부국장 바비 인먼(Bobby R. Inman)은 레이건에게 소련의 핵전력에 대해 브리핑한 적이 있다. 레이건이 인먼에게 "소련이 보유한 가장 큰 미사일이 SS-19지?" 라고 물었다. "SS-18" 이라고 인먼이 대답했다. 그러자 레이건은 "그들은 우리를 혼동시키기 위해 미사일 이름까지 자주 바꾼단 말이야"라고 불평했다. 소련 미사일의 이름은 소련이 아닌 미국에서 붙여주는 것인데도 말이다.

또 다른 일화는 웃어넘기기엔 심각하다. 1984년 8월 레이건은 방송 기술자들이 기자회견 방송준비를 하고 있는 동안 마이크 테스트를 하면서 이렇게 말했다. "국민 여러분, 방금 소련을 영원히 불법화하는 법안에 서명했음을 알려드리게 된 것을 기쁘게 생각합니다. 폭격은 5분 후에 시작될 것입니다." 아무리 농담이라고는 하나 평소 이런 정신 상태의 레이건이 진지한 자세로 미·소 정상회담에 임했다고 생각하기는 어렵다는 비판이 나올 법하다.(Barber 1985, Green & MacColl 1987)

한편 고르바초프는 이 회담에서 군축문제를 어느 정도 매듭지음으로써, 안심하고 국내 문제에 열중하고 미래의 한 차원 높은 군비경쟁에 대비한 인력 및 기술 축적을 가능케 할 속셈을 지니고 있었다. 미국 경제력의 3분의 1에 불과한 소련은 그간 미국에 맞먹는 국방비를 지출해왔기 때문에 군축문제에 관한 한 소련이 미국보다 더 적극적일 이유가 충분했던 셈이다. 그러나 소련의 주문이 미국에 먹혀들지 않으리라는 것을 고르바초프가 모를 리 없었다. 고르바초프 역시 이미·소 정상회담을 이용하여 호의적인 세계 여론을 끌어냄으로써 국내에서 자신의 위치를 확고히 할 수 있다면 그것으로 족하다고 생각하고 있었다.

'별들의 전쟁'

예상했던 대로 미·소 정상회담은 아무런 성과 없이 끝났다. 문화 교류와 영사관 증설 및 북태평양 항공노선 안건에 관한 협정이 체결되었지만, 이와 같은 지엽적 문제에 관한 쌍무협정은 어차피 정상회담 이전에 마무리되었던 것에 불과했다. 공동성명은 서두에서 "여러 중요한 문제에 있어서 심각한 이견이 남아 있다"고 분명히 밝혔다. 가장 핵심문제였던 핵감축문제에 있어서 이 성명은 '핵무기 50퍼센트 감축원칙 등'에 양측 입장이 일치한다고 밝혔으나 쌍방이 핵무기감축 협상을 성의 있게 추구하겠다는 약속을 '재확인'하는 데에 그치고 말았다.

제네바 정상회담의 주요 의제 중의 하나도 '별들의 전쟁' 즉 전략 방위계획이었지만 두 퍼스트레이디 사이에 또 다른 '스타워즈(인기 배우들의 전쟁)'가 벌어져 이 회담을 취재하는 세계 언론들은 거기에 많은 지면과 시간을 할애했다. 제네바에 몰려든 기자만 3000명이었으니 오죽 취재거리에 굶주렸으랴. 레이건의 아내 낸시와 고르바초프의 아내 라이사(Raisa) 사이에 벌어진 의상 대결도 화제를 불러일으켰다. 이 두 퍼스트레이디는 하루에도 값비싼 옷을 세 번씩이나 갈아입는 요란을 떨며 기사거리에 굶주린 기자들을 즐겁게 해주었다.

1985년 11월 21일 제네바 정상회담에서 돌아온 레이건은 상하양원 합동회의에서의 보고연설을 통해 미국과 소련은 "적절한 부문에서 쌍방이 공격용 핵무기를 50퍼센트씩 감축하도록 노력하기로 합의했다"고 말했다. 그는 또 전략방위계획 개발을 위한 실험실을 미·소 간에 개방해 서로가 이 분야에서 공격무기를 개발하고 있지 않음을 확인토록 하자고 소련 측에 제안했다고 말했다. 이처럼 '노력하기로 합의했다' '제안했다' '협상자리를 마련하겠다' 등 실질적으로 아무런 성과를 거두지 못한 정상회담이었음에도 레이건은 연설 도중 열다섯

'최연소 친선대사'라 불린 사만다 스미스의 기념우표.

차례나 뜨거운 박수를 받았다.

레이건과 고르바초프는 정상회담을 미국 또는 소련이라고 하는 국가가 아닌 각자 개인의 정치적 승리로 굳히기 위해 1986년 1월 1일 상대국 국민에게 보내는 신년사를 양국 텔레비전을 통해 교환하는 또 한번의 정치쇼를 연출했다. 특히 소련에서는 이 정상회담 직후에 미·소 평화무드를 조성하기 위한 정치선전의 일환으로 1985년 8월 비행기 사고로 숨진 미국 초등학교 소녀 사만다 스미스(Samantha R. Smith, 1972~1985)를 기리는 기념우표까지 발행했다. 이 소녀는 1982년 소련 공산당서기장 안드로포프에게 편지를 보내 세계 평화를 호소한 것이 계기가 되어 안드로포프의 초청으로 모스크바를 방문한 적이 있었다.

'도덕적 명령'인가, '군산복합체의 산물'인가?

제네바 정상회담 이후 SDI에 대한 논쟁이 재개되었다. 회담 기간 중에 레이건은 SDI를 '도덕적 명령'이라고 불렀지만, 사실 SDI는 군산복합체(military-industrial complex)의 부산물에 불과하다는 비판이 끊임없이 제기되었다. 레이건 행정부는 1986년 연방예산에 37억 달러를 SDI 추진비로 계상해놓았고, 그 후 4년간 210억 달러를 투입할 계획을 세웠다. SDI를 완성하여 그 기능이 제대로 발휘될 때까지는 약 20년간의 기간이 소요될 뿐 아니라, 최소 100개에서 최대 400개의 각종 위성을 만들어 우주에 쏘아 올려야 하며, 이를 유기적으로 조정하는 지상기지 건설에도 막대한 자금이 필요했기 때문이다.

그렇다면 SDI로 득을 보는 사람들은 누구이고 실을 보는 사람들은 누구인가? SDI가 미국 예산의 배분에 미칠 영향은 불 보듯 훤한 일이었다. 이미 레이건이 단행한 사회복지비용의 삭감은 이후 정권의 변화에 관계없이 장기화되거나 더욱 악화될 우려가 있었다. 그 대신 미국의 각 대학, 연구소 및 군수산업체 들은 SDI로 인해 앞으로 장기간 호경기를 누릴 수 있었다. 물론 여기에는 정치적 흥정이 숨어 있었다. 1983년과 1984년 SDI 개발자금의 87퍼센트는 미국의 10대 대기업에, 77퍼센트는 미 의회의 국방위원회 소속 의원들의 지역구에 있는 대기업들에, 45퍼센트는 캘리포니아 회사들에 돌아가 SDI가 미국의 국익보다는 이권정치를 통해 영향력을 행사할 수 있는 레이건 개인의 정치적 안전판으로 운용되고 있다는 의혹을 짙게 했다.(Nimroody 1988, Wills 1987)

아무튼 SDI의 홍보효과는 컸다. 미국 언론은 1985년 6월 21일 미국이 스타워즈의 첫 실험에 성공했다고 홍분했다. 하와이의 마우이산 정상에서 발사된 레이저 광선이 353.9킬로미터 고도의 지구 상공을 시속 2만 7996.6킬로미터의 속도로 날고 있던 우주선 디스커버리(Discovery)호의 창에 붙은 8인치 크기의 거울을 명중했다는 것이다. 반짝하는 사진이 외신으로 전해졌고, 고도의 첨단기술로 촬영된 희끄무레한 사진에 체질적으로 약한 각국의 언론들은 이를 앞다투어 대대적으로 보도했다. 이러한 무료 홍보 효과에 힘입어 레이건 행정부는 한국 등 기타 국가들도 SDI 연구에 참여할 능력이 있다고 발표하는 등 SDI 지지국가들을 늘리려는 제스처를 보임으로써, 나카소네 야스히로(中曾根康弘) 일본 수상과 헬무트 콜 서독 수상으로부터 조건부 찬성을 얻어내기도 했다.

'별들의 전쟁'은 속임수였다

미리 말하자면 '별들의 전쟁(스타워즈)' 계획은 탄생 10년 만인 1993년에 중도 폐기처분됐다. 1993년 5월 13일 레스 애스핀(Leslie Aspin, Jr., 1938~1995) 국방장관은 성명을 발표해 '스타워즈' 계획으로 통칭된 SDI를 폐기하고 새로운 미사일 방어계획을 추진키로 했다고 밝혔다.

『뉴욕타임스』의 보도에 따르면 당시 별들의 전쟁 연구팀은 목표 미사일을 맞히는 요격미사일 발사 실험을 세 번이나 했는데, 세 번 모두 실패했다는 것이다. 그러자 네 번째 실험 때에는 목표 미사일에다 일정한 주파수를 가진 표지물을 감추어두고, 요격미사일에는 수신 장치를 해놓는 속임수를 써서 실험을 성공시켰다. 이 속임수 실험에 가담한 한 과학자는 『뉴욕타임스』와의 회견에서 "이러한 장치를 한다는 것은 마치 목표 미사일이 요격미사일더러 '나 여기 있으니, 와서 명중하라'고 말하는 것과 다름이 없다"고 밝혔다.

'별들의 전쟁'을 연구한 미국 국방부팀이 왜 이렇게 속임수를 썼는가에 대해서 두 가지 이유가 지적되었다. 하나는 냉전 시대의 소련을 속이기 위한 전략적인 이유 때문이라는 것이다. 소련도 이 경쟁에 뛰어들도록 유인함으로써, 그들의 국방자원을 최신무기 개발에 쓰지 않고 별들의 전쟁 경쟁에 낭비하도록 하자는 것이었다. 다른 하나는 의회로부터 예산을 계속 확보하자는 것이었다. 당시 많은 과학자들이 별들의 전쟁을 도저히 실현 불가능한 허망한 꿈이라면서 심하게 반대하고 있어서, 실험이 계속 실패할 경우 의회로부터 예산을 얻어내는 데 엄청난 어려움을 겪을 터였다.

고르바초프 혁명

1986년 여름부터 소련의 매스미디어가 '페레스트로이카'라는 단어를 사용하기 시작하면서, 이 단어는 곧 세계의 모든 사람들의 입에 오르내리는 친숙한 용어가 되었다. 낡은 체제를 고쳐 세운다는 뜻으로 '재건' 또는 '개편'이라는 말로 번역될 수 있는 페레스트로이카에 고르바초프는 직접 '혁명'이란 정의를 내렸다.

개혁의 추진력은 체르노빌(Chernobyl) 원자력발전소 폭발 사고 직후에 절정에 달했다. 이 사고는 1986년 4월 26일 우크라이나의 키예프(Kiev) 남쪽 130킬로미터에 있는 체르노빌 원자력발전소 4호 원자로에서 방사능이 누출된 참사다. 공식적으로는 사망자가 38명이라고 발표되었으나, 직간접적 영향으로 인한 사망자 수는 20만 명으로 추산되었다. 당시 소련 정부는 재난을 은폐하거나 축소하려는 듯한 태도로 일관했다. 이에 고르바초프는 소비에트의 비밀주의와 은폐 습성을 버리고 '글라스노스트', 즉 개방 또는 투명성의 원칙을 선포하고 지식인 계층에게 자신의 개혁을 지지해달라고 호소하고 나섰다.

글라스노스트는 '소리를 내다' '자유로이 발언하다' '공표하다'는 뜻으로 '공개(openness)'로 번역되었는데, 주로 대중매체의 자유와 관련해 쓰인 말이었다. 고르바초프는 글라스노스트를 통한 민주화 (democratizatsiya)를 페레스트로이카를 역전시킬 수 없도록 하는 정치적 안전판으로 삼았다.

그러나 그 안전판은 폭발하여 오히려 페레스트로이카를 삼켜버릴 수도 있는 것이었다. 글라스노스트의 원래 목적은 무기력하고 게으른 관료들을 공격하고 페레스트로이카에 대한 반대를 무마하여 고르바초프의 지도력을 돕는 것이었지만, 글라스노스트의 핵심이 된 대중매체 개방은 민족 문제, 서구적 생활방식에 대한 동경 등 내부적 문제를 증폭시키는 위험을 안고 있었다. 소련 전문가인 미국 일리노이대학 교수인 로저 카넷(Roger E. Kanet 1989)이 지적한 대로 '판도라의 상자 (Pandora's Box)'가 될 수도 있는 것이었다.

노보에 미슈레니에, 즉 '새로운 사고'는 인류생존을 국가, 민족, 계급 그리고 이념적 가치와 이익 등 모든 이해관계에 우선하는 보편적 가치로서의 우월성을 인정함으로써 핵전쟁을 방지하고 국제관계에서 무력사용을 배제하는 등 인류생존을 위해 공동체적 의식으로 상호협력하자는 것이었다. 고르바초프는 1987년 1월 유명한 반체제 민주 인사인 물리학자 안드레이 사하로프(Andrei Sakharov, 1921~1989) 박사를 유배에서 풀어주고 나서, 공산당 조직을 민주화하려는 노력을 본격적으로 시작한다.(Parker 2009)

미국의 소련 '목 조르기'

고르바초프의 그런 시도는 곧 그의 통제권을 벗어나게 된다. 무엇보다도 레이건 행정부가 '소련 제국의 위기'를 부추기는 프로젝트를 집요하게 추진했기 때문이다. 일종의 '목 조르기' 전략이었는데, 이런 프로젝트의 하나가 국제유가의 하락이었다.

CIA의 1984년 8월 9일자 정보 보고서에 따르면, 석유 가격이 배럴당 1달러 떨어지면 석유와 천연가스 수출국인 소련은 연간 5억~10억 달러의 손실을 입게 돼 있었다. 또 CIA가 1986년 5월에 발행한 「소련: 달러화 부족의 딜레마에 직면」이라는 제목의 보고서는 "낮은 에너지 가격, 석유 생산량의 감소, 달러의 구매 가치 하락은 소련의 서방 장비, 농산물 및 공업제품 수입 능력을 실질적으로 감소시킬 것"이며 "에너지를 바탕으로 경제를 부흥시켜보겠다고 한 고르바초프의 계획들을 방해할 것"이라고 했다.

미국은 그런 전략하에 사우디아라비아 정부에 압력을 넣어 국제 유가의 하락을 유도했다. 그러나 석유가 많이 나는 텍사스 출신인 조지 H. W. 부시 부통령으로서는 가만히 있을 수 없는 일이었다. 그는 1986년 4월 사우디아라비아를 방문해 파드 빈 압둘아지즈(Fahd Bin Abdul Aziz, 1923~2005) 국왕에게 유가를 인상하라고 강한 압력을 넣었다. 이후 어떤 일이 벌어졌을까? 미국 스탠포드대학 후버연구소의 피터 시바이처(Peter Schweizer 1998)는 다음과 같이 말한다.

"이처럼 행정부의 정책과 명백히 거리를 두는 발언을 하는 것은 지난 5년간의 레이건 재임기에 조용히 충성을 다해왔던 부시의 태도를 감안할 때 매우 비정상적인 것이었다. 이것은 부시가 행정부 내에서 자신의 위치를 벗어나 취한 첫 행동이었는데, 하필 외국의 국가 원수 앞에서 그런 행동을 하고 있는 것이었다. 부시가 파드 왕에게 한 이야기가 백악관에 전달되었을 때, 레이건은 뭔가 조치를 취해야겠다고 생각했다. 이전에는 보이지 않았던 행동이었다. 그 지역 대사를 지냈던 사람의 말에 따르면 '레이건은 부시에게 정말 심한 질책을 했다'고 한다. 대통령과 고위 정부 관료들이 한 목소리를 높이고 있는데 부통령이 다른 얘기를 한다면 보기에 좋지 않다고 레이건은 분명하게 말했다."

국제유가의 하락이 소련 제국에 미친 영향은 매우 컸다. 자금 부족으로 인해 수십 개의 대형 공업 프로젝트들이 취소되었을 뿐 아니라 서방차관 의존도가 높아졌다. 또한 "소련 제국의 재정적 중심이 무너지자 멀리 떨어진 동유럽 주변 지역들에서 독립과 미국의 지원을 갈망하며 공산주의 정권에 도전하는 사례가 증가하기 시작했다." (Schweizer 1998) 그와 동시에 동유럽의 반공산주의 조직에 대한 미국의 재정 지원은 증가했다. 소련 제국의 붕괴를 반기는 이들이 레이건을 위대하게 평가하는 주요 이유다.

참고문헌 Barber 1985, Gorbachev 1988, Green & MacColl 1987, Griffith 1985, Kanet 1989, Nimroody 1988, Parker 2009, Schapiro 1988, Schweizer 1998, Volkogonov 1996, Wills 1987, 박윤형 2000

'정치의 승리'
챌린저-필리핀-로비 스캔들

챌린저호 폭발사건

1986년 1월 28일 오전 11시 38분 우주선 챌린저호(Space Shuttle Challenger)가 발사된 지 74초 후 고도 4000~6000피트 상공에서 불길에 휩싸이며 폭발해 미국 사회를 충격에 빠트렸다. 2개의 고체 연료 로켓 부스터 안에 있는 고무 링(O링)의 결함 때문이었다. 챌린저호 발사는 '민간인 우주비행사'로 두 아이의 어머니이며 고등학교 교사인 크리스타 매콜리프(Christa McAuliffe, 1948~1986)가 승무원으로 탑승해 미국인들의 관심이 집중된 이벤트였다. 미국의 모든 학생들도 CNN을 통해 발사 장면을 지켜보고 있었다.

이 폭발사건으로 미국의 언론은 벌집을 쑤신 듯이 들끓었다. 텔레비전은 온종일 챌린저호 폭발 장면을 끊임없이 반복해 방영했으며, 산화한 7명의 우주인을 '영웅'이라고 격찬했다. 그날 밤 레이건 대통령은 대국민 연설에서 "비행사들이 지상의 험한 굴레에서 놓여나 신

챌린저호의 공중폭발(사진)은 전 세계인들이 텔레비전 생중계로 지켜보는 가운데 발생한 비극적 사고였다.

의 얼굴을 만지러 갔다"고 말했다. 공개석상에서 분노와 좌절의 표정을 거의 나타내지 않는 레이건 대통령도 매우 슬픈 표정으로 사망자 가족 모두와 포옹을 나누었는데, 텔레비전을 지켜본 시청자들에게는 지극히 감동적인 장면이었다.

그러나 7명의 우주인들은 '억울한 희생자'였다는 것이 곧 밝혀졌다. 발사 전 여러 가지 기술적 문제가 제기되어 기술진들은 '발사 연기'를 요청했지만, 이 요청은 행정관리들로부터 전적으로 무시되었기 때문이다. 사고조사위원회에 참여한 노벨물리학상 수상자 리처드 파인만(Richard P. Feynman, 1918~1988)은 "우주왕복선 발사는 일종의 러시안 룰렛이었다. 날아갔다, 아무 일도 일어나지 않았다, 다음에도

장례식에 참석한 레이건 부부. 희생된 우주인들은 우주를 향한 인간의 도전정신을 숙제로 남기고 떠났다.

위험은 적을 것이다. 이런 식으로 계속해서 위험성에 대해 둔감해져 갔다"고 말했다.(요미우리 1996)

일부에서는 챌린저호가 발사되던 날 예정되어 있던 레이건의 일반교서 발표 연설의 극적인 효과를 노려 미항공우주국(NASA; National Aeronautics and Space Administration)의 행정 책임자들이 무리를 했을지도 모른다는 주장을 제기했다. 진실이 무엇이건 레이건이 텔레비전 앞에서 사망자 가족들과 포옹하며 보여준 '뜨거운 인간애'는 온갖 추측을 잠재우기에 충분할 만큼 위력적인 것이었으며, 미국 곳곳에는 오직 '영웅' 찬가만이 울려퍼졌다.

필리핀사태

1986년 2월 7일에 실시된 필리핀 대통령선거는 대규모 부정으로 얼룩져 친미라면 독재정권도 지지하는 레이건 독트린의 중요한 시험대로 등장했다. 1981년 6월 부통령 부시는 페르디난드 마르코스(Ferdinand Marcos, 1917~1989)의 대통령 취임식에 참석해 그를 '민주주의의 챔피언'으로 칭송한 바 있었으니, 미국으로선 부정선거 시비가 곤혹스러울 수밖에 없었다.(Derian 1981)

마르코스가 대규모 부정을 저질렀다는 데 대해 논평을 요구한 기자들에게 레이건은 "부정선거는 여야(與野) 양쪽 다 똑같이 저질렀으며 야당 지도자인 코라손 아키노(Corazon Aquino, 1933~2009)는 마르코스에게 협력하는 것이 좋을 것"이라는 대답을 해 사람들을 놀라게 했다. 레이건의 발언에 대해 미국은 물론 전 세계의 여론이 들끓자 레이건은 마르코스가 더 책임이 크다고 한 발 뒤로 물러선 뒤, 필립 하비브(Philip C. Habib, 1920~1992)를 대통령특사로 마닐라에 파견했다.(Anderson 1986)

크리스토퍼 히친스(Christopher Hitchens 1986)는 레이건은 자신의 제3세계정책의 원칙 고수라는 측면에서뿐만이 아니라 개인적으로도 마르코스를 비난할 수 없는 약점을 가지고 있었다고 주장했다. 이 주장에 따르면, 마르코스는 1980년 대통령선거 때 레이건에게 700만 달러의 선거자금을 제공했으며, 1982년 중간선거 때에는 친마르코스파 공화당 의원들에게 1000만 달러 그리고 1984년 대통령선거 때에는 레이건에게 5000만 달러의 선거자금을 제공했던 레이건의 돈줄이었기 때문이다. 또한 마르코스는 미국의 벡텔(Bechtel)사 중역 출신인 조지 슐츠(George P. Shultz) 국무장관과 캐스퍼 와인버거(Caspar Weinger) 국방장관을 염두에 두고 필리핀 내 건설 및 엔지니어링 공사의 대부분을

1965년 대통령 취임 이후 독재정권을 구축해온 마르코스(사진). 1986년 부정선거에 대한 불복종운동이 일어나 '피플 파워' 혁명으로 발전되자, 이에 놀란 후안 엔릴레와 피델 라모스 등 군부는 마르코스에 반기를 들어 아키노의 집권을 확인했다.

벡텔사에 수주하는 등 레이건의 비위를 맞추기 위해 수단과 방법을 가리지 않았다는 것이다.

마르코스의 선거자금 액수는 주장하는 이에 따라 다르다. 1984년 대선 시 레이건의 선거캠프에서 일했던 에드 롤린스(Edward J. Rollins)가 1996년에 출간한 『베어 너클스 앤드 백 룸스(Bare Knuckles and Back Rooms: My Life in American Politics)』라는 책을 통해 폭로한 바에 따르면, 마르코스는 1984년 미국 대선 과정에서 레이건 대통령에게 1000만 달러(약 80억 원)를 지원했다.

그러나 필리핀사태는 레이건 독트린의 수정을 요구하는 쪽으로 전개되었다. 1986년 2월 22일, 후안 엔릴레(Juan P. Enrile) 국방장관과 피델 라모스(Fidel V. Ramos) 참모총장서리가 주도한 반란으로부터 2월

25일 마르코스가 망명하기까지 격변의 4일은 전적으로 미국 CIA의 작품이라는 주장이 나온 것은 바로 그런 변화를 말해주고 있었다. 아키노 역시 진보주의적 색채가 강한 언어를 누그러뜨리고 미국에 대해 이야기할 때 예전보다 훨씬 조심스러운 언어를 사용하게 된 것도 미국과의 묵계적 타협 때문이라는 추측을 불러일으켰다.

레이건이 이런 수정된 레이건 독트린을 필리핀에 적용해놓고 심기가 편했을 리 만무하다. 이는 그 유명한 소위 'SOB 사건'에서도 잘 드러났다. 1986년 2월 28일 백악관 국무회의실 밖에서 기자들이 필리핀 사태에 대하여 대통령의 논평을 요구하느라 웅성거리고 있을 때, 레이건은 옆에 있던 국방위원회 위원장인 데이비드 패커드(David Packard, 1912~1996)에게 기자들을 가리키며 '개새끼들(sons of bitches)'이라고 욕을 했던 것이다.

그 소리를 들은 기자들은 쾌재를 불렀다. 대통령의 입에서 '개새끼'라는 욕이 거침없이 나왔다는 것이야말로 그럴 듯한 뉴스거리가 아닌가. 몇 시간 후 기자실에 나타난 백악관대변인 스피크스는 대통령이 개새끼라고 욕한 적이 없다고 변명했다. 레이건은 'sons of bitches'라고 욕을 한 것이 아니라, 패커드에게 'It's sunny and you're rich'라고 이야기했다는 것이다. 기자들도 이에 지지 않고 SOB라고 적힌 셔츠를 입고 다녔는데, 이는 백악관의 프레스센터 지하층에서 일하는 사나이라는 뜻인 'sons of the basement'의 두 음자를 딴 것이라고 했다. 3월 5일 기자들과의 정기조찬회식석상에서 레이건은 시치미를 뚝 떼고 SOB라고 새겨진 티셔츠를 펴보였다. 그 다음에 티셔츠의 뒷면을 펴보였다. 거기에는 'Save Our Budget'이라고 쓰여 있었

다. 기자들은 일제히 박수를 보냈다.(Sidey 1986)

미 언론은 레이건의 이러한 유머감각과 쇼맨십에 적지 않은 시간과 지면을 할애했는데, 이는 결국 필리핀사태에 대한 심층보도를 희생으로 한 것이었다. 그럼에도 변화는 있었다. 1986년 3월 13일 하원에 전달된 정책교서에서 레이건은 '미국 정부는 친소좌익정권 독재자는 물론 반공친미 독재자에도 반대할 것'이라고 밝혔다. 그러나 레이건 독트린의 본질이 바뀐 것은 아니었다. '독재정권'에 대한 정의가 불분명한 만큼 '케이스 바이 케이스' 전술을 적용하겠다는 것이었다. 이 필리핀사태를 기점으로 하여 레이건 독트린의 리트머스시험지는 미 언론으로 대체된 느낌을 주었다. '제2의 이란'일지도 모른다는 뉴스 가치에 매달려 미 언론이 필리핀사태에 유례없이 지대한 관심을 보였던 것이 레이건 행정부의 태도 변화에 결정적 영향을 미쳤듯이, 새로운 레이건 독트린은 어떤 특정 우익독재국에 대한 미국 내외의 여론이라고 하는 새로운 변수를 감안하는 것이기 때문에 미 언론이 어떻게 보도하느냐에 따른 미 행정부의 태도가 달라질 수 있게 된 것이다.

로비 스캔들

백악관대변인 래리 스피크스는 8800여 명의 로비스트가 득실거리는 워싱턴을 '근친상간의 도시'라고 이야기한 적이 있다. 미등록 로비스트들을 합하면 워싱턴의 로비스트들의 수는 2만여 명에 이르며, 이는 의원 한 명당 30명의 로비스트들이 매달려 있다는 것을 의미하는데, 이들이 쓰는 로비자금은 1년에 15억 달러에 이르렀다.

1986년 2월에 실시된 한 로퍼 여론조사는 '공무원이 승진하는 데 가장 중요한 요소가 무엇이라고 생각하느냐'는 질문에 대한 매우 흥미 있는 결과를 보여주었다. 응답자의 58퍼센트가 '줄이 있어야 한다'를 가장 중요한 승진의 비결로 꼽은 반면 '노력'을 가장 중요한 승진 비결로 대답한 사람은 13퍼센트에 지나지 않았다.(Newsweek 1986)

레이건 행정부에서 로비활동의 특색은 레이건의 보좌관 출신들이 눈부신 활약을 한다는 것이었다. 1986년 레이건의 고위 보좌관 출신으로 로비활동을 하는 사람들은 14명에 이르렀는데, 그들은 워싱턴에서 가장 비싼 수수료를 받아내는 슈퍼 로비스트들이었으며 다른 로비스트들을 고용하여 아예 로비회사를 차리고 있었다. 레이건의 보좌관 출신 로비스트들은 미국의 대외정책에 큰 영향력을 행사했다.

예컨대, 이들은 60만 달러의 수고비를 받고 앙골라의 반군 지도자 조나스 사빔비(Jonas M. Savimbi, 1934~2002)를 공화당 정치위원대회에서 부통령 부시 옆자리에 앉을 수 있도록 주선했고, 긴밀한 협력 관계를 유지하고 있는 공화당 상원총무 밥 돌(Bob Dole) 의원을 통해 슐츠 국무장관에게 서신을 띄워 사빔비에 대한 군사 지원을 강화토록 조치했다.

1986년 4월의 소위 '디버게이트(Deaver-gate)'는 레이건 행정부하에서 벌어진 로비활동의 실상을 잘 보여주었다. 레이건의 비서실 차장을 지낸 마이클 디버가, 고위 관리의 경우 사직 후 1년간은 자신의 소속 부처와 관련된 일을 위해 그리고 2년간은 자신의 재임 시 직접 다루던 일을 위해 로비활동을 할 수 없다는 법을 어긴 혐의로 물의를 일으켰던 것이다.

디버는 백악관을 그만둔 후, 1985년 5월 워싱턴에 로비회사를 차렸는데 여전히 백악관 출입을 마음대로 할 수 있을 뿐만 아니라 백악관 테니스코트를 이용하고 대통령의 자세한 일정을 미리 알 수 있는 일일행사 예정표 사본을 받아볼 수 있는 특권을 누리고 있었다. 그는 이러한 막강한 영향력 때문에 1986년 3월 3일자 『타임』의 표지 인물로도 등장했다. 한국 정부와 한국 재벌기업 세 곳으로부터 170만 달러짜리 로비계약을 따낸 것을 비롯하여 그의 로비회사는 1년에 450만 달러를 벌어들였다. 레이건에 대한 디버의 영향력을 높이 평가한 영국의 광고재벌 사치 앤드 사치(Saatchi & Saatchi)사는 디버의 로비회사를 사겠다고 1800만 달러를 제안하기도 했다.

레이건의 주지사 시절 및 선거유세 기간에 언론담당 보좌관을 지냈던 린 노프치거(Lyn Nofziger) 역시 백악관 근처에 로비회사를 차려 놓고 고객들로부터 1시간에 400달러의 수수료(워싱턴 변호사들의 경우 1시간에 200~250달러)를 받는 호황을 누렸는데, 그도 불법로비 혐의로 물의를 일으켰다. 그러나 이들의 불법로비는 레이건 행정부 부패상의 빙산의 일각으로, 1년 후 곪아터질 상처에 대한 예고편에 불과했다. (Martz 1986a, Shapiro 1986)

데이비드 스토크먼의 『정치의 승리』

디버게이트 스캔들이 일어난 것과 같은 때인 1986년 4월에 출간된 전 연방예산국장 데이비드 스토크먼(David A. Stockman 1986)의 저서 『정치의 승리(The Triumph of Politics)』는 '레이거노믹스 스캔들'로 불릴 수 있을 만큼 충격적인 내용을 담고 있었다. 레이거노믹스 실무 총책

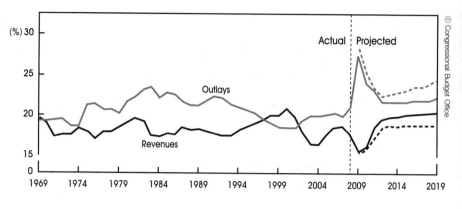

연도별 정부 수입·지출을 GDP(국내총생산)에서 차지하는 퍼센트로 나타낸 그래프.

임자의 폭로 저서라고 하는 점을 높이 산 『뉴스위크』는 그 책의 일부를 긴급입수 게재하는 등, 스토크먼의 책은 국내외로 큰 반향을 불러일으켰다. 한국의 관가에서는 경제 관료들에게 필독서로 추천되기까지 했다.

스토크먼은 레이거노믹스가 레이건 개인의 '정치적 승리'였을 뿐 경제 계획으로서는 대실패작이었다고 주장했다. 레이건 집권 시인 1981년 연방정부 적자는 GNP(국민총생산)의 2퍼센트인 580억 달러였으나, 1985년에는 역대 행정부의 적자를 다 합한 것보다 더 많은 GNP의 5.5퍼센트에 이르는 2000억 달러에 달했다. 또한 1980년 미국의 대외채권은 1500억 달러나 되었으나 레이건 집권 5년 만에 미국은 채권국에서 채무국으로 돌아서 대외채무는 무려 2500억 달러에 이르렀다. 레이건의 이러한 경제 실패는 곧 한국을 위시한 신흥공업국가군 (NIES)에 대해 '막대한 무역흑자를 냈으니 이에 책임을 져야 한다'는 식의 경제 보복으로 비화되었다.(Lamar 1985a)

스토크먼은 적자를 줄이기 위해 기회가 있을 때마다 레이건에게 증세정책을 촉구했으나 재선을 성취하려는 분위기에서 전혀 먹혀들지 않았다고 말했다. 재선 이후에도 레이건의 무식과 우유부단함 때문에 적자를 줄일 수 있는 마지막 기회마저 놓쳐버렸다고 주장했다. 그에 따르면 레이건은 경제에 대해 아무것도 모르는 '경제의 음치'이며, 세금을 엄청나게 낮추고 국방비는 엄청나게 늘리면서도 적자를 줄이겠다는 망상을 하는 도저히 이해할 수 없는 사람이라는 것이다. 그는 또 레이건은 부하로부터 설명을 들을 때 '그 개념이나 내용보다는 지극히 지엽적인 일화 따위에만 관심을 보일 뿐'이라고 말하고 "다른 방법이 하나도 없는데도 증세를 반대한 것은 고집스럽고 무식하며 무책임한 행동으로 20세기 미국 재정 역사상 이보다 심한 바보짓은 없었다"고 주장했다.

스토크먼은 1985년 7월 연봉 7만 5000달러인 예산국장직의 사표를 내고, 연봉 70만 달러를 제시한 월스트리트 투자은행 살로만브러더스(Saloman Brothers)로 자리를 옮겼었다. 스토크먼의 후임으로는 연방 규제를 혐오하는 골수보수 행정 관료인 연방무역위원 회장 제임스 밀러(James C. Miller III)가 임명되었다. 레이건 경제 혁명의 신봉자였던 스토크먼이 혁명을 완수하기도 전에 그 허상에 환멸을 느껴 중도사임한 것은 레이거노믹스의 한계를 명백히 드러낸 것으로, 스토크먼 사임 2개월 후인 1985년 9월에 그램-루드만-홀링스 예산균형법(Gramm-Rudman-Hollings Act)이 발의된 것은 결코 우연한 일이 아니었다.

1985년 11월 의회를 통과해 1986년 3월 1일을 기해 발효된 그램-루드만-홀링스법안은 5개년에 걸쳐 강제적으로 균형예산을 요구해, 레이건 행정부의 경제 과오는 결국 자승자박의 시한폭탄을 안게 된 셈이었다. 이 법안에 대해, 복지 문제에 대해선 진보적인 민주당 상원의원 대니얼 패트릭 모이니헌은 레이건과 필 그램(Phil Gramm) 상원의원을 중심으로 한 반동 세력이 존슨 행정부 시절 대규모로 세워진 사회복지 체제를 완전히 제거하기 위해 고의적으로 대규모 예산적자 위기를 만들어냈다고 비난했다. 스토크먼은 이 자동적인 예산균형법안이 실제로 적용될 경우 정치적인 파국을 몰고 올 것이기에 전혀 실현 가능성이 없다고 주장했다. 따라서 도중에 완전히 폐기되거나 크게 수정될 것이 틀림없으며, 레이건 행정부 또는 차기 행정부로서는 연방대법원이 그 법안에 대해 위헌 판정을 내리기를 기대하는 편이 최선책이라고 주장했다.

통계 수치로 나타난 미국의 경제 사정이 어떠했건 레이건 집권기간에 '풍요 속의 빈곤' 현상은 유독 두드러졌다. 미국인 일곱 명 가운데한 명이 빈민에 해당되며 앞으로 레이건의 경제정책에 별다른 변화가 없을 경우 2000만 명의 추가 빈민이 발생할 것이라는 진단이 내려졌다. 1985년 레이건이 주도한, 빈민층의 생활과 직결된 연방정부 예산의 삭감 내용은 다음과 같았다.

사회보장 예산 삭감 2006억 달러(4.6퍼센트 삭감), 실업보험 예산 삭감 298억 달러(17.4퍼센트 삭감), 식권발행 예산 삭감 145억 달러(13.8퍼센트 삭감), 주거보조 예산 삭감 123억 달러(11.4퍼센트삭감), 부양자녀가정 보조 예산 삭감 98억 달러(14.3퍼센트 삭감), 일반고용 및 교육 예산 삭감 57억 달러(38.6퍼센트 삭감), 불구아동교육 예산 삭감 41억 달러(19.5퍼센트 삭감), 아동급식 예산 삭감 50억 달러(28.0퍼센트삭감), 저소득층난방보조 예산 삭감 24억 달러(8.3퍼센트 삭감), 직업교육 예산 삭감 8억 달러(12.5퍼센트 삭감).

　이와 같은 예산 삭감은 빈민층에게 날벼락 같은 충격을 주었지만 그들이 정치적으로 항의할 길은 없었다. 그들은 중산층의 그늘에 가린 소수에 불과했기에, 미국의 상업언론이 이들의 목소리를 적극 반영할 리 없었다.

　『정치의 승리』가 출판된 1986년 4월 레이건의 또 다른 '정치의 승리'가 리비아 상공에서 일어나고 있었다. 리비아 폭격이 바로 그것이다. 애초부터 레이건의 대통령 취임은 강대국을 혐오하며 제3세계의 명실상부한 독립을 외치던 리비아의 무아마르 가다피(Muammar Gaddafi)와의 숙명적 대결을 예고한 것이었다.

참고문헌 Anderson 1986, Current Biography 1983b · 1986a, Derian 1981, Hitchens 1986, King 2009, Lamar 1985a, Martz 1986a, Newsweek 1986, Shapiro 1986, Sidey 1986, Stockman 1986, 요미우리 1996

'레이건 3선 지지 운동'
미국의 리비아 폭격

1981년부터 시작된 미-리비아 갈등

1986년 4월 14일 미국은 리비아 기습 폭격을 감행했다. 왜 그랬을까? 미국과 리비아의 갈등은 1981년으로 거슬러 올라간다. 잠시 그 역사를 살펴보자. 1981년 8월 19일 리비아 연안에서 미국의 F-14 전투기들이 리비아의 SU-22기 2대를 격추시켰다. 이는 '강력한 미국'의 대외 이미지 메이킹을 위해 일부러 계획된 것이었다. 원래 이 계획은 7월 중 실시하기로 했었으나, 그 달에는 레이건의 경제정책에 관한 뉴스들이 많았기 때문에 일부러 8월로 연기되었었다. 미 해군 규칙에 따르면 리비아기를 격추하는 것은 도발 행동으로 간주되었다. 즉, 해서는 안 될 일이었다. 그러나 레이건은 망설이는 해군에게 리비아기를 격추할 것을 직접 지시했던 것으로 밝혀졌다.(Barrett 1983)

격추가 예정된 시간에 레이건은 로스앤젤레스에 머물 예정이었다. 레이건의 보좌관들은 예전과는 달리 로스앤젤레스에 대통령 수행 기

1980년대에 들어서면서 소련이 호시탐탐 본토침략을 노린다는 위협은 국민에게 통하지 않았다. 새로운 악마에 대한 선전작업이 필요했다. 국제 테러리즘, 가다피(사진 가운데), 위험한 아랍인 등. ⓒ Marfucha

자들을 위한 각종 보도 시설을 대규모로 설치해놓음으로써, 미 해군의 리비아기 격추가 레이건 행정부의 주장과는 달리 우발적인 사고가 아니라 사전에 치밀하게 꾸며진 것임을 스스로 시인한 셈이 되었다.

　레이건의 보좌관들은 또한 격추 일주일 전 『뉴스위크』 기자를 설득해 가다피를 미국에 대항하는 '악의 상징'으로 묘사하는 특집 기사를 싣게 하여 사전 무드마저 조성해놓았다. 사정이 그러했으므로 리비아기가 격추된 시간에 자고 있던 레이건이 굳이 일어나야 할 필요는 없었을 것이다. 그러한 사정을 전혀 모르는 미 언론은 레이건이 사태를 제대로 파악하지 못하고 있다는 기사를 써대기도 했으나, 이번 경우만큼은 예외였다.

미 언론은 레이건의 의중대로, 어찌 됐건 리비아기 격추는 축하할 만한 쾌거라는 식의 보도로 일관했다. 『타임』은 「미국의 축제—하늘의 승리 바다의 재미」라는 제하의 기사를 실었으며, 『뉴욕포스트』는 리비아기 격추가 "20개의 대통령 연설보다 훨씬 강력한 메시지"를 전달했다는 백악관의 한 고위 관리의 말을 인용하면서, 레이건 행정부의 대외정책의 본때를 보여준 멋진 한판이었다는 해설 기사를 싣기도 했다.(Demouse 1984)

케네디가 피델 카스트로(Fidel Castro)를 그리고 닉슨이 살바도르 아옌데(Salvador Allende)를 미국의 세계적 헤게모니에 대항하는 적의 상징으로 삼았듯, 가다피는 레이건에게 단지 미국의 말을 고분고분 듣지 않는 일개 소국의 지도자 이상의 의미를 갖고 있었다. 가다피는 미국의 패권을 저해하는 '악의 상징'이었으며, 미 언론 역시 부지불식간에 그러한 시각으로 가다피를 묘사했다. 『뉴스위크』는 가다피를 '이 세상에서 가장 위험한 사람', 『뉴리퍼블릭(The New Republic)』은 '테러의 왕'이라고 묘사함으로써 가다피를 시범 케이스로 삼은 레이건 행정부의 강경한 제3세계정책에 일조를 아끼지 않았다.(Reed 1982)

1982년 CIA와 FBI는 가다피가 레이건을 암살할 특공대를 조직하여 미국에 침투시키고 있다는 허위정보를 퍼뜨렸다. 그들은 늘 자세한 정보는 추후에 발표될 것이라고 이야기했지만, 자세한 정보가 발표된 적은 한 번도 없었다. 언론의 성화에 못 이겨 급조한 특공대 명단 가운데는 오히려 가다피를 암살하려고 하는 리비아 내의 반가다피 세력 인물군이 들어 있는 촌극이 빚어지기도 했다. FBI국장 윌리엄 웹스터 (William H. Webster)는 나중에 그 정보는 가다피가 미국 관리들을 바보로 만들려고 꾸며낸 허위 역정보였다는 궁색한 변명을 하고 말았다. (Demouse 1984)

이처럼 미국과 리비아가 레이건 집권과 더불어 팽팽한 긴장 속에서 대립하여 오던 중, 1986년 초 로마와 비엔나 공항의 폭파사건이 리비아의 지원을 받은 계획이라고 심증을 굳힌 레이건 행정부는 리비아에 대한 보복의 기회를 벼른 것이었다. 1986년 3월 레이건 행정부는 리비아가 영해임을 주장하는 수역에 일부러 미 해군함을 침범시켜 리비아에게 싸움을 걸다 여의치 않자, 4월 서베를린의 미군 전용 디스코클럽 폭파사건(60여 명 부상)을 뚜렷한 증거도 없이 리비아의 테러 행위라 주장하고, 4월 14일 가다피를 처치하기 위한 리비아 기습 폭격을 감행했던 것이다.

'미친 개'와 '카우보이'

리비아 폭격은 레이건 행정부의 무력 과시였을 뿐만 아니라 고도로 발달된 언론 조작의 한 본보기였다. 반전운동가로도 유명한 MIT대학의 언어학과 교수 노엄 촘스키(A. Noam Chomsky)가 지적했듯이, 미국의 리비아 폭격은 미국 텔레비전 저녁뉴스 시간인 7시를 기해 행해졌다는 사실에 주목할 필요가 있다. 즉 텔레비전 방송사들끼리의 치열한 보도 경쟁 심리를 이용하여, 그들이 리비아 폭격의 정당성을 생각해볼 시간적 여유를 단 1분도 허용하지 않은 채, 레이건 행정부가 일방적으로 만들어낸 정보만이 저녁 7시를 기하여 미국 전역에 퍼질 수 있게끔 치밀히 계산된 군사 및 언론작전이 바로 리비아 폭격이었던 것이다.(Breslau 1987)

미국 언론은 일단 여론이 광범위하게 형성되면 그 여론에 편승하는 경향이 있는데, 실제로 폭격 이후 미국 신문들은 폭격의 정당성을 옹호했을 뿐만 아니라 뉴스의 흥미를 돋우기 위해 가다피를 '악마'로 묘사하는 원색적인 보도를 서슴지 않았다. 이미 폭격 5일 전인 4월 9일 레이건은 가다피를 '미친개'라고 부름으로써, 미 언론이 가다피를 요리할 거리를 충분히 마련해준 셈이었다. 레이건 행정부의 리비아 폭격 이후 행해진 한 여론조사 결과는 이 조치에 79퍼센트라는 놀라운 지지도를 보여주었다. 이는 1946년 이래로 대통령의 조치에 대한 개별적 지지도에 있어서 가장 높은 기록이었다.(Sidey 1986a)

간신히 살아남은 가다피는 레이건을 '카우보이'라 부르며 미국의 '만행'을 규탄했으며, 그의 대미 비난은 폭넓은 세계적 공감을 얻었다. 미국의 리비아 폭격을 공식 지지한 국가는 영국, 캐나다, 이스라엘뿐으로 유럽을 비롯한 세계 도처에서 반미 시위가 발생했다. 인도의 뉴델리에서 비동맹 96개국 대표자들과 15개국의 옵서버들이 참석한 가운데 열린 비동맹 긴급각료회의는 미국의 '비겁한 침략 행위'를 비난하는 결의안을 만장일치로 채택하고, 유엔 안전보장이사회에 미국의 행위를 규탄할 것을 촉구하는 성명을 발표했다.

2만 여 명의 건설 근로자를 리비아에 파견하고 있는 독특한 경제적 상황 때문이었겠지만, 한국의 언론들도 유례없이 과거의 일방적인 친미 노선을 버리고 중립적인 보도 태도를 견지함으로써, 미 언론이 어

1996년 리비아에서 발행된 리비아 침공 기념우표. ⓒ sludgegulper

느 정도로 레이건의 미국 제일주의에 보조를 같이 하는가를 더욱 실감케 했다.

조지워싱턴대학의 미디어 분석 연구소장인 마이클 로빈슨은 "소위 자유 매체라는 텔레비전이 지난 1979년 이래 국제 테러리즘을 확대 보도함으로써 알게 모르게 레이건 행정부의 강경정책에 이용당하고 있다"고 지적했다. 열렬한 텔레비전 시청자인 레이건이 로마와 빈에서 벌어진 테러 행위를 텔레비전을 통해서 보고, 분을 참지 못해 리비아에 대한 보복공격 결정을 내렸다는 설이 떠돌기도 했다. 그러나 레이건의 리비아 폭격은 텔레비전을 통해 생겨난 개인적 의분보다는, 텔레비전을 통해 국민에게 비칠 자신의 이미지 때문에 결정된 것이었다.

레이건은 '미국 자존심의 상징'

리비아 폭격 이후 레이건의 인기는 급등하여 그의 지지도는 65퍼센트를 기록했다. 취임 5년 후의 이 기록은 루스벨트와 아이젠하워가 이 시점에서 기록했던 지지도 60퍼센트를 앞지르는 것이었다. 레이건은 이에 고무되어 대통령 임기를 1회 연임으로 제한한 수정헌법 22조가 국민이 스스로 지도자를 선택할 권리를 가로막는 불공정한 규정이라고 불평했다.

언론은 1986년 내내 레이건을 예찬했다. 『포춘』은 「경영자는 레이건에게서 무엇을 배울 수 있나?」라는 제하의 표지기사를 통해 과거엔 비판해왔던 레이건의 지나친 권한 위임마저 칭찬했다. CBS-TV 기자 레슬리 스탈(Lesley R. Stahl)은 레이건을 '미국 자존심의 상징'으로 치켜세웠으며, 대부분의 신문들도 마치 독자들의 비위를 거스르지 않겠다는 듯이 레이건을 찬양하는 데에 전혀 인색하지 않았다.(Boot 1987, Dowd 1986)

1986년 7월 7일자 『타임』은 표지 인물로 레이건의 활짝 웃는 모습을 싣고 「왜 이 사람이 그렇게 인기가 많은가?」라는 제목을 달았다. 이 당시 레이건의 지지도는 1981년 5월 그의 저격사건 후 급속히 치솟았던 인기에 필적하는 68퍼센트의 지지율을 기록하고 있었다. 『타임』은 레이건이 '미국 대통령의 권위를 되살렸다'고 극찬했다.(Morrow 1986a)

앞서(8권 1장) 지적했듯이, 정치 평론가 제프리 하트(Jeffrey Hart 1982)는 아이젠하워의 미소가 거의 '철학적인 발언'에 가깝다고 이야기한 바 있는데, 정치적 무기로서의 아이젠하워의 미소를 능가할 만한 미소의 주인공이 바로 레이건이었다. 가령 『타임』 7월 7일자 표지 기사에 대한 독자투고에서 한 독자는 '미소 띤 레이건의 얼굴을 보고 나도 따라서 웃지 않은 적이 없다'고 썼다.(Clark 1986)

1986년 9월 레이건의 인기는 그 절정에 달해, 레이건이 불평한 적 있던 수정헌법 22조를 폐지하자는 움직임이 본격적으로 일어났다. 앞서(7권 2장) 보았듯이, 이 조항은 민주당의 프랭클린 루스벨트가 네 번 연속 당선된 데에 질린 공화당이 중심이 되어 만든 것이었지만, 1951년에야 통과되어 오히려 2차 임기만료 시 폭발적 인기를 누리고 있던 공화당 대통령 아이젠하워의 3선 길을 막아놓았다. 레이건의 열렬한 추종자들이 전국적으로 홍보 활동을 전개할 '프로젝트 88'이라는 조직을 탄생시켰으며, 워싱턴에서는 레이건의 3선을 지지하는 군중집회마저 열리고 있었다. 레이건은 정치란 '어떻게'의 예술임을 온몸으로 보여준 달인 중의 달인이었다.

참고문헌 Barrett 1983, Boot 1987, Breslau 1987, Clark 1986, Demouse 1984, Dowd 1986, Hart 1982, Levin 1981, Morrow 1986a, Reed 1982, Sidey 1986a, 강준만 1998, 손세호 2007

"정치란 '어떻게'의 예술이다"
레이건은 '테프론 대통령'

레이건의 실언

로널드 레이건 대통령의 인기가 그가 범한 실언의 정도와 정비례한다는 것은 참으로 아이러니컬한 일이었다. 레이건의 실언은 너무도 많아 책 한 권으로 만들기에 충분했으며, 실제로 그러한 책들이 여러 권 출판되었다. 레이건의 실언은 우발적으로 튀어나왔다기보다, 목적을 위해서는 거짓말을 해도 괜찮다는 윤리 감각의 부재에서 빚어진 것이기도 했다. 레이건의 재미있는 실언들을 잠시 감상해보자.

레이건은 자신의 경제정책을 옹호하면서 영국의 경제학자 존 메이너드 케인즈(John M. Keynes, 1883~1946)의 저서 『고용, 이자 및 화폐의 일반 이론(The General Theory of Employment, Interest and Money)』(1936)은 자신이 대학 시절 경제학을 전공할 때에 나온 케케묵은 이론이라고 비난했는데, 레이건이 대학을 졸업한 건 1932년으로 케인즈의 책이 출간되기 4년 전이었다.

레이건은 "2차 세계대전 중 독일군이 프랑스 오라도마을 주민을 전부 학살한 사건을 알고 있는가"라는 기자들의 질문에 "내가 4년간 군복을 입고 있던 전쟁 기간에 일어난 사건인데 모를 리가 있느냐"고 대꾸했다. 그러나 그 시절, 레이건은 할리우드에서 전쟁영화를 촬영하고 있었다. 물론 군복을 입고 있었다는 데 대해선 레이건의 주장이 맞겠지만 말이다.

레이건은 이스라엘 수상 이즈하크 사미르(Yitzhak Shamir)와의 대담에서 자신이 2차 세계대전 중 종군 사진기자로 일하며 나치의 포로수용소를 촬영한 적이 있다고 이야기했는데, 레이건은 2차 세계대전 중 미국을 떠난 적이 단 한 번도 없었다.

레이건은 대기업의 이익 보호를 위해 환경오염에 대해 지극히 관대한 정책을 취해왔는데, 한번은 대기오염의 책임은 자동차가 아니라 그 80퍼센트가 나무에서 나오는 탄화수소(hydrocarbon) 때문이라고 주장했는가 하면, 해상을 오염시킨 기름은 폐결핵 예방 효과가 있다고 주장하여 듣는 사람들을 놀라게 했다.

레이건의 환경정책은 어떠했던가. 1970년 8000명의 인원과 4억 5500만 달러의 예산으로 출발한 환경보호청(EPA; Environmental Protection Agency)은 10년 후인 1980년대 초엔 1만 3000명에 13억 5000만 달러의 예산을 가진 규제기관으로 급성장했지만, 레이건의 집권 1기를 거친 1984년 인원은 29퍼센트, 연간예산은 44퍼센트나 줄어들었다. 미국은 자국에서 사용 금지된 DDT를 매년 제3세계로 4000만 파운드를 수출하고 있었는데, 미국 내에서도 DDT 사용을 허락하자는 주장을 편 레이건을 어떻게 보아주어야 할지 난감하다. 그가 미국은

DDT를 사용하지 않으면서 왜 제3세계에 수출하는가 하는 윤리적 측면에서 냉소적인 의미로 한 제안이라면 참으로 박수를 받아 마땅할 일이겠지만 말이다.

레이건은 공개석상에서 다이애나(Diana Spencer, 1961~1997) 황태자비를 데이비드 황태자비, 일리노이(Illinois) 주 하원의원 로버트 마이클을 미셸이라고 부르는 등, 그가 이름을 잘못 부른 경우는 이루 헤아릴 수 없이 많다. 일본 방문 시 미국 시청자들을 위한 특별성명을 녹화하던 중, 레이건은 카메라 앞에 있는 텔리프롬프터(화면을 정면으로 응시하면서 원고를 읽을 수 있게 하는 자막용 모니터)를 보면서도 일본 수상의 이름을 정확히 발음을 못해 서너 번이나 실패를 한 끝에 '제기랄(damn it)'이라고 내뱉고 말았는데, 이 장면은 NBC-TV를 통해 그대로 방영되었다. 그런가 하면 레이건은 수십 여 회에 걸쳐 헨리 키신저와 윈스턴 처칠(Winston S. Churchill, 1874~1965)이 전혀 하지도 않은 말을 인용했는데, 레이건이 누구의 말을 인용하면 그건 대부분 즉흥적으로 지어낸 말이라고 봐야 했다.(Barber 1985, Green 1983, Green & MacColl 1983 · 1987, 이준구 2001)

이미지의 마력

언론인 시드니 블루멘탈(Sidney Blumenthal 1983)이 지적했듯이, 기자들에게는 사실 그 자체가 목적이지만 레이건에게 사실은 목적을 달성하기 위한 수단에 불과했다. 즉 레이건은 목적이 옳다고 믿는 한 사실의 왜곡 정도는 얼마든지 괜찮다고 생각하고 있었다. 문제는 레이건의 사실 왜곡이 대부분의 경우, 지지도에 손상을 입히기는커녕 오히려 도움을 주고 있다는 것이었다.

사실 왜곡에 대한 진상은 으레 왜곡된 사실을 시청자 또는 독자들이 무방비 상태로 수용한 한참 뒤에야 밝혀지는 법인데, 이는 뉴스 가치나 관심도에 있어서 이미 수용되어 흡수된 그릇된 정보와 느낌을 바로잡기에는 역부족이었다. 1980년 대통령선거 토론에서 사실에 집착하여 사실을 추궁하는 카터에 비해, 사실에 근거하지도 않은 추상적인 개념 또는 왜곡된 사실에 개인적인 매력으로 설득력을 부여한 레이건이 우위를 점했던 것도 그런 이치 때문이었다.

사실의 왜곡보다 더 위력적인 것은 이미지의 왜곡이다. 가령 인질사건의 경우 인질의 생명을 보호하기 위해 즉각적인 무력을 사용할 수 없었다고 하는 점에서 카터와 레이건은 전혀 다를 바가 없었다. 그러나 언론을 대하는 태도는 크게 달랐다. 카터는 이란 인질사건 때 잘 드러났듯이, 자신의 재선 캠페인을 중단해 가면서까지 인질사건에 집착해 언론의 관심을 필요 이상으로 불러일으켰던 반면, 레이건은 재임 시 일어난 인질사건들에 대해 무관심한 척하여 언론의 인질사건 보도를 최소화하려고 했다. 그 결과, 대외정책에 있어 때로는 카터가 레이건보다 더 강경한 노선을 폈다는 점을 기억하는 사람들은 많지 않다.

카터는 소련이 아프가니스탄을 침공하자, 선거에 적지 않은 영향력을 행사하는 농민 표의 향방에 개의치 않고 대소곡물수출 금지를 단행했으며 1980년 모스크바올림픽도 보이콧했다. 그러나 레이건은 입으로는 대소 공세를 강화하면서도 농업계의 로비 압력에 눌려 1981년 4월 24일 대소곡물수출 금지령을 해제했으며, KAL기 격추사건 때에도 입으로는 전쟁을 벌일 것처럼 큰소리쳤지만 대소곡물수출을 금지하지 않았었다. 물론 레이건의 이러한 정책은 1984년 대통령선거에서 그가 단연코 우세한 승리를 거두었던 지역의 일부가 농업 지대에 있는 주였다는 사실로 톡톡히 그 효과를 본 셈이었다.

그렇다고 해서 레이건의 보수 이미지가 그의 실체와 거리가 멀다는 뜻은 아니다. 오히려 때로는 이미지 메이킹을 하겠다는 이유만으로 무모한 도발 행위를 일삼는 이미지 정치의 오·남용이 그만큼 레이건의 정치행태의 알파이자 오메가를 형성하고 있었다는 의미다. 요컨대 레이건의 이미지와 실체를 구분한다는 것은 무의미한 일인지도 모른다.

카터와 달리 레이건에게는 인질사건마저도 호재로 작용한 감이 없지 않다. 1985년 7월 베이루트에 억류되었던 미국 인질 석방 때에도 레이건의 지지도는 5월의 57퍼센트에서 66퍼센트로 상승했다. 인질 억류 시에는 언론보도의 극소화, 인질 석방 시엔 언론보도의 극대화를 연출한 덕택이다. 정치란 '무엇'이 아니라 '어떻게'의 예술임을 레이건은 실증해보인 것이다.(Thomas 1985)

레이건은 '테프론 대통령'

레이건을 비롯한 행정부 관리들은 자신들의 거짓말을 정당화하기 위해 '최소한의 솔직'이라는 방법을 사용했다. 가령 기자가 '국무차관이 중국으로부터 방문 초청을 받았다면서요?'라고 물으면, 국무성 대변인은 '아니오'라고 단호히 대답한다. 그러나 며칠 후 국무차관은 중국을 방문했다. 그래도 국무성 대변인은 자신이 거짓말을 하지 않았다고 주장할 것이다. 국무차관은 부통령을 수행하여 중국을 방문한 것이기 때문에 초청을 받은 것은 부통령이지 국무차관은 아니라는 변명이다. 레이건에게는 그런 번거로운 거짓말이 필요 없었다. 그는 서투른 거짓말을 거침없이 하면서도 나중에 기자들이 따지면, 그건 농담이었다고 발뺌하기 일쑤였다.(Green 1983, Marro 1985)

마크 그린과 게일 맥콜(Green & MacColl 1983 · 1987)은 레이건이 실언 또는 거짓말을 수시로 하는 건 대체적으로 다음 네 가지로 설명될 수 있다고 주장했다. 첫째, 사실적 증거에 앞서 이데올로기를 앞세운다는 것 둘째, 지적으로 게으르고 윤리 감각이 희박하다는 것 셋째, 아홉 개의 나쁜 뉴스와 한 개의 좋은 뉴스가 있다면 자신의 이해관계에 따라 한 개의 좋은 뉴스만 보려 하는 병리적 낙관주의 넷째, 아나운서와 배우 시절 익혔던 습관이 몸에 배어 현실과 영화 속의 가공의 세계를 가끔 착각한다는 것.

레이건의 선거 참모였던 존 시어스(John P. Sears)는 레이건의 파격적인 권한 위임도 레이건의 배우 시절의 경험에서 비롯된 것이라고 주장했다. "정치인들이나 기업인들은 권한을 지나치게 위임하면 자신들이 할 일이 없어진다고 생각한다. 그러나 배우들은 감독, 프로듀서, 카메라맨, 조명 기사 등으로 완전히 분업화된 환경에서 일을 한

배우 시절의 레이건. 라디오 아나운서, 텔레비전 프로그램 진행자 경험도 그에게 이미지 연출과 언론의 속성을 터득하는 기회가 됐다.

다. 그 누구도 배우의 고유영역을 침범할 수 없다. 스타는 언제나 스타다. 영화가 성공하면 어차피 그 공은 스타에게로 돌아가게 마련 아닌가."(Dowd 1986)

1986년 내내 스타로서의 인기 절정을 구가해 생애 최고의 해를 맞은 레이건에게 실언은 아무런 문제도 되지 않았다. 실언은 넘쳐날 지경이라 보좌관들도 일일이 해명하기를 중단했으며 웬만한 건 아예 가십거리도 되지 않았다. 독자들이 식상해할까 봐 언론이 알아서 자제할 정도였다.

이미지를 중히 여기는 미국의 텔레비전 정치에서 이미지가 약한 정치인에게는 실언이 치명적 결함일 수도 있겠으나, 이미지 그 자체라 할 수 있는 레이건에겐 실언이 별 중요한 의미를 갖지 않았던 것이다. 그보다 오히려 레이건이 미국 패션협회가 매년 뽑는 '올해 가장 옷을 잘 입는 남성'에 4년째 뽑히는 영광을 안았다는 것 그리고 『매콜 (McCall's)』이 선정한 60세 이상의 섹스어필한 10대 남성 중 75세의 레이건이 뽑혔다고 하는 따위가 더 중요했던 건지도 모른다.

많은 사람들이 지적했듯이, 레이건은 프랭클린 루스벨트 이후로 가장 뛰어난 연설능력을 가진 인물이었다. 온화하고 인자하고 진지한 표정과 그 표정에 어울리는 제스처 그리고 현란한 언어 구사를 통해 호의적 이미지의 극대화를 이룩한 레이건의 신화는 적지 않은 레이건 평론가를 낳게 했다.

대통령에 도전했던 콜로라도 주 여성 하원의원인 패트리샤 슈로더 (Pat Schroeder)가 명명했듯이, 레이건은 온갖 실책을 저질러놓고도 그 책임에서 면제되는 '테프론(Teflon) 대통령'이었다.(테프론은 먼지가 붙지 않는 특수섬유의 상표 이름이다.) 『워싱턴포스트』의 칼럼니스트 조지 월(George F. Will)은 레이건의 테프론 특성을 이렇게 표현하기도 했다. "어느 방에 들어갔다고 하자. 그런데 천장이 무너졌다. 얼굴에 반창고 하나 붙일 필요도 없이 상처 하나 입지 않고 당당히 걸어 나올 수 있는 사람이 바로 레이건이다." 같은 맥락에서 노스웨스턴대학의 교수인 게리 윌스(Gary Wills 1987)는 "레이건은 카멜레온의 반대다. 환경이 그에 적응한다"고 말한다. 한편으로는 "레이건이 테프론 대통령이라면 그건 단지 언론의 직무유기 때문이다"라는 주장도 제기되었다.(Nation 1984)

리더십의 정치학

물론 레이건의 '테프론' 특성은 저절로 이루어진 것은 아니다. 그것은 텔레비전과 언론을 통한 레이건의 이미지 파워 덕분이었다. 이미지 정치 시대에 살고 있는 정치인들은 자신의 발언과 행위가 언론에 의해 어떻게 팔릴 수 있는 상품으로 탈바꿈될 것인가를 늘 염두에 두어야만 한다. 선거유세에서 아무리 뛰어난 정책구상을 갖고 있는 후보라 하더라도 그것만을 계속 강조할 때에는 독자 및 시청자는 물론 기자들을 식상케 한다는 것을 명심해야 한다. 늘 자신에 대해 새로운 무언가를 보여주어야 하며 정치 이벤트 창출에 스스로 매진해야 한다. 대통령선거유세는 정책대결인 동시에 개인의 성격 또는 쇼맨십의 대결이며, 대통령에 당선된 이후에도 통치술은 그러한 상징조작의 연장선이라는 것을 이해해야 한다.

그러나 이러한 주장이 레이건이 정책의 알맹이는 전혀 없이 텔레비전과 언론을 통해 창출한 이미지만으로 성공한 정치인이라는 뜻은 아니다. 정치학자 애런 월다브스키(Aaron Wildavsky 1987)가 반문했듯이, 레이건이 빈 껍데기였다면 왜 당시 민주당이 레이건의 보수정책을 흉내 내고 있었겠는가. 그러나 동시에 공화당의 보수정책이 레이건 치하에서 그에 의해 의인화되었고, 그 의인화된 정책을 적지 않은 미국인들이 지지해왔다는 것도 부인할 수 없는 일이다. 바꾸어 말해 그 메시지가 레이건이 아닌 다른 공화당 정치인이 주장한 것일 때 과연 같은 정도의 지지를 얻어낼 수 있었겠는가 하는 의문이 있다는 점이다.

역사학자 아서 슐레진저 2세(Arthur M. Schlesinger Jr., 1917~2007)는 미국의 저명한 역사학자와 정치학자 130명을 대상으로 두 차례에 걸쳐 대통령의 '위대성'을 평하는 설문조사를 실시한 적이 있다. 이 조사는 '위대' '위대함에 근접' '평균' '평균 이하' '실패'의 다섯 가지로 구분했는데, 정치 평론가 토머스 베일리(Thomas A. Bailey 1966)의 분석에 따르면 '위대한' 대통령이라고 평가를 받은 대통령일수록 풍채가 좋더라는 것이다. 조지 워싱턴은 6피트 2인치의 키에 호두를 손가락으로 깰 수 있는 완력의 소유자였고, 에이브러햄 링컨은 6피트 4인치의 키에 동네 역도 챔피언이었다. 물론 이는 우연의 일치에 불과할 수도 있다. 그러나 키가 가장 작았던 6명의 대통령 가운데 '평균' 이상의 평점을 받은 사람은 단 한 명밖에 없었다는 것이 단지 우연일까?

한 연구 결과는 1968년 선거에서 투표자의 41퍼센트가 후보의 개인적 특성을 보고, 25퍼센트가 후보의 정책, 34퍼센트가 두 가지 모두 고려해서 투표를 했다고 밝히고 있다. 후보의 개인적 특성에 큰 비중을 두는 경향은 매스미디어의 발달로 더욱 강화되고 있어, '대통령은 개인이 아니라 제도'라는 신화를 더욱 무색케 하고 있다. 정치학자 프레드 그린스타인(Fred I. Greenstein 1975)이 말했듯이, 대통령에 대한 긍정적 또는 부정적 견해는 대통령의 정책보다는 체격, 얼굴, 성격 등 개인적 특성에 따라 대부분 결정된다. 레이건은 텔레비전 시대의 총아로서 바로 이 점을 최대로 이용한 대표적 정치인이었다.

정치학자 제임스 데이비드 바버(James David Barber 1985)는 대통령의 성격을 정치적 야심이 적극적이냐 또는 소극적이냐, 개인적 기질이 긍정적이냐 부정적이냐 하는 두 가지 기준을 조합해 네 가지의 성격 유형을 제시했다. ●적극적-긍정적 ●적극적-부정적 ●소극적-긍정적 ●소극적-부정적. 바버는 레이건을 소극적-긍정적인 대통령으로 분류했다. 소극적-긍정적 대통령은 창조적이 아니라 반동적이다. 그런 대통령이 국민의 지지를 받을 때에 어떤 일이 벌어지는가를 레이건은 잘 보여주었으며, 그래서 레이건의 등장으로 미국 정치 교과서가 다시 쓰여야 한다고 주장하는 사람들이 있을 정도다. 물론 레이건 지지자들은 전혀 그렇게 생각하지 않겠지만 말이다. 1986년 11월에 터져나온 이른바 '이란-콘트라 게이트 사건'은 레이건 지지자와 반대자들 사이의 간극을 더 벌려놓는다.

참고문헌 Bailey 1966, Barber 1985, Blumenthal 1983, Donaldson 1987, Dowd 1986, Green 1983, Green & MacColl 1983·1987, Greenstein 1975, Hahn & Gonchar 1972, Kellerman 1984, Marro 1985, Nation 1984, Robinson & Clancey 1984, Thomas 1985, Tulis 1987, Wildavsky 1987, Wills 1987, 이준구 2001

'레이건 행정부의 표리부동'
이란-콘트라 게이트

'위대한 민주당의 회생'?

1986년 8월 대통령 국가 안보담당 보좌관인 존 포인덱스터(John M. Poindexter)는 레이건의 허락하에 CIA 및 국무성, 국방성과 짜고 리비아 내에 분열이 일고 있고 미국과 리비아가 재격돌 상태에 돌입했으며 가다피가 미국에 보복조치를 취할 것이라는 역정보를 미국 언론에 퍼뜨렸다. 이 역정보의 목적은 가다피로 하여금 측근 부하들을 불신케 함은 물론 미국의 재폭격이 있을 것이라고 암시하여 가다피를 궁지에 몰아넣음으로써, 리비아 내의 쿠데타를 기대하는 것이었다.

그러나 이 역정보공작은 10월에 『워싱턴포스트』의 밥 우드워드(Bob Woodward) 기자에 의해 폭로되고 말았다. CIA는 그간 외국 통신사를 위장 설립하여 역정보 공작을 펴왔는데, 이 통신사와 계약 관계를 맺은 미국 신문들은 본의 아니게 CIA의 허위 정보를 미국 내에 퍼뜨려온 셈이다. 언론인 출신으로 미 국무성 대변인을 맡고 있던 버나드 캘브(Bernard Kalb)는 이 역정보 공작의 부도덕성에 분노해 사표를 내고 말았다.(Alter 1986)

이후 레이건의 인기는 서서히 그 신화의 베일이 벗겨지기 시작했다. 레이건의 폭발적 인기는 상당 부분 언론이 형성했다는 것이 1986년 11월의 중간선거에서 어느 정도 드러나고 말았다. 스물두 명의 공화당 상원의원이 심판을 받은 이 선거를 위해 레이건은 16개 주를 돌며 현직 대통령으로서는 미 역사상 유례가 없는 강력한 지지 유세를 펼쳤지만, 그 가운데 겨우 네 명만이 상원의원에 재선되었다.

레이건은 '나를 보고 찍어달라' 는 식의 지지 연설을 했지만, 그는 더 이상 언론이 떠들 듯 그렇게 마력적인 존재는 아니었다. 공화당은 1980년 레이건의 대통령 당선과 함께 상원의원에 당선된 열여섯 명 가운데 오직 여덟 명만이 재당선되는 참패를 기록했다. 이 선거 결과 공화 대 민주의 상원의석 비율은 53대 47에서 45대 55로 역전되어 레이건 임기 중 최초로 상·하원 모두 민주당이 다수 의석을 차지해 레이건은 '여소야대' 의회라는 새로운 도전에 직면했다.

그러나 공화당의 패배가 곧 민주당의 승리는 아니었다. 민주당 자축파티에서 민주당 위원장 폴 커크(Paul G. Kirk, Jr.)는 '위대한 민주당의 회생' 을 선언하며 1988년 대통령선거 승리를 예견했지만, 1986년 중간선거 승리의 원인은 정당의 약화 현상(de-alignment)에 힘입은 바 컸다. 상원의원과 주지사가 각기 다른 정당 출신에서 선출된 주가 11개에 이른다는 것과 투표율이 겨우 37.3퍼센트로 1942년 이래 중간선거의 최하위 투표율을 기록했다는 것 등이 이를 입증했다. 또한 주지사수는 공화당이 여덟 석을 추가해 민주 대 공화의 주지사 보유 비율이

34대 16에서 26대 24로 좁혀졌다.

더욱이 민주당은 신·구파 사이의 내분을 겪고 있었는데, 신파는 1984년 대통령선거 참패의 충격으로 공화당의 강병책 등을 수용한 델라웨어(Delaware) 주 상원의원 조 바이덴(Joseph R. Biden, Jr.)과 조지아(Georgia) 주 상원의원 샘 넌(Samuel Augustus Nunn Jr.) 등을 중심으로 한 신자유주의(neoliberal)파였으며, 구파는 메사추세츠(Massachusetts) 주 상원의원 에드워드 케네디와 캘리포니아(California) 주 상원의원 앨런 크랜스턴(Alan M. Cranston, 1914~2000) 등으로 대표되는 민주당 정통 진보 세력이었다. 1988년 대통령 예선에서 민주당의 신구파 대립 양상은 더욱 첨예하게 나타나게 된다.

이란-콘트라 스캔들

1986년 11월 레바논의 주간지 『아쉬 쉬라(Ash-Shiraa)』는 전(前) 국가안보담당 보좌관 로버트 맥팔레인(Robert C. McFarlane)이 1986년 9월에 이란을 비밀리에 방문한 이후, 미국은 이란에 탱크와 전투기의 부품 및 탄약을 판매해왔다고 보도함으로써 소위 '이란-콘트라 스캔들(Iran-Contra affair)' 또는 '이란 게이트(Iran Gate)'의 서막을 열었다.

백악관은 이를 처음에는 강력히 부인했으나, 수주일 후 레이건은 레바논에 억류되어 있는 미국 인질을 석방하는 데 이란의 힘을 빌렸고 또 이란의 온건 지도자들과의 유대를 강화하기 위해 비밀무기판매를 허락했다고 시인했다. 곧 뒤이어 밝혀진 바에 따르면, 미국은 지난 18개월간 탱크격파용 토우미사일 1만 2000기, 항공기파괴용 호크미사일 235기 등을 이란에 판매했다는 것이다.

이런 놀라운 사실에 접하여 온갖 풍성한 소문이 워싱턴 정가를 휩쓸기 시작했다. 앞서(11권 2장) 살펴본 바와 같이, 1980년 4월 대실패로 돌아간 카터의 인질구조작전에 이 스캔들의 주역 몇 명이 관련되어 있었다는 점과, 이미 5년 전인 1981년 10월 이스라엘에서 이란으로 비행하다 소련 내에 추락한 비행기 속에 미제 무기부품이 들어 있었을 거라는 일종의 음모설이 등장했다.

1986년 11월 25일 이미 사태의 심각성을 눈치 챈 레이건 행정부는 더 이상의 소문을 예방하기 위해, 에드윈 미즈(Edwin Meese III) 법무장관을 통해 국가안보담당 보좌관 존 포인덱스터의 부하인 올리버 노스(Oliver North) 해병중령이 포인덱스터의 승인하에 무기판매대금 중 수백만 달러를 스위스은행에 예치한 뒤 콘트라 지원용으로 써왔다는 사실을 스스로 밝혔다.

인질에 대한 몸값 지불 그리고 미국 스스로 테러국으로 규정한 이란에 무기판매를 했다는 사실은 미국 대외정책의 공식노선과 무기판매 시 의회에 보고해야 한다는 실정법을 위반한 것이었지만, 미국 내에서 더 큰 이슈로 등장한 것은 무기판매대금을 콘트라 지원자금으로 썼다는 것이었다. 이는 1982년 12월에 통과된, 니카라과 정부를 전복하기 위한 자금 지원을 금지한 볼란드법(Boland Amendment)을 어긴 것이었다.

레이건은 무기판매대금의 콘트라 지원 전용에 대해서는 전혀 아는 바 없다고 부인하고, 그 책임을 물어 11월 25일 노스 중령을 해임하여 해병대로 원대복귀 시키고 포인덱스터의 사표를 수리했다. 포인덱스터도 해군으로 원대 복귀되었으며 중장에서 소장으로 강등되었다. 레이건은 자신에 대한 신뢰를 회복하기 위한 조치의 일환으로 상원의원 존 타워(John Tower)를 단장으로 한 특별조사위원회를 구성토록 지시했다.

1987년 3월에 공개된 타워 보고서(Tower Report)는 레이건이 이란-콘트라 스캔들을 사전에 몰랐다는 데에 초점을 맞추어 레이건의 지나친 권한위임과 국정에 대한 무관심을 신랄히 비판하는 내용을 담았다.

그러나 레이건의 무기판매대금 전용에 대한 관련 여부를 중심으로 따지는 의회조사는 미국민의 관심을 가장 중요한 문제로부터 이탈시키고 말았다. 즉 콘트라 지원에 관계없이 이란에 무기를 팔았다고 하는 보다 더 중요한 사실이 미국민의 관심 밖으로 밀려나고 만 것이다.

법을 어겼다고 하는 측면에서는 콘트라 지원이 훨씬 더 큰 문제일 수 있었으나 콘트라 지원은 레이건이 그간 공언해온 중미정책의 재확인에 지나지 않는 것이었던 반면, 그간 미국의 원수로 매도되어온 이란에 뒷구멍으로 무기를 팔았다고 하는 것은 레이건 행정부의 대외정책이 목적을 위해서는 수단과 방법을 가리지 않는 표리부동한 수법에 의존하고 있다는 단면을 드러냈기 때문이다. 이와 관련해 '제왕적 대통령론'을 역설했던 아서 슐레진저 2세(Arthur M. Schlesinger, Jr. 1987)는 "닉슨의 몰락 이후 13년 만에 '제왕적 대통령'이 복귀했다"고 주장했다.

이란-콘트라 스캔들은 전 대통령 지미 카터에 대한 재평가를 낳았다. 버턴 코프먼(Burton I. Kaufman)에 따르면 "인질 문제는 카터가 대통령으로 재선하는 데 결정적인 패배 요인으로 작용했지만, 그 후의 정치 논평가들은 카터가 인질 문제를 다룬 것과 1984년 레이건이 레바논에서 납치된 미국 인질을 다루는 문제를 서로 비교하면서 카터에게 유리한 평가를 내놓았다. 1987년 전국적으로 텔레비전에서 방영된 의회 청문회를 통해 레이건 행정부가 인질 석방을 위한 보상으로 이란에 무기밀매를 얼마나 했는지를 알게 되었다. 레이건이 운영한 비밀단체는 1979년과 1980년의 인질 위기를 레이건과 같이 다루기를 거부한 카터의 정책과 도덕적으로 대조되는 것이었다."(Ridings & McIver 2000)

백악관 내부의 암투

이란-콘트라 스캔들은 백악관 보좌관들의 경질까지 몰고 왔다. 제일 먼저 백악관대변인이 바뀌었다. 래리 스피크스가 한 달 평균 1500여 통의 팬레터를 받는다는 사실에서 알 수 있듯이, 백악관대변인은 대통령을 제외하면 그 누구보다도 텔레비전에 가장 많이 등장하는 관리다. 이것은 백악관대변인의 이미지가 그가 발표하는 내용의 신뢰도에 적잖은 영향을 미칠 수 있다는 뜻이다.

레이건 행정부가 언론을 적극적으로 이용코자 했던 동안은 스피크스와 같은 도전적인 대변인이 적합했지만, 언론의 집중포화로부터 레이건을 보호하기 위해서는 기자들과 사이가 좋은 다른 인물이 필요했다.

그런 이유로 1987년 1월 스피크스는 사임하고, 부대변인인 말린 피츠워터(Marlin M. Fitzwater)가 대변인으로 승진되었다. 사람 좋기로 유명한 피츠워터는 정통홍보관료 출신으로 기자들로부터 깊은 신망을 얻고 있었다.

1987년 2월에는 비서실장 리건도 결국 사임하고 말았다. 리건을 희생양으로 하여 레이건의 이미지를 보호하고자 했던 낸시와의 권력투쟁에서 패배한 결과였다. 이란-콘트라 스캔들 시기에도 리건과 낸시의 암투는 미 언론의 주요 관심사였는데, 낸시는 리건을 쫓아내기 위해 늘 백악관 내부정보에 굶주려 있는 언론을 이용했다. 낸시는 언론계에 있는 그녀의 측근들에게 리건과의 불화에 관한 정보를 슬그머니 흘려 백악관의 내부갈등을 사회적으로 표면화시킴으로써, 낸시가 있는 한 리건이 도저히 배겨낼 수 없는 상황을 조성했던 것이다. (Safire 1988)

뉴멕시코(New Mexico) 주의 하원의원 윌리엄 리처드슨(William B. Richardson III)은 의회 발언을 통해 "일국의 대통령이 자신의 비서실장과 아내의 분쟁조차 해결하지 못하다면 어떻게 소련을 상대할 수 있겠는가?"라며 레이건의 무능력을 꼬집었다.(Wilenz 1987)

리건의 후임으로 테네시(Tennessee) 주 출신의 전 상원의원 하워드 베이커(Howard H. Baker, Jr.)가 비서실장에 임명되었다. 베이커는 상원의 워터게이트 사건 조사 때 텔레비전 중계를 통해 전국적으로 명성을 얻은 인물이었다. 그는 탁월한 타협능력을 가진 실질적인 온건 보수주의자로 이란-콘트라 스캔들을 수습할 적임자로 판단되었다.

1980년 대통령선거 때 공화당 대통령후보로 도전했던 베이커가 레이건의 러닝메이트로 거론되었을 때, 레이건의 보수 지지자들이 강력히 반대했던 것도 베이커가 카터 행정부의 파나마운하 협정을 지지하는 등 자유주의적인 면모를 갖고 있었기 때문이다. 베이커는 또한 CIA 국장을 하라는 레이건의 요청을 거부한 적도 있었다. 베이커에 이어

1987년 3월 레이건은 포인덱스터의 사임으로 공석인 국가안보담당 보좌관에 프랭크 칼루치(Frank C. Carlucci) 그리고 CIA국장에 사망한 윌리엄 케이시의 후임으로 윌리엄 웹스터를 임명했다.

사임 후 텔레비전으로 중계된 의회증언을 통해 포인덱스터는 자신이 대이란 무기판매수익금의 콘트라 지원전용을 직접 승인했다고 밝히고, 레이건이 정치적 손상을 입지 않게 보호하려고 의도적으로 이 사실을 보고하지 않았다고 말했다. 포인덱스터는 이 계획을 레이건에게 보고했더라면 레이건이 승인했을 것으로 확신한다고 말했다. 그러나 그는 자신의 권한남용을 부인했으며, 국가안보회의는 볼란드법에 적용되지 않는다고 주장함으로써 자신의 위법행위 또한 부인했다.

물론 포인덱스터의 주장은 사실과 거리가 멀었다. 결과론이긴 하지만 애초부터 포인덱스터의 국가안보담당 보좌관 임명은 이란 게이트와 같은 위험을 내포한 것이었다. 포인덱스터는 전임자인 맥팔레인에 비해 더 호전적이며, CIA국장 케이시 못지않게 비밀공작을 좋아했다. 1987년 2월 약을 먹고 자살을 시도할 정도로 세인의 이목을 중히 여겼던 맥팔레인은 일하는 시간의 30퍼센트 정도를 홍보 쪽에 투자했지만, 포인덱스터는 기자들의 접촉을 완강히 피해왔다.(O' Connor 1986)

'올리메니아' 현상

1987년 5월 레이건은 외국 기자들과의 간담회에서 이란-콘트라 스캔들에 관한 질문을 받고 언론이 자신을 왜곡되게 보도했다고 주장했다. 서독인들은 레이건보다는 소련의 고르바초프가 더 신뢰감이 가는 인물이라고 생각하고 있다는 서독 여론조사 결과에 대한 논평을 요구

올리버 노스의 머그샷(얼굴 사진).

받고, 레이건은 "서독인들이 하루 빨리 잠에서 깨어나길 바란다"고 대답했다.(Neuman 1987)

이렇듯 반성의 기미를 전혀 보이지 않던 레이건에게 7월 미국을 휩쓴 '올리메니아(Olliemania)' 는 호재로 작용했다. '올리' 즉 해병 중령 올리버 노스의 증언은 이란-콘트라 청문회의 가장 중요한 부분으로 여겨졌었다. 그의 증언 여하에 따라서 레이건의 운명이 결정될 수 있었기 때문이었다. 그러나 노스 중령은 텔레비전으로 중계된 의회 증언을 통해 레이건의 관련 여부를 정확히 밝히기는커녕 '애국' 을 팔며 자신의 불법행위를 정당화하는 발언으로 일관했다. 그는 불법무기거래를 비밀리에 벌인 이유를 추궁받자 "의원들은 언론에 흘리는 경향이 있기 때문" 이라고 반박하기까지 했다.

노스는 자신의 계획을 죽은 CIA국장 케이시와 협의했었다고 말하는 등, 자신은 고위층의 충분한 이해와 격려 속에 충실히 맡은 바 임무를 수행했을 뿐임을 주장하는 한편, 이란에 무기를 팔았든 그 판매대금으로 콘트라를 지원했든 도대체 그게 누구를 그리고 무엇을 위해서 한 일이었겠느냐는 식의 논법을 구사했다. 즉 자신이 책임지지 않고 도망갈 구멍은 최대한 마련하면서도, 자신은 의리와 충성의 사나이라는 인상을 풍기려고 들었다. 미국의 안보를 위해 열과 성의를 다해온 자신과 같은 애국자가 왜 이런 죄인 취급을 받아야 하느냐는 항의조의 의회 진술로 노스는 하루아침에 영웅으로 떠올랐다. 영웅에 굶주린 나라 미국에서만 있을 수 있는 진기한 현상이었다.

왼쪽 가슴에 온갖 종류의 훈장과 문장으로 빛나는 말끔한 군복을 입고 진지하고 소박한 표정으로 이야기하는 노스에게서 시청자들은 진실성과 솔직함을 읽고 있었다. 텔레비전은 노스의 증언 도중 사랑스러운 눈길로 남편을 지켜보는 부인 베치 노스의 모습을 자주 보여주었으며, 이는 평소 가족적 개인주의 미덕을 중히 여기는 미국인들을 감동시켰다. 텔레비전 시청자들에게 중요한 정보는 노스가 '무엇'을 말하느냐가 아니라 '어떻게' 말하느냐였던 것이다.

노스의 텔레비전 증언은 그 시간대에 방송된 인기 텔레비전 드라마 〈종합병원(General Hospital)〉 시청률을 다섯 배나 앞지르는 놀라운 시청률을 기록했다. 노스의 증언이 끝난 후 노스의 집과 백악관으로 노스와 레이건을 지지하는 전보가 답지했으며, 노스의 변호사 비용 13만 달러를 훨씬 넘는 성금이 기부되었다. 백악관 자체 여론조사에 따르면 노스의 증언 이후 콘트라에 대한 지지도가 6월의 30퍼센트에서 48퍼센트로 증가했다.(Martz 1987)

'올리메니아' 현상은 7월 내내 계속되었다. 얄팍한 상혼과 극우보수단체들의 홍보공세로 노스의 의회증언은 책과 비디오로 제작되어 팔렸으며, 노스의 얼굴을 새긴 단추와 티셔츠가 전국적으로 판매되었다. '올리버 노스를 대통령으로'라는 자동차 범퍼 스티커와 티셔츠마저 등장했다.

노스가 이란-콘트라 관련 서류를 소각한 사건과 관련하여, 전직 모델이었던 노스의 여비서 폰 홀(Fawn Hall)도 미모로 하루아침에 언론의 무분별한 각광을 받기 시작했다. 보도내용과는 아무런 관련이 없는데도, 수영복을 입은 그녀의 사진이 텔레비전 뉴스와 신문지상에 일제히 등장했으며 각종 인터뷰 프로그램의 제작자들로부터 출연 요청이 쇄도했다. 그녀를 텔레비전 뉴스 기자로 채용하겠다는 방송국마저 나타났다. '애국'과 '섹스'라는 두 가지 상품에 약한 미국 언론의 속성이 유감없이 발휘되고 있었다.

'올리메니아'는 레이건마저 감동시켰다. 레이건은 노스를 '영웅'이라고 불렀다. 이 경솔한 발언에 대해 레이건의 열렬한 지지자인 보수 칼럼니스트 조지 윌(George F. Will 1988)마저도 "레이건은 자신의 앞길에 스스로 바나나 껍질을 뿌려놓는 취미가 있다"고 논평했다. 그의 논평에 따르면 노스 중령이 바로 그 바나나 껍질이요, 노스를 '영웅'이라고 한 레이건의 칭찬은 곧 바나나 껍질을 자신의 앞에 뿌려놓은 꼴이 되고 말았다는 것이다. 바로 여기에서도 과정과 결과를 무시한 채 동기만으로 사람을 판단하려고 하는 레이건의 특징이 잘 나타나고 있다. 그 동기마저도 지극히 의심스러운 것이었는데도 말이다.

'벌거벗은 임금님'

온갖 야단법석에도 불구하고 올리메니아가 레이건에게 이미 등을 돌린 언론의 보도시각을 바꿀 수는 없는 일이었다. 과거에도 수차 거론되었던 레이건의 통치 스타일에 대한 회의가 다시 언론보도의 초점으로 등장했다.

이미 1986년 12월에 『타임』은 "레이건은 연설을 할 때에만 명실상

부한 대통령일 뿐, 일하는 시간의 대부분을 사람을 만나 사진 찍는 데에나 쓰며 정책결정에는 거의 참여하지 않고 있다"고 보도했다. 『타임』은 "이란-콘트라 스캔들의 놀라운 점은 레이건의 게으르고 유유자적한 태도가 그를 곤경에 몰아넣었다는 것이 아니라, 어떻게 그런 식으로 정치를 해왔으면서도 지난 6년간 그토록 무사할 수 있었던 것인가 하는 것이다"라고 지적했다.

모든 정책의 세세한 부분은 물론 백악관코트에서 누가 테니스를 치는지까지 알고 있어야만 직성이 풀렸던 카터에 비해, 레이건은 대이란 무기판매대금의 콘트라 지원 전용과 같은 큰일에 대해서도 전혀 아는 바 없었다고 당당히 이야기할 만큼 국사에 신경을 쓰지 않았다. 매일 열리는 보좌관들과의 회의도 30분 이내에 끝내며, 회의 도중 질문을 하는 법이 거의 없고 오히려 "오늘은 무슨 말을 해야 하지?"라고 묻는다는 것이다. 그저 농담이나 한두 마디 던짐으로써 보좌관들을 웃기는 게 그의 역할이라고 『타임』은 썼다.(Stengel 1986)

정치평론가 윌리엄 부트(William Boot 1987)는 과거 레이건에 대한 언론의 맹목적 추종을 '벌거벗은 임금님'이라는 우화에 비유했다. 이미 레이건은 오래 전부터 벌거벗고 있었는데도 언론이 이를 외면한 채 옷이 멋있다고 찬사를 일삼다가, 이란-콘트라 스캔들이 본격적으로 터지자 발가벗고 있음을 새삼스럽게 떠들고 있다는 것이다. 부트는 레이건을 찬양하는 데에 선두를 달려왔던 『타임』이 특히 사태가 역전된 뒤로는 레이건을 매도하는 데에 앞장서고 있다고 꼬집었다.

이란-콘트라 스캔들은 동시에 카멜레온과 같은 미 언론의 스캔들이기도 하다는 점을 시사하는 비평이 아닐 수 없다. 실제로 이란-콘트라 스캔들이 터지기 6개월 전인 1986년 5월 15일, 허스트신문 계열의 데이비드 존슨과 크느트 조이스 기자는 퇴역 육군소장 존 싱글러브 (John K. Singlaub)가 미 정부 승인하에 콘트라에게 무기를 공급하기로 했다고 보도했었다. 싱글러브는 10월 CBS-TV의 〈식스티 미니츠(Sixty Minutes)〉와의 인터뷰에서 자신이 "콘트라에 대한 무기원조를 금지한 미 의회에 대한 반발로 그런 일을 계획했으며, CIA국장 케이시가 그 일을 도와줄 뜻을 비쳤다"고 이야기했던 것이다.

그밖에도 여러 기자들이 독자적으로 수차에 걸쳐 콘트라에 대한 불법무기 공급을 계속 보도해왔지만 큰 뉴스거리가 되지 못한 채 세인의 무관심 속에 묻혔다.

오래 전부터 몇몇 기자들은 레이건의 국정에 대한 무관심이 위험을 불러올 수도 있다고 경고해왔다. 그런 경고를 자주 해왔던 『워싱턴포스트』의 루 캐넌(Lou Cannon) 기자는 "레이건은 국민에게 인기가 너무 좋아 아무도 그런 경고에 귀를 기울이지 않았다"고 지적했다.(Boot 1987)

상업언론이 인기가 좋은 대통령을 비난한다는 것은 모험이다. 언론 자체의 신뢰성에 손상을 입을 위험이 있기 때문이다. 1987년 1월에 발표된 갤럽-타임스미러(Times Mirror) 여론조사 결과는 이란-콘트라 스캔들이 미 언론의 신뢰성을 손상하고 있다고 경고했다. 이 조사에서 언론에 대한 신뢰도는 1985년 83퍼센트에서 66퍼센트로 하락했다.(Boot 1987)

'대통령은 목사가 아니다'

레이건 신화 창조에 언론만 책임이 있는 것은 아니었다. 『뉴욕타임스』 칼럼니스트 제임스 레스턴(James Reston, 1909~1995)은 이란-콘트라 스캔들의 책임은 레이건의 정책에 찬성하지 않으면서도 레이건을 좋아하는 모든 미국인들에게 있다고 주장했다. 즉 그들은 레이건의 정책이 처음부터 잘못되었고 이란-콘트라 스캔들과 같은 일이 얼마든지 일어날 수 있는 조짐을 보여왔는데도 자기기만을 범해 가면서 레이건을 지지해왔다는 것이다.(Griffith 1987) 이것은 언론을 대표한 레스턴의 구차한 변명이기는 하나, 언론의 상업성에 놀아난 국민도 큰소리칠 입장은 아니었다. 어찌 됐건 대통령은 '개인'이 아니라 '제도'라고 하는 교과서적 원칙이 적어도 레이건의 아메리카에서는 유린되고 말았다.

미국민이 레이건을 믿는다는 것은 문자 그대로 믿는다는 뜻은 아니었다. 좋아한다고 보는 편이 더 정확하다. 즉 레이건의 인기가 곧 그에 대한 신뢰성을 의미하는 것은 아니었다. 얼른 구별하기는 쉽지 않지만, 누구를 신뢰한다 해서 그 사람을 꼭 좋아하는 것은 아니며, 또 누구를 좋아한다 해서 그 사람을 꼭 신뢰하는 것은 아니다. 레이건은 높은 호의도(favorability)를 누려왔지만 레이건에 대한 신뢰도(believability)는—그를 열렬히 지지하는 사람들마저 잊으려고 애는 썼겠지만— 낮았다.

언론 전문가 마이클 로빈슨과 앤드루 코후트(Robinson & Kohut 1988)가 1988년 발표한 미 언론의 신뢰도 조사에서 레이건은 겨우 32위를 차지함으로써 기행과 익살로 악명 높은 ABC-TV의 기자 제랄도 리베라(Geraldo Rivera)보다도 낮은 점수를 얻었다.

신뢰도가 높은 순서대로 주요 언론사 및 언론인을 살펴보면, 1위는 CBS-TV 앵커맨 월터 크롱카이트, 2위는 CBS-TV 앵커맨 댄 래더(Dan Rather), 3위는 ABC-TV 앵커맨 피터 제닝스(Peter Jennings, 1938~2005), 4위는 ABC-TV의 '나이트라인'의 진행자 테드 코펠(Ted Koppel), 8위는 NBC-TV 앵커맨 톰 브로코, 14위는 『타임』, 18위는 『뉴스위크』, 22위는 AP(Associated Press)통신, 31위는 『USA 투데이(USA Today)』, 32위는 로널드 레이건, 39위는 주간지 『내셔널 인콰이어러(The National Enquirer)』 등이었다.

그럼에도 레이건이 누리는 높은 호의도는 여전히 큰 힘을 발휘했다. 1987년 5월 스타크함(USS Stark) 피격 시 사망한 37명의 해군 합동 장례식장에서도 레이건의 진가는 유감없이 나타났다. 그는 스타크함을 비행기라고 부르는 실언을 범하긴 했지만, 그건 전혀 중요한 문제가 아니었다. 숙연한 분위기의 장례식이 거행된 플로리다의 해군기지에서, 아버지를 잃은 어린 소녀를 껴안는 레이건의 눈에 눈물이 가득 고여 있었으며 이 감동적인 장면을 거의 모든 국민들이 텔레비전을 통해 지켜보고 있었다는 점이 훨씬 중요한 의미를 지녔다.

레이건의 눈물은 콜럼비아대학 역사학과 교수 헨리 그라프(Henry F. Graff 1987)에게 전혀 다른 의미를 부여했다. 그라프는 1987년 5월 27일자 『뉴욕타임스』 기고를 통해 '대통령은 목사가 아니다'라는 이색적인 주장을 전개했다. 뜨거운 포옹과 눈물을 잘 구사하는 레이건의 목사 노릇을 비판하고 나선 것이다. 레이건이 꼭 쇼맨십을 부리고 있다는 뜻이 아니라, 그런 관행이 대통령의 고유 임무 중 하나로 정착될 경우 생겨날 위험에 대해 경고한 것이다. 그러한 상징적인 정치 행위는 텔레비전 때문에 생겨난 것인데, 텔레비전 앞에서 목사 노릇을 잘 못하는 사람들은 대통령이 될 자격이 없단 말이냐고 그래프 교수는 반문했다.

"레이건 재임 때 '이란-콘트라 사건' 묵인"

레이건은 과연 '이란-콘트라 사건'을 사전에 몰랐을까? 진실은 4년후에 밝혀졌다. 1991년 10월 올리버 노스는 저서를 통해 "레이건 대통령은 이란 측의 무기구입과 니카라과 반군을 위한 민간주도 무기 공급과 관련해 매우 많은 것을 알고 승인했을 뿐 아니라 정기적으로 양측에 관한 상세한 보고를 접수했다"고 말했다. 또 그는 이란-콘트라 사건에 관한 자신의 저서를 홍보하기 위한 ABC-TV 〈나이트라인〉 뉴스 프로그램에 출연해 백악관이 레이건을 보호하기 위한 희생양으로 자신을 이용했다면서 "문자 그대로 나를 파괴하기 위한 행정부의 구체적인 노력이 있었으며 이들은 가능한 모든 방법을 동원해 나의 명성을 손상했다"고 주장했다.

1994년 1월 18일 이란-콘트라 사건 최종 보고서가 발표되었다. 이 사건이 외부에 공개된 1986년 11월 이후 법원에 의해 임명돼 7년간 사건 수사를 진두지휘해온 로런스 월시(Lawrence E. Walsh) 특별검사는 기자회견을 열고 로널드 레이건 당시 대통령과 조지 H. W. 부시 부통령을 형사소추할 만한 근거는 발견하지 못했으나 "이들이 대 이란 무기밀매와 콘트라 반군 지원에 대해 분명히 알고 있었고 사건이 폭로된 이후에는 자신들의 개입 사실을 의회와 국민 앞에서 은폐했다"고 발표했다. 레이건은 이후로도 미국인들의 사랑을 누린다.

참고문헌 Alter 1986, Boot 1987, Current Biography 1988, Graff 1987, Grevatt 1987, Griffith 1987, Kornbluh 1987, Martz 1987, Morley 1987, Neuman 1987, O'Connor 1986, Ridings & McIver 2000, Robinson & Kohut 1988, Safire 1988, Schlesinger 1987, Stengel 1986, Wilenz 1987, Will 1988

제4장
'팍스 아메리카나'의 정치학

지구촌 평화는 가능한가?
군수부정 스캔들

레이건-고르바초프 회담

"오늘날 우리는 인류 역사상 가장 강대한 군사력을 목격하고 있다. 이를 위해 1981년에 약 1600억 달러, 1987년에는 약 3000억 달러의 군사비를 지출했다. 이 액수는 7년간 1조 6000억 달러에 달해 납세자 한 명당 1만 2000달러를 부담한 꼴이 된다. 만약 예수 탄생일부터 돈을 하루 100만 달러씩 썼다고 해도 그 총액이 과거 7년 동안 쏟아부은 군사비의 반에도 못 미칠 정도다."(사루야 가나메 2007)

1987년 하버드대학 교수 J. 래리 브라운이 출간한『현대 미국의 기아(Living Hungry of America)』의 책머리에 전미보험위생협회 회장 빅터 사이델(Victor W. Sidel) 박사가 기고한 글의 일부 내용이다. 사이델만 그런 문제의식을 품지는 않았으리라.

1987년 12월 7일 워싱턴에서 다시 만난 레이건과 고르바초프는 소련 미사일 1752기, 미국 미사일 835기를 상호 감시하에 폐기하는 중거리핵무기제한협정(INF)에 조인했다. 1986년 1월 고르바초프가 모든 핵무기를 제거하자는 극적인 제안을 했던바, 레이건으로선 그 제안을 마냥 무시하기는 어려웠다. 그래서 1986년 10월 11일 아이슬란드의 레이캬비크(Reykjavik)에서 미·소 정상회담이 열렸었지만, 레이건이 '별들의 전쟁'을 포기할 수 없다고 함으로써 아무런 성과를 거두지 못했다. 그러다가 1년여 후에 워싱턴에서 위 협정이 성사된 것이다. 이 협정은 전 세계적으로 격찬 받았지만, 성급한 결정이었다. 소련은 물론 미국 내에 이미 뿌리박힌 군국주의형 산업 및 경제구조의 변화 없이, 생산된 미사일을 일부 폐기하는 것은 신제품 개발을 위한 재고품 정리에 지나지 않았기 때문이다.

군사경쟁을 완화하기 위한 미·소 정상회담은 늘 집권 정치인들의 개인적 정치무기로 이용되어왔다. 1950년 이래로 미·소 정상회담이 있을 때마다 미 대통령의 지지도는 평균 1.5퍼센트 상승되는 것으로 나타났다. 미미한 변화임에 틀림없다. 그러나 어떻게 연출해내느냐에 따라 그 결과는 크게 달라지며, 레이건이 바로 그 점을 증명했다. 1987년 11월 3일 백악관 자체조사 결과 레이건의 지지도는 49퍼센트였다. 정상회담이 막 열릴 무렵인 11월 30일 54퍼센트로 상승했으며, 회담 직후 64퍼센트 그리고 수일 후인 12월 13일엔 67퍼센트로 상승하여, 레이건은 이란-콘트라 스캔들 이전의 지지도를 얻어낼 수 있었다.(Barnes 1988·1988a)

레이건과 고르바초프는 또 예전처럼 1988년 신년사를 텔레비전을 통해 상호 교환함으로써, 이 역사적 군축개가를 더욱 돋보이게 만들 계획을 세웠다. 텔레비전 방송사들은 그러한 백악관의 계획이 뉴스

가치가 별로 없는(따라서 경제적 타산이 맞지 않는) 레이건의 정치적 선전에 지나지 않는다고 판단하고 텔레비전 중계를 꺼려했지만, 결국 백악관의 압력에 굴복해 '악의 제국'이라 불린 소련 고르바초프의 신년인사를 미국 안방에 전달하는 정치 이벤트를 떠맡았다.

고르바초프의 미국 방문에 뒤이어 소련을 방문한 레이건은 1988년 5월 31일 모스크바대학에서 행한 연설에서, 미국 언론의 자유를 예찬하고 커뮤니케이션 기술혁명을 역설하면서 만약 소련이 정보의 자유를 보다 폭넓게 허용치 않으면 그 커뮤니케이션 혁명의 이득을 향유할 수 없을 것이라고 주장했다.(Roberts 1988b)

그간 레이건과 고르바초프의 수차에 걸친 정상회담에 대한 텔레비전 중계는, 정치에 있어서 좋은 이미지가 실질적인 정책보다 더 중요할 수 있다는 교훈을 다시 한번 일깨웠다. 하버드대학 언론연구소 소장인 마빈 칼브(Marvin Kalb 1988)는 '이러한 정상회담에서의 승자는 레이건과 고르바초프 두 사람이며 패자는 양국의 국민들'이라고 주장했다. 텔레비전 중계가 정상회담을 실절적인 알맹이보다는 보이기 위한 의식에 더 치중하게 만들었으며, 기자들 역시 사소하고 흥미 위주의 감각적 질문만 던지느라 바빴지 문제의 본질적 핵심에는 전혀 접근치 못했다는 것이다.

사실 레이건과 고르바초프의 미·소 관계는 역사상 유례없는 이미지 정치의 국제적 대결관계였다. 고르바초프 역시 레이건 못지않은 이미지 정치의 신봉자이자 실천가로, 그는 매스미디어 전문 보좌관팀을 구성하여 그들로부터 전문적인 지도를 받았다. 레이건의 이미지 정치술을 엿볼 수 있는, 레이건이 등장하는 모든 비디오테이프를 교재로 하여 고르바초프의 보좌관들은 제스처, 표정, 말투에 이르기까지 철저하게 그를 교육시켰다.(Brancaccio 1988) 후일 고르바초프의 몰락은 이미지에 대한 그런 지나친 집착 때문이었을지도 모르겠다.

미·소 정상회담 이후 워싱턴을 강타한 사상 최대의 군수부정 스캔들은 레이건과 고르바초프 듀엣이 엮어낸 동서 화해 무드가 과연 얼마만큼 항구적인 제도적 뒷받침으로 전환될 수 있을지에 대해 깊이 회의하게 만들었다.

군수산업의 비대화

1988년 7월 3일 이란-이라크 전쟁 중에 성조기를 게양한 이라크 선박을 호위하던 미 해군함정 빈센스(Vincennes)호가 페르시아만 상공을 비행 중이던 이란 민간항공기를 격추해 298명의 무고한 인명을 앗아간 사건이 벌어졌다. 미국 정부는 민항기를 미그 25기로 오인했다고 주장했지만, 국제사회는 이런 변명을 믿지 않았다.

레이건 대통령은 미 해군 여객기 공격은 "납득할 만한 사건"이며, 이로 인해 "페르시아만에 대한 미국의 정책을 수정하는 일은 없을 것"이라고 말했다. 그는 또한 이 사건은 5년 전 소련의 KAL기 격추사건과 비교될 성질의 것이 아니라고 강조했다. 1990년대 들어서도 국제적으로 비난 여론이 계속 들끓자, 후임 대통령인 부시는 1992년 7월 1일 한 공개석상에서 "나는 절대로 사과하지 않을 것이며 사건의 내막에 대해서 관심도 없다"고 일축했다.(황성환 2006)

이 사건은 미국 언론의 국제문제 보도에 관한 리트머스시험지로 등장했다. 언론연구가 레온 시걸(Leon V. Sigal)의 조사에 따르면 모든 미국 뉴스의 75퍼센트는 정부관리들에게서 나오며 기자들 자신의 분석을 토대로 한 뉴스는 1퍼센트가 채 안되는 것으로 나타났다.(Bennett 1988) 이러한 상황에서 사건을 보도하는 미 언론의 태도는 레이건 행정부가 원하는 대로 '왜 그런 오해가 일어났는가' 하는 기술적 문제에만 집착했다. '미스터리' 라는 것이다.

이 사건은 결코 미스터리가 아니었다. 이란기 격추가 고의였는가 실수였는가에 문제의 초점을 맞추는 것은 문제의 핵심을 외면한 처사였다. 문제는 정교한 전자장비에 관한 기술적인 부분이 아니라, 그런 유형의 사고 위험을 늘 안고 있는 페르시아만에 왜 미군 함정이 비상 대기 상태로 머물러 있어야 했던가 하는 본질적인 것이어야 했다.

혹자는 레이건 행정부의 호전적 대외정책은 '군산복합체(military-industrial complex)' 의 공고화에 따른 군비증강의 필연적 결과였다고 이야기한다. 공급이 수요를 창조하는 '세이의 법칙(Say's law)' 이 여기에서도 적용되고 있었다는 것이다. SDI의 경우에서 잘 입증됐듯이 군산복합체의 위력은 실로 대단했다. 보잉(Boeing), 제너럴 다이내믹스(General Dinamics), 노스럽그러먼(Northrop Grumman Corporation)사 등을 비롯한 군수계약 5대 업체는 기업 이윤의 90퍼센트를 연방정부 계약에 의존했으며, 군사기밀 보호를 내세워 상당수의 수억 달러짜리 계약이 경쟁 없이 이루어져 이는 부정의 온상이 되었다.

또한 이들 군수업체는 제3세계의 군부독재 정권과도 밀접한 유대를 맺으며, 제3세계의 민주화를 실질적으로 방해하는 역할을 했다. 1988년 한 해에 미국이 제3세계에 판매한 각종 군수품은 150억 달러에 달했다. 강대국의 무기수출로 인해 제3세계에서 벌어지는 모든 전쟁은 궁극적으로 미국과 소련의 주머니를 채우는 역할을 한 것이다.

1980년 미국의 전체 연구개발 자금의 50퍼센트가 군사적 목적에 사용되었는데, 이 수치는 레이건 행정부 집권 말년에 73퍼센트로 상승했다. 레이건이 구축한 이런 군사경제 구조는 앞으로 그 누구든 미국의 대통령이 되고자 하는 자는 대외정책에서 호전적인 매파의 길을 걷지 않을 수 없게 하는 족쇄가 될 것이라는 주장도 불거졌다. 군사와 경제가 분리될 수 없는 상황에 이르렀다는 것이다.

제3세계 내의 모든 분쟁이 종식된다면 미국 내의 파산기업은 엄청난 규모에 이를 것이며, 미국은 신무기를 실험할 장소도 잃게 되는 터라, 미국이 세계 평화를 위해 애쓰리라는 기대는 하지 않는 편이 좋다는 주장도 있다. 그렇다고 해서 미국의 군사산업경제 구조의 이득이 미국인 모두에게 돌아가는 것도 아니었다. '군사케인즈주의(military Keynesianism)'로 불린 레이건의 군비증강정책은 일부 자본집약적 고도기술에만 재미를 보게 했을 뿐, 미 연방정부 적자폭을 악화시켜 그 부담을 빈민층을 포함한 전 미국인에게 전가했으며 군국주의 문화의 위험마저 몰고 왔다.(Piccone 1987-1988, Piccone & Zaslavsky 1981-1982)

민간단체인 미 방위정보센터의 한 보고서는 많은 미국인이 군사행동에 대한 지지를 애국심과 동일시하며, 군을 찬미하는 일이 늘어나고 있다고 경고했다. 또한 이 보고서는 레이건 행정부가 사회투자를 줄여 가면서 군사계획에 거액의 자금을 계속 쓰고 있다면서, 이 같은 자원 전용은 미군이 마땅히 수호해야 할, 미국이 소중하게 여기는 가치를 위협할 것이라고 경고했다. 이러한 군국주의 바람을 타고 〈람보〉 시리즈를 비롯한 폭력적 연예물이 대거 등장했으며, 이들은 또 역으로 군국주의 경향을 강화하고 있다고 이 보고서는 지적했는데, 전쟁 비디오 게임, 군사용어, 군복이 민간인들 사이에 유행한 것은 결코 우연이 아니라는 것이다. 특히 반소 영화들은 소련인에게는 인간성이 없고 미국인이 모든 점에서 소련인보다 우월하다는 생각을 불어넣고 있다는 것이다.

군수부정 스캔들

1988년 6월 FBI는 국방성 간부 20여 명의 사무실과 15개 군수산업체를 기습적으로 수색하고 연방대배심은 또 다른 관리 및 군수업체의 서류와 증인에 대해 총 250건에 이르는 소환장을 발부했다. 조사의 초점은 전투폭격기 등 신병기의 정부조달을 둘러싸고 치열한 경쟁을 벌이는 군수업체들에 국방성 관리들이 라이벌 업체들의 응찰가격 정보를 팔아먹었다는 데에 맞추어졌다. 존 리먼(John F. Lehman, Jr.) 전 해군장관은 수사당국의 조사 착수 사실을 사건 관련자에게 흘려 수사를 방해했는가 하면 와인버거 전 국방장관과 미즈 법무장관이 이 부정사건에 관련된 혐의를 받아, 군수부정이 그 누구도 감히 정확히 밝혀낼 수 없는 레이건 행정부 자체의 구조적인 문제임을 시사했다.

레이건 행정부는 역대 행정부들 가운데 가장 부패한 정권 중 하나로, 레이건 재임 시 이미 100여 명이 넘는 대통령 임명직 고위관리들이 부정혐의로 조사를 받았다. 레이건은 1981년 취임연설에서 '작은 정부'를 외치며 '정부가 문제해결을 할 수 있는 것이 아니라 바로 정부 자체가 문제다'라고 한 자신의 말을 엉뚱한 방향으로 스스로 입증하고 말았다.

1988년 7월 5일 레이건의 충복 미즈 법무장관의 전격사임은 상징적인 의미에서 레이건 시대의 종언을 고하고 있었다.(미즈의 후임으로 전 펜실베이니아 주지사 딕 손버그가 임명되었다.) 미즈는 군수산업 스캔들 이전에도 뇌물수수 혐의로 14개월 동안 검찰의 조사를 받아왔는데, 1988년 3월 29일에는 미즈의 밑에서 일하는 차관, 차관보와 네 명의 측근이 미즈의 스캔들로 인해 법무부가 큰 피해를 보고 있다며 집단 사표를 내기도 했었다.

미즈는 인권운동을 벌이는 민권연맹을 '범죄자들의 로비', 찰스 디킨스 소설의 주인공 스크루지를 '언론횡포의 희생자', 사건추적 기자들을 '장물아비'라고 부르는 등 고의적 실언으로 좌충우돌을 일삼은 인물이었다. 레이건은 그간 주위의 온갖 비난에도 아랑곳하지 않고 미즈를 절대적으로 지지해왔었다. 신문에 미즈의 사임소문이 떠돌면, 일부러 텔레비전 카메라 앞에서 미즈를 껴안는 장면을 보여주는 등 미즈를 끔찍이도 위했다. 그러한 미즈의 사임은 레이건 주위에 남아 있던 마지막 '캘리포니아 마피아'의 퇴장을 그리고 '레이건의 분신'의 사임을 의미하는 것이기도 했다.(Johnson 1986, Stockman 1986)

이제 퇴임을 6개월 앞두고 레이건이 할 일은 부통령 부시를 차기 대통령에 당선시키는 데에 일조하여 자신의 실정이 더 이상 드러나지 않게 하는 것 그리고 역사에 어떻게 기록될 것인가를 염두에 두고 마지막 한판, 멋진 정치 이벤트를 벌이는 게 아니었을까? 레이건은 두 가지 일을 다 이루어낸다. 부시는 대통령에 당선되었고, 레이건은 퇴임 전 리비아 폭격을 또 한번 단행함으로써 미국의 세계적 패권을 재확인하는 라스트 신을 연출했다.

"탐욕은 건전한 것입니다"

1987년 5월 27일자 『타임』은 표지기사로 레이건 행정부의 부정부패에 대한 특집을 싣고, 미국인의 윤리의식에 대한 근본적인 의문을 제기했다. 그해에 나온 영화 〈월스트리트(Wall Street)〉에서 주인공인 기업 사냥꾼 고든 게코(Gordon Gekko)는 연설에서 "신사숙녀 여러분, 제 말의 요점은, 탐욕은 좋다는 것입니다. 탐욕은 도움이 되며 탐욕은 옳은 것입니다"라고 주장한다. 실존 인물인 월스트리트의 유명한 기업사냥꾼 이반 보에스키(Ivan F. Boesky)는 1986년 버클리대학 경영대학원 졸업식 축사에서 "탐욕을 가져도 좋습니다. …… 탐욕은 건전한 것입니다. 스스로 탐욕스럽다고 인정하면서도 자신에 대해 편안함을 느낄 수 있습니다"라고 말했었다.(Krugman 2003, Singer 1996)

비단 게코나 보에스키뿐만이 아니었다. 1980년대는 탐욕이 예찬 받던 시대였다. 과연 '윤리적인 탐욕'은 가능한 것이었을까? 그게 어렵다는 것은 종교계에서도 확연하게 드러났다. '종교의 상품화'는 레이건 시대에 최고조에 이르렀다.

1988년 조사에 따르면, 미국 인구의 20퍼센트인 3400만 명이 매주 텔레비전의 종교 프로그램을 시청하고, 그의 배에 해당하는 6800만 명이 적어도 한 달에 한 번 이상 시청하는 것으로 나타났다. 기독교는 과거엔 비판의 대상으로 삼던 음악까지 선교의 수단으로 끌어들였다. 1987년경 기독교 팝 레코드의 총 판매가 3억 달러어치(총 레코드 시장의 8퍼센트)에 달한 가운데, 수많은 헤비메탈 그룹마저 기독교 이미지를 등에 업고 나왔다. '천국의 록 그룹'으로 알려진 '스트라이퍼(Stryper)'는 절정에 올랐을 때 관중들에게 성경책을 집어던지는 이벤트 연출로 인기를 누렸다.

텔레비전 목회는 하나님께 기도드리는 것이 아니라 텔레비전에게 기도하는 것이며 지역교회를 파괴한다는 비판도 제기되었지만, 그런 비판을 무색하게 만들 스캔들이 1980년대 후반에 잇따라 터지기 시작했다. 1987년 3월 사업 확대로 재정난을 겪던 오럴 로버츠(G. Oral Roberts, 1918~2009) 목사는 그 달 말까지 800만 달러가 모아지지 않으면 하나님이 자신의 생명을 가져갈 것이라는 계시를 받았다고 주장했다. 그를 두고 자신을 인질로 한 시한부 몸값 요구는 사기가 아니냐는 쓴소리가 오갔다.

또 짐 배커(Jim Bakker)는 텔레비전 목회로 엄청난 돈을 벌어 사우스캐롤라이나에 '헤리티지 유에스에이(Heritage U.S.A.)'라는 거대 오락시설을 지어 논란을 빚었다. 디즈니랜드를 방불케 한 오락시설엔 곳곳에 기도 장소가 마련되긴 했지만 고급호텔, 쇼핑센터, 사우나 시설 등이 들어섰다. 배커는 여성문제 스캔들과 더불어 횡령 스캔들까지 일으켰다. 배커는 '주님을 찬양하라(Praise the Lord)'라는 기독교단체를 이끌면서 200만 달러의 봉급을 받고 있었음에도 여러 모로 뒷주머니를 챙긴 사실을 후임자인 제리 파월이 폭로했다. 배커를 집중적으로 비난한 텔레비전 목회자 지미 스왜거트(Jimmy L. Swaggart)도 곧이어 배커의 동료의 고발로 스캔들이 폭로되는 등 종교계는 그야말로 아수라장을 방불케 했다.(김종서 2002)

정신주의와 물질주의의 기묘한 결합을 말해주는 미국적 풍경으로 볼 수 있겠다. 스스로 탐욕스럽다고 인정하면서도 자신에 대해 편안함을 느낄 수 있다고 해서 탐욕이 건전하다고 말할 수 있을까? 생각해

보면 '아메리칸 드림'은 사실상 건전하건 건전치 않건 바로 그 탐욕을 뜻하고 있고, 그 탐욕으로 미국은 번영과 승리의 제국이 될 수 있지 않았겠는가. 영화 〈월스트리트〉의 후속편인 〈월스트리트: 머니 네버 슬립스(Wall Street: Money Never Sleeps)〉(2010)에서 게코가 감옥에서 풀려나고 다시 금융가로 돌아오는 장면은 바로 이런 대목을 시사하는 건 아닐지. 탐욕은 미국의 명암(明暗)이리라.

참고문헌 Barnes 1988 · 1988a, Bennett 1988, Brancaccio 1988, Current Biography 1988, Johnson 1986, Kalb 1988, Krugman 2003, Piccone 1987-1988, Piccone & Zaslavsky 1981-1982, Roberts 1988b, Schweizer 1998, Singer 1996, Stockman 1986, Time 1987, 김종서 2002, 사루야 가나메 2007, 황성환 2006

"레이건은 마술사와 같은 존재"
낸시와 리건의 권력투쟁

백악관을 지배한 점성술

군수부정 스캔들이 일어나기 전인 1988년 5월 출판된 전 비서실장 도널드 리건(Donald T. Regan 1988)의 자서전은 『뉴욕타임스』의 1면 박스 기사를 장식했고, 『타임』이 12만 5000달러를 주고 책의 일부를 독점게 재하는 등, 워싱턴 정가는 물론 전 세계적인 화제를 불러일으켰다.

특히 레이건의 공식 일정이 낸시의 점성술사의 손에 달렸다는 리건의 폭로는 워싱턴의 농담거리로 등장했다. 낸시는 레이건의 주지사 시절부터 샌프란시스코에 거주하는 조앤 퀴글리라는 여점성술사로부터 끊임없이 조언을 받아왔다는 것이다. 한번은 낸시가 점성술사로부터 지시를 받을 수 없게 되자 레이건의 일정을 연기한 적이 있었다. 낸시는 리건에게 점성술사의 엄마가 죽었다며 "왜 모친의 사망이 천리를 내다보는 그녀에게 놀랍게 받아들여지는 것인지 이해할 수 없다"고 말했다고 한다.

낸시는 세인의 비웃음에도 아랑곳하지 않고, 대변인을 통해 레이건의 일정은 앞으로도 점성술사의 조언에 따라 결정될 것이라고 재천명했다. 레이건은 자신은 점성술을 믿지 않는다고 공언했지만, 전 비서실차장 마이클 디버(Michael K. Deaver 1987)에 따르면 레이건 역시 백악관에 링컨의 유령이 있을지도 모른다고 이야기하는 등 "구제불능일 정도로 미신을 믿는다"는 것이다.

4명의 보좌관과 3명의 공보비서를 거느린 낸시를 비판자들은 '권력과 사치에 굶주린 권모술수의 지배자'로 불렀다. 이러한 표현은 남편 레이건에게 헌신적인 그녀의 입장에선 가혹하게 들릴지 모르지만 아마도 자신의 성격 탓에 나온 말이리라. 그녀는 레이건의 첫 번째 취임식 때의 사치로 사회적 지탄을 받았으면서도, 두 번째 취임식 때 역시 4만 6000달러짜리 초호화 가운을 입고 나타나는 고집 센 여인이었다. 낸시는 수시로 백악관 업무에 관여했는데, 그녀와 절친한 사이였던 디버마저 그 간섭에 한숨을 내쉴 정도였다고 한다. 하루에도 몇 번씩 디버에게 전화를 걸어 백악관 업무에 간섭하던 낸시는 어떤 날에는 하루에 열두 번이나 전화를 걸어 귀찮게 했다나.(Speakes 1988)

낸시는 『워싱턴포스트』 칼럼니스트인 조지 월을 비롯하여 자신에게 충성을 다하는 여러 언론인들을 거느리고 있었다. 그녀는 이 언론인들을 통해서도 정치에 적극 참여했는데, 레이건에게 직접 말하기 곤란할 때면 이들을 이용했다. 즉 기자 또는 칼럼니스트 들에게 정보를 흘려주면 그것이 신문 또는 텔레비전에 오를 테고, 레이건이 이를 알게 되리라는 계산이었다.(Regan 1988)

레이건은 언론의 속성을 제법 알고 있으면서도 활자화된 글에는 신

빙성을 부여하는 경향이 있어, 낸시의 이 방법은 매우 유효했다. 비서
실장 리건 역시 낸시의 이런 수법 탓에 사임하는 운명에 처하고 말았
다. 리건은 백악관의 실권을 장악하여 아이젠하워의 분신 노릇을 하며
막강한 권력을 행사했던 셔먼 애덤스(L. Sherman Adams, 1899~1986)에
비유되었지만, 낸시 앞에서는 무력한 존재일 수밖에 없었다.(Church
1985a)

레이건과 낸시의 관계

낸시가 레이건에게 직접적으로 미치는 영향 또한 지대했다. 기자들이
곤란한 질문을 던질 경우 옆에 있는 낸시는 적당한 답을 레이건의 귀
에 속삭여준다. 물론 레이건은 낸시의 답을 앵무새처럼 되뇐다. 그런
장면이 기자들에게 몇 번이고 적발됐다.(Donaldson 1987)

또한 낸시는 레이건의 정신적 지주였다. 레이건에게는 친한 친구들
이 많은 것 같지만, 자신의 속마음을 다 털어놓는 상대는 낸시뿐이라
는 것이다. 레이건은 평소 절친한 친구인 영화배우 윌리엄 홀덴
(William Holden, 1918~1981)이 사망했다는 비보를 접해서도, 홀덴의 집
에서 거행한 낸시와의 결혼식만을 회상했을 뿐 얼굴에 슬픈 빛은 전
혀 보이지 않더라며, 래리 스피크스(Larry Speakes 1988)는 그의 자서전
에서 밝혔다.

영국을 방문했을 때에도 레이건은 엘리자베스 여왕(Elizabeth II)과
함께 기자들 앞에 나설 때, 영국 왕실의 의전을 어기고 멀리 서 있던
낸시를 불러 셋이 나란히 나타남으로써 영국인들의 분노를 샀는데,
그 정도로 레이건과 낸시는 피차 서로를 지향하는 삶을 사는 사람들

낸시는 배우 생활을 갓 시작한 1949년, 할리우드 공산주의자 명단에서 자신을 빼달라고 도움을 청하며 당시 영화배우조합 위원장 로널드와 인연을 맺었다.

이었다. 영화배우 제임스 스튜어트(James M. Stewart, 1909~1997)가 남긴 명언이 있다. "레이건이 낸시를 좀 더 일찍 만났더라면 아카데미상을 타는 일류 배우가 되었을 텐데."(Woodward 1987)

그렇게 아내를 끔찍하게 사랑하는 레이건이 리건의 폭로성 자서전에 가만히 있을 리 없었다. 웬만해서는 기자들 앞에서 화를 내지 않는 레이건도 리건의 책이 자신보다는 낸시에 대해 더 공격적이라고 판단해서였는지, 리건의 책을 '배신행위'라고 비난하며 분노를 표시했다.

리건의 책은 낸시의 점성술 탐닉을 폭로한 것으로 세상에 널리 알려져 있지만, 그것보다는 레이건의 통치 스타일에 대한 세간의 평을 재확인해준 데에서 더 큰 의미를 찾을 수 있다. 낸시의 역할도 그런 시각에서 이해되어야 함은 물론이다.

리건은 백악관 비서실장이 되기 전 4년간 재무장관으로 있으면서 레이건과 단 둘이 만나 경제문제를 의논한 적이 단 한 번도 없다고 썼다. 백악관으로 옮긴 뒤 리건이 관찰한 바에 따르면, 레이건은 부하들을 꾸짖은 적도 없고 그들에 대해 불평한 적도 없으며 무얼 하라고 지시를 내려본 적도 거의 없다고 한다. 레이건은 부하들이 하는 이야기를 그저 묵묵히 듣고 시키는 대로 충실히 역할을 해낼 뿐이었다는 것이다.

레이건의 이러한 통치방식이 무조건 나쁘다고만 할 수는 없다. 문제는 통치는 그의 보좌관들이 다 알아서 하지만, 정권 안정에 긴요한 국민적 지지는 레이건이라고 하는 개인의 인기에 크게 의존하고 있다는 사실이다. 대통령의 인기를 위해 국가정책이 급조되거나 국가정책의 수행을 위해 대통령의 인기를 올려놓아야 하는 악순환이란 여론정치의 대가치고는 가혹했다.

리건의 책은 곧 베스트셀러 1위로 등장했으며, 리건에게 100만 달러의 고료를 지불했던 출판사 하쿠르트 브레이스 조바노비치사는 이 책 하나로 경영부진에서 회복하는 상승세를 보였다. 레이건에 대한 일반인들의 관심이 그만큼 컸다는 뜻이다, 좋은 의미에서건 나쁜 의미에서건.

"레이건은 마술사와 같은 존재"

리건의 책은 스토크먼, 디버, 스피크스에 이어 레이건 행정부의 핵심 인물로서 레이건 통치 행태의 어두운 면을 폭로한 네 번째 책이었다. 하퍼 앤드 로우(Harper and Row)사로부터 240만 달러라는 고액의 고료를 받은 스토크먼은 『정치의 승리』에서 레이거노믹스가 미국을 더욱 어려운 경제국면으로 몰아넣은 엉터리 경제정책이었음을 시인했고, 디버 역시 자서전에서 낸시와 레이건을 예찬하는 글을 쓴 듯 보였지만 실은 레이건이 머리가 텅 빈 지적 무능력자임을 시사했다.

또 래리 스피크스(Larry Speakes 1988)는 1988년 4월에 출간한 저서에서 백악관대변인 시절, 레이건이 하지도 않은 말을 두 번이나 꾸며내

레이건 행정부 2기 주요인사들. 첫째 줄 맨왼쪽이 도널드 리건, 둘째 줄 왼쪽에서 세 번째가 데이비드 스토크먼.

기자들로 하여금 레이건의 발언으로 인용케 했다고 폭로했다. 스피크스는 KAL기 격추 당시 긴급국가안보회의에서 슐츠 국무장관이 한 말을 레이건이 한 말인 것처럼 꾸몄는데, 그 이유인즉슨 레이건이 회의 내내 단 한마디도 하지 않았기 때문이라는 것이다. 또 1985년 제네바 정상회담 때는 "많은 견해차가 있겠지만 오늘 우리 둘의 만남으로 전 세계의 숨통이 트일 것을 믿어 의심치 않는다"는 말을 스스로 지어내 레이건의 말처럼 꾸몄는데, 기자들에게서 레이건보다 더 인기를 누리고 있는 고르바초프를 의식해서였다는 것이다. 스피크스의 고백은 백악관의 분노를 자아냈을 뿐만 아니라 사회적으로 큰 물의를 일으켰는데, 그 여파로 증권사 메릴린치(Merrill Lynch)의 부사장으로 있던 스피크스는 자진 사표를 내기에 이르렀다.

정권 말기 현상이었다. 도널드 리건의 보좌관을 지낸 마틴 앤더슨(Martin Anderson 1988)도 리건의 책이 나온 때와 비슷한 시기에 책을 출간했는데, 이 책에도 레이건에 관한 놀랄 만한 에피소드가 실렸다. 1982년 6월의 일이라고 한다. 당시 이스라엘은 베이루트에 무차별 폭격을 가하고 있었지만, 레이건 행정부는 이를 방관했다. 무차별 폭격으로 어린이들마저 죽어 나가자 분노한 백악관비서실 차장 마이클 디버는 레이건에게 사임 의사를 밝혔다. 디버의 말을 듣고서야 베이루트에서 무슨 일이 벌어지고 있는지를 알아차린 레이건은 즉시 이스라엘 수상 메너햄 베긴(Menachem Begin)에게 전화를 걸어 폭격을 중단하라고 했다. 실제로 이 전화 한 통으로 폭격이 중단되자 레이건은 이렇게 말했다나. "나한테 그런 권력이 있는지 몰랐어."(Reich 1988)

『뉴욕타임스』의 칼럼니스트인 앤서니 루이스(Anthony Lewis 1988)는 레이건은 이란-콘트라 스캔들과 부하들의 잇단 폭로성 저서의 출간으로 곤경에 처했지만, 아직도 마술사와 같은 존재이며 내일 당장 선거를 한다 하더라도 그는 또 당선될 것이라고 장담했다. 왜 미국 국민들이 그토록 어리석은 대통령을 좋아할 만큼 어리석을까— 이 의문은 후세의 역사가들만이 대답할 수 있을 것이라고 했다.

그러나 이 의문은 부분적으로나마 당장 풀 수도 있다. 세상은 원래 무질서하고 위험한 곳이라는 생각에 사로 잡혀 있는 사람일수록 대통령이라는 직책 또는 제도에 큰 의미를 부여하게 마련이다. 전 세계 다른 국가에 비해 놀라운 부와 풍요를 누려온 미국의 상류층과 중산층들이 제3세계의 목소리가 드높게 일고 있는 국제관계를 두려운 시선으로 보는 것은 당연한 일이며, 그러한 국제관계에서 미국의 패권을 영속화하겠다는 레이건의 팍스 아메리카나(Pax Americana)가 꽤 매력적으로 보일 것이라는 점 그리고 그러한 목표 달성을 위해 '레이건은 위대해야만 한다'는 그들의 당위가 '레이건은 위대하다'는 환상으로 발전되었으리라고 볼 수 있을 것이다.

그 어떤 문제에도 불구하고 고위 공직자들이 개인적인 정실에 얽매이지 않고 대통령의 치부를 폭로할 수 있는 미국의 풍토와 문화, 이것이 정녕 미국과 미국인의 장점이자 강점은 아닐까? 사실 이렇게 미국식으로 폭로하고 들면 대통령들 가운데 어리석지 않은 사람이 얼마나 있을까?

"레이거노믹스에 돌을 던져선 안 된다"

정작 흥미로운 점은 레이건의 이미지 정치에 대한 재평가가 20여 년

후 민주당을 지지하는 사람들이 "미국 진보세력은 왜 선거에서 패배하는가?"라는 물음에 답하는 과정에서 이루어졌다는 사실이다. 그런 재평가를 선도한 이가 언어학자 조지 레이코프(George Lakoff 2006)다. 그는 레이건의 방식이 선거 승리에 유리하다는 것, 즉 현대 정치의 속성을 인정하면서 레이건을 배울 것을 민주당에 강력히 촉구했다.

레이코프는 "레이건은 이슈보다는 가치를 이야기했다. 구체적인 정견보다 가치의 전달이 중요했다. 레이건은 사람들과의 관계를 중시했으며, 의사소통에 능했다. 레이건은 또한 진실한 사람으로 보였다. 즉 그는 자신이 한 말을 믿는 사람으로 보였다. 그리고 레이건이 자신의 가치를 이야기하고 사람들과의 관계를 중시하고 진실한 사람으로 보였기 때문에, 사람들은 그를 신뢰할 수 있다고 느꼈다"며 다음과 같이 말한다.

"우리가 레이건에 대해 어떤 모습을 떠올리든지, 이것은 지난 사반세기 동안 보수주의자들에게는 승리의 공식이 되었다. 진보주의자들은 이 공식에서 배울 필요가 있다. 정치는 가치의 문제이자 의사소통의 문제이며, 후보자가 옳은 일을 수행할 것으로 믿는 유권자들의 문제인 동시에 후보자의 세계관에 대한 믿음의 문제, 그 세계관과의 동화의 문제다. 또한 정치는 상징성의 문제다. 이슈는 이차적인 것이다. 즉 이슈는 부적절하거나 사소한 게 아니라 이차적인 것이다."(Lakoff & Rockridge 2007)

또한 좀 더 거시적으로 보면, 레이건은 물론 미국인들의 레이건 지지를 달리 볼 수도 있다. 레이건 행정부에서 백악관 경제자문위원회 의장을 지낸 하버드대학 교수 마틴 펠트스타인(Martin Feldstein 2009)은

"레이거노믹스와 대처리즘에 돌을 던져선 안 된다"고 주장한다. 그는 "30여 년 전 로널드 레이건 전 미국 대통령과 마거릿 대처 전 영국 총리는 경제 및 외교 분야의 사상과 정책에 혁명을 불러일으켰다. 그들 덕분에 오늘날 미국과 영국의 경제는 완전히 달라졌다"며 다음과 같이 말한다.

"물론 레이건과 대처를 비판하는 사람들도 있었다. 요즘 그들 중 일부는 경제위기를 기화로 세계 경제가 레이건과 대처 이전 시대로 되돌아갈 것이라는 생각까지 한다. 그러나 두 사람이 등장하기 전 미국과 영국 경제가 어떠했는지 기억하는 사람이라면, 또한 그 둘이 어떤 변화를 가져왔는지 아는 사람이라면 세계가 결코 이전 시절로 되돌아갈 수 없다는 점을 인정하게 될 것이다. …… 레이건은 옛 소련을 '악의 제국'으로 규정했고 소련의 도발에 맞서기 위해 국방 지출을 늘렸다. 소련과 공산주의의 몰락은 이 같은 미국의 정책이 극적으로 반영된 결과다."

그렇게 거시적으로 보자면 역사란 참 묘한 것이다. 오늘날까지도 '무능한 대통령'으로 낙인찍힌 지미 카터의 인권정책만 해도 그렇다. CIA국장을 지낸 로버트 게이츠(Robert M. Gates)는 1996년에 출간한 회고록 『그늘에서(From the Shadow)』에서 리처드 닉슨에서 조지 H. W. 부시에 이르기까지 다섯 명의 미국 대통령들의 대소정책을 평가했는데, 카터에게 가장 높은 점수를 준 대목이 흥미롭다. 카터의 인권정책은 당시에 지나치게 순진하다는 비난을 받았지만 소련의 정통성에 흠집을 내는 데 결정적인 기여를 했다는 것이다. 카터는 흠집을 내고 레이건은 그 흠집에 폭약을 쑤셔 넣었달까?

참고문헌 Anderson 1988, Barnes 1988, Boyd 1988, Church 1985a, Deaver 1987, Donaldson 1987, Feldstein 2009, Kakutani 1988, Lakoff 2006, Lakoff & Rockridge 2007, Lewis 1988, McDowell 1988, Regan 1988, Reich 1988, Roberts 1988 · 1988a, Speakes 1988, Woodward 1987, 정명진 1996a

"방송 저널리즘은 쇼 비즈니스"
네트워크 텔레비전의 위기

"방송 저널리즘은 쇼 비즈니스"

1980년대 후반 기존 네트워크 방송 체제는 독립방송사들의 증가로 심각한 위협을 받고 있었다. 1987년 말 3대 네트워크의 가맹사 총수는 637개였으나 독립방송사의 수는 275개에 이르렀고 그 가시청 범위도 전 가구의 85퍼센트에 달했다. 1985년 영화사 20세기폭스사를 인수한 호주 출신 언론재벌 루퍼트 머독(K. Rupert Murdoch)은 독립방송사들의 일부를 묶어 제4의 네트워크를 만들어내고자 1987년 4월 폭스방송사(Fox Broadcasting Company)를 설립하여 105개 가맹사에 방송을 내보냄으로써 제4의 네트워크를 탄생시켰다. 폭스는 1960년대에 ABC가 펼친 '젊은이 사로잡기 전략(youth strategy)' 을 공격적으로 구사했다. (Walker & Ferguson 1998)

기존 네트워크 방송사들에게는 그야말로 '내우외환(內憂外患)' 이었다. 경영이 점차 악화되자 네트워크들은 감량경영 체제로 전환하면서 우선 뉴스 예산을 대폭 삭감하는 조치를 취했다. CBS는 이미 1985년 9월에 600만 달러의 예산절감을 위해 뉴스 부문 인력 74명을 해고한 바 있었다. 600만 달러는 3대 네트워크 간판 앵커맨들의 연봉 합계에 지나지 않는 액수였으므로 전 CBS 뉴스 사장 프레드 프렌들리(Fred Friendly)는 앵커맨들은 자신들의 동료들이 해고되는 것을 가만히 보고 있지만 말고 스스로 봉급을 삭감해야 한다고 호소했다.(Alter 1985, Kelly & Kalb 1985, Schwartz 1985)

프렌들리는 그 전에도 앵커들의 고액 연봉에 대해 다음과 같이 개탄한 바 있었다. "나는 저널리스트들이 중산층에 속해야 한다고 생각한다. 만약 저널리스트가 상류층에 속하면 삶을 보는 견해가 달라지고 만다. 세금을 다르게 볼 것이다. …… 앵커들의 봉급으로 나가는 그 많은 돈은 다 뉴스 보도를 희생해 지불되는 것이다. 그 돈으로 몇 대의 카메라를 살 수 있는지를 생각하면 울고 싶어진다."

또 CBS 뉴스 사장이던 윌리엄 레오나드(William A. Leonard 2d, 1916~1994)도 이런 주장을 폈다. "이런 고액의 연봉은 뉴스 비즈니스를 왜곡하고 만다. 일개 저널리스트가 미국 대통령 연봉의 5배를 받는다는 것은 있을 수 없는 일이다. 댄 래더나 바바라 월터스나 빌 커티스를 탓하자는 게 아니다. 그런 고액의 연봉은 방송 저널리즘이 활자매체처럼 정당하고 진지한 저널리즘의 일부라는 것을, 즉 방송 저널리즘이 쇼 비즈니스가 아니라는 것을 믿는 사람들의 성실한 노력에 위배되는 것이다." 그래서 레오나드는 CBS 회장인 윌리엄 페일리(William Paley)에게 자신의 뜻을 전했다. 페일리는 "내 인생경험으론 가장 싼 것이 가장 비싼 것이 되고, 가장 비싼 것이 가장 싼 것이 되더라"고 대꾸할 뿐

이었다.(Matusow 1983)

페일리의 말은 바꿔 말하자면, 방송 저널리즘도 쇼 비즈니스라는 의미였다. 그게 어찌 페일리만의 생각이었겠는가. 방송계의 엄연한 현실이었다. 앵커들이 고액 연봉을 자진 삭감하라는 프렌들리의 호소가 아무런 성과를 거두지 못한 건 당연한 일이었다. CBS는 또 1987년 기자들을 대량 해직하고 바르샤바, 방콕, 시애틀 등 지국을 폐쇄하기에 이르렀다. 다른 네트워크들도 비슷한 조치를 취했다. 네트워크 뉴스 부문의 극도로 어려운 경제사정과는 달리 앵커맨들의 연봉은 계속 오르고 있었다.

여기서 '앵커맨의 경제학'을 좀 더 자세히 살펴볼 필요가 있다. 각 네트워크 텔레비전 뉴스 예산의 3분의 1 내지 절반은 인건비인데 이 가운데 유명 앵커들과 기자들이 차지하는 비중은 막중했다. CBS의 댄 래더는 연봉이 250만 달러며 ABC와 NBC의 저녁뉴스 앵커들도 연중 200만 달러를 기록하고 있었다. 또한 각 네트워크마다 연중 100만 달러 이상을 받는 앵커와 기자들은 10여 명이 넘었다. 보통 기자 한 명의 연봉이 수만 달러에 지나지 않는다는 점을 감안한다면 이는 엄청난 투자가 아닐 수 없었다. 또 CBS의 중소도시 지국의 운영 경비가 연 50만 달러인데 5개 지국의 운영비가 앵커 한 명의 연봉과 같은 셈이었다. CBS는 경영악화를 이유로 3개 지국을 폐쇄하고 기자들을 대량 해직하는 조치를 취하면서도 새로운 여성 앵커에게 120만 달러의 연봉을 주기로 결정해 평기자들의 분노를 샀다.(Alter 1987, Corliss 1987, Diamond 1987, Kelly 1987)

〈코스비 가족〉과 타임-워너 합병

오락 프로그램 부문에서는 마치 1950년대를 방불케 하는 퀴즈 게임쇼 열풍이 1987년부터 불기 시작했다. 이러한 복고 붐은 시추에이션 코미디의 경우에도 마찬가지였다. NBC의 시추에이션 코미디 〈코스비 가족(Cosby)〉은 등장인물이 흑인이면서도 인종문제는 전혀 다루지 않음으로써 모든 인종의 시청자들에게 어필했다. 주인공 빌 코스비(Bill Cosby)는 1991년에 1억 달러를 벌어들여 연예인 소득순위 1위를 차지한다.

〈코스비 가족〉은 1984년부터 방영돼 몇 년째 계속 시청률 1위를 기록하면서 이미 죽은 것으로 간주되던 시추에이션 코미디의 부활을 몰고 왔다. 1988년 가을 네트워크의 15개 시리즈 가운데 시추에이션 코미디는 11개나 되었다.

다른 매체들의 도전에 직면하여 활로를 뚫고자 한 네트워크들의 노력은 게임쇼, 시추에이션 코미디의 부활과 외설적이고 선정적인 경향의 강화로 이어졌다. 과거 네트워크들은 돈벌이에 혈안이 돼 있으면서도 프로그램의 품격에 최소한의 관심이라도 보였지만 이젠 체면을 차릴 때가 아니었다.

네트워크의 자체 심의부서(Standards & Practices)는 CBS와 NBC에서 해체되었고 ABC의 경우 대폭 축소되었다. 남성의 육체미를 부각하고 대부분의 장면을 남성 스트립클럽에서 광란하는 여성의 모습을 보여주는 드라마들이 크게 늘어났다. 심지어 해괴한 기행으로 유명한 사회자 제랄도 리베라는 텔레비전 토론 프로그램에서 토론자들이 싸움을 하는 바람에 코에 큰 부상을 입었으며 그로 인해 인기는 더욱 상승했다. NBC는 리베라를 여성 속옷 패션쇼의 사회를 보게 하는 등 '리베라 열풍'을 한껏 이용했다.

한편 1988년 여름 일본의 HDTV(High-Definition TV) 개발 소식은 미국 방송계는 물론 미국 정부에 엄청난 충격으로 다가왔다. 연방통신위원회(FCC; Federal Communications Commission) 위원 어빈 더간은 그 충격을 1957년의 스푸트니크 충격에 비유했으며 『뉴욕타임스』도 사설을 통해 미국의 패배에 대해 개탄했다. 미국은 서둘러 본격적인 HDTV 개발에 착수했다.(Brinkley 1997)

1989년 타임그룹(Time Inc.)과 워너그룹(Warner Communications) 사이에 이루어진 140억 달러 규모의 합병은 미국의 미디어 시장이 예측 불허의 '정글'이 될 것임을 예고했다. 미국 최대의 활자매체 그룹인 타임과 워너 브러더스 영화사, 〈댈러스〉등과 같은 히트작을 만든 로리마(Lorimar Telepictures), HBO(Home Box Office) 등을 거느리고 있는 워너사의 결합은 다른 미디어 그룹들에도 자극을 주어 이후 수많은 인수합병을 낳는 계기가 되었다.(Emery & Emery 1996)

텔레비전 탄생 50주년과 라디오의 부흥

1989년 4월 30일 미국의 텔레비전은 탄생 50주년을 맞아 자축행사를 대대적으로 전개했다. 3대 네트워크의 주시청시간대 점유율은 1987년 72퍼센트에서 1988년 68퍼센트로 떨어져 네트워크들로서는 씁쓸한 자축행사일 수밖에 없었다. 특히 1980년대의 방송환경은 1년이 1960년대나 1970년대의 몇 년에 해당될 만큼 급속히 변화하고 있어서 네트워크 텔레비전은 더욱 큰 불안감을 느끼지 않을 수 없었다. 케이블 텔레비전도 1980년 보급률은 21.7퍼센트에 불과했으나 1989년엔 56.4퍼센트로 VCR 보급률은 1982년 4.3퍼센트에서 1989년 65.8퍼센트로 급증했다.

네트워크들과 마찬가지로 공중파방송의 자구책 마련에 부심하던 미국방송협회(NAB; National Association of Broadcasters)는 1989년 7월부터 "무료 텔레비전" 즉 "공중파 텔레비전"을 보도록 촉구하는 캠페인을 전개하기 시작했다. NAB는 1990년 1월을 "무료 텔레비전의 달"로 선포하고 시청자들과 의회에 "무료 텔레비전"과 "유료 텔레비전"의 차이를 홍보하는 보다 강도 높은 캠페인을 전개했다. 방송국들은 "무료 텔레비전"이 폐물이 될 수도 있다고 시청자들에게 경고하는 세 개의 30초짜리 스팟을 내보냈으며, 의원들을 상대로 로비를 벌이기 시작했다. 그러나 그런 대대적인 캠페인에도 불구하고 3대 네트워크들의 시청자 점유율은 1990년 여름 한때 53퍼센트까지 떨어지는 고전을 면치 못했다. 네트워크들은 특히 같은 공중파 방송인 폭스와의 경쟁에서마저도 뒤처질지 모른다는 위기의식을 느끼기 시작했다.

폭스는 케이블 텔레비전에 대해 3대 네트워크들과는 다른 생각을 갖고 있었다. 폭스의 회장인 배리 딜러(Barry C. Diller)가 "텔레비전 안에서 세계를 보고 싶다. 내가 말하는 텔레비전이란 것은 유선과 무선을 다 포함하며 나는 텔레비전을 통해 배급사끼리 함께 연결고리를 맺고 있는 세상을 보고 싶다"고 말한 바와 같이, 폭스는 무선과 유선의 구분을 무의미하게 만드는 시도를 하기 시작했다.

그러한 시도는 1990년 9월 폭스가 미국 최대의 케이블시스템인 텔리-커뮤니케이션스(Tele-Communications)와 폭스의 프로그램이 미치지 못하는 케이블 시장 안에서 폭스의 프로그램을 중계한다는 합의에 도달함으로써 구체화되었다. 폭스의 가맹국은 133개국으로서 200개국 이상을 확보하고 있는 3대 네트워크들에 비해 열세이거니와 117개가 UHF국인 폭스 가맹국들은 출력이 약해 경쟁력이 크게 떨어졌다. 폭스가 케이블 텔레비전과 손을 잡은 건 바로 그와 같은 열세를 극복하기 위해서였다.(1990년에 텔레비전은 상업 VHF 570, UHF 747, 교육 VHF 128, UHF 245개 등 1690개, LPTV(Low Power Television)는 VHF 348, UHF 1636개 등 1996였다.)

라디오는 네트워크 텔레비전이 나아가야 할 진로를 제시해주고 있었다. 라디오는 신문, 라디오, 옥외광고 등을 통해 적극적인 자기 홍보와 더불어 광고주를 찾아다니며 판매촉진을 하는 등의 방법을 과감하게 도입했다. 그러한 홍보와 함께 라디오는 이미 철저한 지역화와 전문화로 1990년대를 새롭게 맞을 변신을 거의 완료하고 있었다. 1990년 라디오방송국은 "가인가" 상태를 포함해 상업AM 5224개, 상업FM 5276개, 교육FM 1732개 등 모두 1만 2232개에 이르렀다.

1987년 NBC의 모회사 GE로부터 NBC 라디오 네트워크를 인수한 웨스트우드원(Westwood One)은 인수 당시 200개의 가맹국을 2년 후인 1989년 500개로 늘리는 성공을 거두었다. 웨스트우드원의 사장 노먼 패티즈(Norman J. Pattiz)는 "30년 전에 라디오는 죽은 것처럼 보였지만 오늘날 우리는 그 위대한 매체의 재탄생을 경험하고 있다. 1930년대와 1940년대가 라디오의 황금기라면 1980년대와 1990년대는 라디오의 백금기일 것이다"라고 호언했다. 라디오가 "텔레비전의 시대"에 살아남는 법을 배웠듯이, 이젠 공중파 텔레비전이 "케이블 텔레비전의 시대"에 살아남는 법을 배워야 할 상황을 맞이한 셈이었다.

일본 소니사의 컬럼비아 영화사 매입

일본의 소니(Sony)사는 1988년 20억 달러에 CBS 레코드 회사를 매입한 데 이어 1989년에는 34억 달러에 컬럼비아 영화사를 매입했고, 1990년엔 마쓰시타(松下電器産業; 지금의 파나소닉)가 MCA-유니버설사를 60억 달러에 매입했다. 미국인들은 일본 자본의 두 영화사 매입을 가리켜 "우리나라의 문화적 앞마당에 침입해 들어온 점령군"이라고 비난했다.(오치 미치오 외 1993)

1890년대에 유럽이 미국에 대해 그랬듯이, 1980년대엔 미국이 일본에 대해 경계의 눈초리와 더불어 신경질적인 반응을 쏟아냈다. 이미 1980년 일본이 1104만 대의 자동차 생산으로 미국을 추월해 세계 최대의 자동차 생산국의 자리에 올랐을 때 미국인들은 엄청난 충격을 받았다.(일본의 미국 추월은 1994년까지 지속된다.) 1980년대 초 미국 언론이 일본 차가 미 본토를 공습한다는 보도를 쏟아내자, 미 전역에서 해머로 일제 차를 박살내는 이벤트가 줄을 이었다.

어디 그뿐인가. 1984년 미국의 무역적자 1300억 달러 가운데 3할이 대일(對日) 적자였다. 미 상원은 대통령에 대해 "일본의 시장개방 성과가 가시화되지 않으므로 수입제한에 의한 보복조치를 시행하라"는 결의를 만장일치로 채택할 정도로 미국의 대일 감정은 극도로 악화되었다.(이찬근 1998)

하버드대학 교수 에즈라 보겔(Ezra F. Vogel)이 1979년『세계 제일 일본: 미국을 위한 교훈(Japan as Number One: Lesson for America)』을 출간

로스앤젤레스 컬버시티에 자리한 소니픽처스 플라자. 소니는 초기의 전자제품을 기반으로 픽처스, 뮤직, 게임 등 문화 콘텐츠 사업으로 확장을 거듭했다. ⓒ Coolcaesar

했을 때만 해도 이 책의 10장 제목처럼 「교훈: 서양은 동양으로부터 무엇을 배워야 하나」라는 '일본 배우기' 자세였지만, 1980년대 중반 부터 크게 달라진 것이다. 정치 전문 저널리스트 시어도어 화이트 (Theodore H. White, 1915~1986)까지 나서서 1985년 『뉴욕타임스 매거진 (New York Times Magazine)』에 「일본으로부터의 위험(The Danger from Japan)」이라는 제목의 글을 발표해 '일본 때리기'에 나섰다. 1980년대 내내 『미국 주식회사 인수(Buying into America)』, 『엔화: 일본의 신흥금 융제국과 미국에 대한 위협(Yen! Japan's New Financial Empire and Its

Threat to America)』, 『떠오르는 태양(Rising Sun)』 등과 같은 책들이 미국에서 출판돼 '일본의 침입' 을 성토했다.(Gordon 2002)

문화인류학자 실라 존슨(Sheila K. Johnson)은 1986년의 저서 『미국인의 일본관(The Japanese Through American Eyes)』에서 미국인들의 '일본 때리기' 를 '다 큰 아들에 대한 콤플렉스' 라고 표현했다. 일본을 여전히 '형제' 가 아닌 '아들' 로 보는 자신감도 동시에 표출되고 있었지만 말이다.(사루야 가나메 2007)

일본 자본의 할리우드 영화사 인수에 대해 디즈니 회장 제프리 카첸버그(Jeffrey Katzenberg)는 다른 반응을 보였다. 그는 1991년 "영화제작의 본질은 감정의 전달에 있다" 면서 일본인들에겐 그런 감정이 결여되어 있다고 주장했다. 여기에 저돌성이나 무모한 도전정신, 흥미 감각은 일본과 같은 보수적인 문화에서는 불가능하다는 주장도 한몫 거들었다. 경제학자 로버트 라이시(Robert B. Reich)는 "브루스 스프링스틴이 래리 티쉬(Larry Tisch, 1923~2003) CBS 회장 대신 모리타 아키오(盛田昭夫) 소니 회장을 위해서 일한다고 해서 그의 가치를 상실하는 것은 아니다" 라고 했는데, 라이시에 따르면 방어적인 문화적 쇼비니즘과 기술-민족주의는 국경과 경계선이 무너지고 있는 시대에는 더 이상 적합하지 않다는 것이다.(Morley & Robins 1999)

미국 독립영화의 맹장이라 할 로버트 올트먼(Robert B. Altman, 1925~2006)도 1993년에 이런 주장을 내놓는다. "일본인은 결코 할리우드를 소유하지 못할 것이다. 그들은 막대한 자금을 할리우드에 쏟아부었다. 하지만 결국 할리우드의 모든 자산을 팔아치우게 될 것이다. 일본인들의 이런 바보짓은 이제 시작일 뿐이다. 일본인들은 할리우드 영화의 예술적·문화적인 면에 대해서는 간섭하지 않는다. 그렇다면 여기서 일본인들의 역할은 무엇인가? 그들은 자금을 담당하는 전주(錢主)에 지나지 않으며 또 그렇게 취급받고 있다. 결국 할리우드를 좋아하지 않을 것이다."(Barber 2003)

올트먼의 예측이 맞아떨어진 걸까?『뉴스위크』1994년 11월 2일자는「할리우드에 진출한 마쓰시타와 소니 고전」이라는 제목의 기사에서 "애초에 마쓰시타의 MCA 인수는 구체적인 개념조차 모르면서 모든 기업이 추구하는 하드웨어 생산·판매 및 소프트웨어 간의 이른바 '시너지'(상승) 효과를 노린 것이었지만 그것은 환상에 불과했다. 마쓰시타(VCR와 텔레비전 등 하드웨어)와 MCA(영화·음악 등 소프트웨어)의 결합은 멀티미디어 시대를 맞아 어떻게 하면 실패하는가를 보여주는 전형적인 케이스다"며 다음과 같이 말한다.

"두 회사는 단적으로 서로를 이해하지 못하고 있다. MCA를 61억 달러에 인수한 지 4년이 지났지만 마쓰시타의 입장은 애당초 영화산업에 진출할 당시의 논리를 크게 벗어나지 않고 있다. 1989년 소니가 컬럼비아픽처스를 34억 달러에 매수했으니 소니보다는 앞서야 한다는 것이었다. …… 하드웨어와 소프트웨어 부문의 결합으로 시너지 효과를 보기 위해서 반드시 영화사를 소유할 필요는 없다는 것이 일본 회사들의 경험으로 입증됐다. 하드웨어·판매·소프트웨어 등 각 부문의 관점에서 본다면 수직적 통합이 훨씬 더 큰 효과를 보는 것이다. 예를 들면 현재 세계 시장의 흐름은 마쓰시타가 MCA를 소유하는 것보다는 MCA 같은 영화사가 NBC 같은 텔레비전 네트워크를 소유하는 형식을 요구하는 것 같다. HBO나 니켈로디언(Nickelodeon) 등 할리우드의 프로그램에 의존하는 국제 다채널 텔레비전 네트워크의 성장이 그 한 가지 이유다. 하드웨어 제작자 입장에서는 두 일본기업과 같은 전적인 소유형태보다는 노하우와 약간의 지분을 공유하는 느슨한 제휴형태가 바람직할 것이다. 빚더미에 올라앉는 것을 피할 수 있음은 물론 이번에 표면화되었듯이 경영진의 비전 불일치를 피할 수 있기 때문이다."

실제로 1995년 4월 마쓰시타는 MCA-유니버설사를 시바스 리갈 (Chivas Regal)로 유명한 캐나다 주류업체 시그램(The Seagram Company Ltd.)에 넘기고 말았다. 그러나 시그램도 5년 후인 2000년 6월 말 프랑스 엔지니어링 업체인 비방디(Vivendi)와 합병한다. 먹고 먹히는 인수합병 붐의 소용돌이 속에서 자본의 국적을 따지는 것 자체가 무의미하진 않아도 싱거워지는 세상으로 돌입한 것이다.

참고문헌 Alter 1985 · 1987, Barber 2003, Brinkley 1997, Corliss 1987, Diamond 1987, Emery & Emery 1996, Gordon 2002, Kelly 1987, Kelly & Kalb 1985, Matusow 1983, Morley & Robins 1999, Newsweek 1987, Schwartz 1985, Walker & Ferguson 1998, 강준만 2001 · 2009, 사루야 가나메 2007, 오치 미치오 외 1993, 이찬근 1998

"포르노그래피는 이론, 강간은 실천" 인가?
래리 플린트와 포르노 논쟁

비주류 포르노 잡지 『허슬러』

1988년, 표현의 자유와 관련하여 이색적인 연방대법원 판결이 하나 나왔다. 이른바 '래리 플린트(Larry Flynt) 사건'. 정식 명칭은 '허슬러 대 파월(Hustler Magazine v. Falwell)'이다. 래리 플린트가 어떤 인물인지부터 알아보자.

1942년 켄터키(Kentucky) 주 레이크빌(Lakeville)에서 태어난 플린트는 21세에 이미 두 번의 결혼과 이혼을 경험한 유별난 사람이었다. 오하이오(Ohio) 주 데이톤(Dayton)에서 '힐리빌리 헤이븐'이라 불리던 바를 경영한 그는 오하이오에 일곱 개의 바를 더 오픈한 후 이름을 '허슬러 클럽'이라고 다시 지었다. 그리고 바의 무대에 스트립 댄서들을 올렸다. 플린트는 1974년 자신의 바를 광고하기 위해 뉴스레터를 만들었는데, 이 뉴스레터에 자신이 고용한 스트립 댄서들의 누드 사진을 게재했다. 이 뉴스레터의 발행은 곧 포르노 잡지 『허슬러

© Toglenn

"삼류 미국 시민인 나의 표현의 자유가 보장된다면 나머지 사람들의 자유도 보장된다"고 주장한 래리 플린트.

(Hustler)』의 탄생으로 이어졌다.

『허슬러』가 처음부터 사람들의 관심을 끌었던 것은 아니다. 많은 돈을 들여 만들었지만 사람들의 눈길을 끌지 못하고 반품만 계속되던 1975년 어느 날 플린트에게 예기치 않은 행운이 찾아왔다. 플린트는 유명인의 사생활을 전문적으로 촬영하는 한 파파라치에게서 존 F. 케네디의 미망인 재클린 케네디 (Jacqueline Kennedy Onassis, 1929~ 1994)의 나체사진을 1만 8000달러에 구입했다. 이 사진은 『허슬러』에 오기 전 『플레이보이(Playboy)』와 『펜트하우스(Penthouse)』를 거쳤으나, 이들 잡지는 게재를 거절했다. 플린트는 이 사진을 사들여 『허슬러』에 게재했고, 사진이 엄청난 파급효과를 낳자 그는 일약 유명인사가 되었다. 곧 『허슬러』는 200만 부가 넘는 판매고를 올릴 정도로 급성장했고 플린트는 돈방석에 앉았다.

이로써 『허슬러』는 『플레이보이』, 『펜트하우스』와 더불어 미국의 3대 성인잡지로 손꼽혔다. 그러나 플린트는 『플레이보이』나 『펜트하우스』가 성인잡지이면서도 미국 주류계층을 대상으로 '고상함'이라는 전략을 취했던 데에 반발해 백인 하층계급을 비롯한 미국의 비주류계층을 겨냥해 차별화 전략을 구사했다. 『허슬러』는 『플레이보이』

와 『펜트하우스』에서 보여준 성에 대한 태도에 반발한 '비주류' 로서의 저항적·정치적 포르노라고 할 수 있었다.(정철영 1997)

1978년 플린트는 흑백 인종 간의 섹스 행위를 묘사한 사진을 『허슬러』에 실었다가 한 백인 우월주의자의 저격을 받아 하반신이 마비되어 평생 휠체어 신세를 지게 되었다. 이 저격범은, 빌 클린턴(Bill Clinton)의 친구이자 훗날 모니카 르윈스키(Monica Lewinsky)와 관련된 성추문사건에서 클린턴을 변호한 버논 조던(Vernon E. Jordan, Jr.) 변호사에게 총상을 입힌 인물이기도 하다.

"살인은 불법이지만 그것을 촬영해 언론에 실으면 퓰리처상을 받는다. 섹스는 합법인데 촬영해 잡지에 실으면 왜 감옥에 가야 하는가?" 이런 주장을 편 플린트는 『허슬러』 발행 후 20여 년간 음란물 간행과 명예 훼손, 법정모독 등의 소송사건에 연루돼 자유로운 시절이 그리 많지 않았다. 이에 항거하듯 그는 기행으로 악명을 떨쳤다. 성조기로 기저귀를 해 입고 재판정에 나서는가 하면, 벌금 5만 달러가 선고되자 스트립 걸들을 시켜 1달러짜리 5만 장을 법정에 뿌리기도 했다.(배국남 1999, 윤희영 1999)

제리 파월에 대한 '고통 유발'

1983년 11월 플린트는 『허슬러』 '이 달의 개자식' 란에 우익 목사 제리 파월(Jerry Falwell)과의 가상 인터뷰 패러디를 게재했다. 이 패러디는 파월을 술주정뱅이인데다 어머니와 근친상간을 저지른 인물로 묘사했다. 잡지의 목차와 패러디 밑에 '픽션' 이라고 밝히긴 했지만, 그 내용이 끔찍했다. 파월은 이 잡지를 명예훼손, 프라이버시 침해, 고통 유발 등 세 가지 혐의로 고소했다. '고통 유발'은 명예훼손과는 좀 다른 성질로, 정식 명칭은 '감정적 고통을 주기 위한 고의적 가해'(intentional infliction of emotional distress)다.

1심은 '고통 유발'만 인정해 20만 달러 배상 판결을 내렸다. 이는 2심에서도 유지되었는데, 1988년 연방대법원에 가서 뒤집히고 말았다. 연방대법원은 판결에서 "공인에 대해 명백히 모욕적이고 감정적인 상처를 주려는 의도가 있는 표현일지라도 그것이 사실이라고 주장하지 않는 한 헌법적으로 보호된다"고 밝혔다. 수정헌법이 인정하고 있는 것처럼 '거짓 아이디어(false idea)'란 존재할 수 없는 바, 패러디의 잔인함마저 아이디어와 의견의 영역에 포함되어 헌법적 보호를 받는다는 것이다.(김경호 2008) 이 판결에 의기양양해진 플린트는 "내가 하는 일에 동의하건 않건, 나는 그런 일을 하기 위해 큰 희생을 치렀으며 민권(民權)의 대의를 진전하는 데에 일조했다"고 큰소리쳤다.

이 사건은 1996년 영화 〈래리 플린트(The people vs Larry Flynt)〉로 만들어져 개봉되었다. 『J.F.K』(1991), 『닉슨(Nixon)』(1995) 등을 통해 미국 사회의 문제를 비판적 시각에서 조명해온 올리버 스톤이 제작을 맡았고 『뻐꾸기 둥지 위로 날아간 새(One Flew Over the Cuckoo's Nest)』(1975)와 『아마데우스(Amadeus)』(1984)를 통해 잘 알려진 체코 출신의 망명 감독 밀로스 포먼(Milos Forman)이 메가폰을 잡았다. 이 영화는 1997년 베를린영화제에서 그랑프리를 수상했으며, 골든글러브 감독상·각본상, 뉴욕 영화비평가협회 여우주연상, 로스앤젤레스 영화비평가협회 남우주연상 등을 수상했으며, 전미 비평가협회 최우수 10대 영화에도 선정되었다. 또한 래리 플린트 역의 우디 해럴슨(Woodrow

T. Harrelson)과 부인 알시아 역을 맡은 커트니 러브(Courtney Love), 플린트의 변호사 역을 맡은 에드워드 노튼(Edward H. Norton)은 연기를 잘 소화해냈다는 평을 받았다. 이 영화에서 플린트는 카메오로 출연했는데, 그가 맡은 단역은 플린트 자신에게 25년형을 선고한 지방판사였다.(정기영 1997)

이 영화는 포르노의 사회적 폐해보다 정치적 폭력의 폐해가 더 크다는 점을 역설했다. 그러나 최민재(2004)는 "영화가 끝난 후 남는 개운치 못함은 떨쳐버리기 어렵다"며 다음과 같이 말한다. "왜냐하면, 오늘날의 현실을 고려해볼 때 영화 속에서 제기하고 있는 표현의 자유라는 패러다임의 진짜 수혜자는 누구인가 하는 의문 때문이다. …… 오늘날의 현실은 언론이 시민사회의 권리를 보장하는 담론을 생산하는 것이 아니라, 언론 자체의 기업적 이윤 창출에만 골몰하며 경제권력의 이익을 대변하는 경향을 보여주고 있다. 즉 특권만을 향유하고 특권에 상응하는 의무는 다하지 않고 있는 것이다."

"포르노그래피는 이론, 강간은 실천"인가?

래리 플린트가 싸운 건 파월만은 아니다. 그는 이미 1970년대부터 포르노 반대 운동가들의 공적(公敵) 1호가 되었다. 경찰에 체포돼 재판을 받는 등 수년간 지리한 법정투쟁을 벌이기도 했다.

포르노그래피도 '표현의 자유'의 보호 대상이 되어야 하는가? 이 문제를 둘러싸고 포르노그래피는 페미니즘 진영 내부에 격렬한 갈등을 몰고 왔다. 반포르노그래피주의자와 반검열주의자들 간의 대립 때문이다. 급진적 페미니스트 로빈 모건(Robin Morgan)은 1980년에 "포르노그래피는 이론이고, 강간은 실천이다"라고 주장했다. 또 다른 급진적 페미니스트 안드레아 드워킨(Andrea R. Dworkin, 1946~2005)과 캐서린 맥키넌(Catharine A. MacKinnon)은 1970~1980년대 포르노그래피 반대 입법 활동을 주도했다.

작가인 드워킨은 포르노그래피가 표현의 자유의 문제가 아니라 성별 권력구조의 문제, 여성 인권 이슈라고 주장했다. 성 활동에 있어서 남녀의 상호 동등성은 불가능하며, 가부장제 사회에서는 섹스 그 자체가 여성에 대한 폭력이라는 것이다. 변호사인 맥키넌은 성 표현이 적나라한 책은 강간 행위나 다름없다며 검열정책을 주장했다. 이들은 입법운동을 하면서 도덕적 우익과 동맹을 맺기도 했다.

맥키넌과 드워킨은 1983년 포르노를 여성의 민권 침해로 선언한 미니애폴리스 시 민권조례를 초안했지만, 미니애폴리스 시의회를 통과한 이 조례는 위헌이라는 이유로 시장이 거부권을 행사함으로써 입법되지는 못했다. 로스앤젤레스와 캠브리지 등에서도 비슷한 법안을 통과시키려는 시도가 있었지만 실패했고, 마침내 1985년 인디애나폴리스 시에서 포르노를 여성평등권의 침해로 인정한 조례가 채택되었다. (장호순 1997)

포르노 반대 입법화를 환영한 도덕적 우익 세력은 본격적인 포르노 추방 운동을 전개했고, 그 결과 1986년 봄부터 미국 최대의 편의점인 세븐일레븐(7-Eleven)에서 『플레이보이』, 『펜트하우스』, 『포럼(Forum)』 등의 세 포르노 잡지가 모습을 감추었다. 1개월 후 법무장관의 자문위원회인 '포르노그래피 위원회'가 발표한 상하 두 권 2000페이지에 달하는 보고서는 폭력을 지향한 포르노가 성폭행에 직접 관련이 있고,

『플레이보이』와 『펜트하우스』 등 비폭력적 출판물도 성 폭력의 원인이 된다고 지적했으며, 포르노에 반대하는 시민 감시그룹을 전국에 결성하도록 권고했다.(시무라 마사오 외 1995)

맥키넌과 드워킨의 주장을 따르는 이른바 '맥드워킨주의자' 들은 1989년 '너 자신을 표현해(Express yourself)' 라는 뮤직비디오에서 마돈나가 사슬에 묶인 모습으로 등장하는 장면에 분노했다. 그들은 이 장면이 남성우월주의를 비열하게 선전한다고 보았으며, 이런 영상 때문에 남자들의 지배가 너그럽게 용인된다고 생각했다. 마돈나의 50달러짜리 누드 사진집 『섹스(Sex)』(1992)도 이들의 분노를 샀다. 『섹스』는 일부 언론으로부터 "마돈나는 지구상에서 가장 노출이 심한 여자다. 사람들은 마돈나의 몸에 대해 자기 배우자보다 더 자세히 알고 있다" 는 조롱을 당했다. 그래도 그건 약과였다. 한 여성학회에선 맥드워킨주의자들이 이 책을 갈기갈기 찢어버렸고 마돈나는 그들의 공적이 되었다.(Guilbert 2004, 시사저널 1992)

'반포르노' 와 '반검열' 의 대립

그러나 포르노 반대 입법화와 시민감시운동은 '표현의 자유' 와 상충하면서 미국은 물론 전 세계적으로 논란에 휩싸였다. 맥키넌과 드워킨의 극단주의는 그런 논란을 더욱 부추겼다. 맥키넌은 여성의 복종을 표현한 것은 무엇이든지 포르노적인 것으로 보았고, 드워킨은 섹스가 남성이 여성을 지배하기 위한 도구로 이용되고 있다고 주장했다. 온건 페미니스트들은 이들이 여성을 피해자, 필연적으로 성을 두려워할 수밖에 없는 사람으로 보는 데에 동의하지 않았다.(McLaren

2003)

글로리아 스타이넘(Gloria Steinem)은 맥키넌 · 드워킨파와 페미니스트들을 떼어놓기 위해 에로틱한 것과 포르노적인 것 사이의 구분을 보여주려고 애썼다. '에로'는 "두 인격체 간의 사랑의 나눔"인 반면 '포르노'는 "사랑의 개념과는 상관이 없는, 남성과 여성 간의 성에 의한 지배와 피지배의 힘의 관계"라는 것이다. 그러나 그 둘 사이의 경계를 명확히 구분할 수 있는 건 아니었다.

'검열에 반대하는 영국 페미니스트 연합'은 1991년에 낸 자신들의 팸플릿 「포르노그래피와 페미니즘」에서 드워킨과 매키넌이 포르노그래피가 무엇이며, 무엇을 하는지에 대해 설명하고자 하는 인과 모델을 문제시 하는 데에 완전히 실패해버린 운동의 선봉에 서 있다고 비판했다. "포르노그래피는 사회의 성 차별주의를 비춰줄 수 있지만, 그것을 만들어내지는 않았다"는 것이다. 이들은 또 포르노를 금지하는 법의 제정은 여성 섹슈얼리티의 자유로운 표현에 대해 악영향을 미칠 수 있으며, 정작 싸워야 할 대상은 사회에서의 실질적인 차별과 폭력이라고 주장했다.

자유주의 페미니스트들 또는 반검열주의자들은 반포르노그래피 페미니스트들의 행동주의적인 가정이 잘못되었다고 비판한다. 그 가정은 남성과 관련된 폭력, 무엇보다 성적인 폭력은 직접 보고 배운 결과이며, 남성은 폭력을 타고 났으며, 인간은 변하지 않으며 변할 수도 없다고 생각하는 인간에 대한 가장 보수적인 견해라는 것이다.

리사 테일러(Lisa Taylor 1999)는 남성성을 역사적 · 사회적 변화에 고정되어 있거나 닫혀 있는 것으로 보게 되면, 남성 폭력에 대한 페미니스트의 도전은 사실상 그 시작부터 실패할 운명에 처한다고 주장한다. 테일러는 반포르노그래피 페미니스트들은 기존의 페미니스트들이 전통적으로 문제 삼고 도전하려 했던 정치학과 입장을 같이하는 경향이 있다며, 그 문제점에 대해 다음과 같이 말한다.

"첫째, 성에 따른 역할 구분을 조장하는 경향이 있는데 이와 같은 성 역할 구분은 성의 불평등을 지속시킨다고 해서 페미니스트들이 비판했던 것이다. 둘째로, 이러한 상황은 전통적으로 '비정상적인 것'으로 정의된 성적 표현들, 예컨대 게이나 레즈비언의 관계를 다루는 표현들을 점점 더 비난하게 만드는 경향을 초래할 위험이 있다. 전통적인 성적 관계나 가족구조를 특권화할 위험이 있고, 페미니스트들이 옹호하고 장려하고자 싸워왔던 바로 그 대안들을 무력화할 것이다. 그 결과 반포르노그래피 페미니스트들은 페미니스트들이 전통적으로 지키고자 애써왔던 정치적인 관심사와 많은 점에서 상충되는 이해관계를 옹호하게 된다."

반검열주의 페미니스트들의 입장은 포르노그래피는 매우 다양하고 그 효과도 그것을 사용하는 컨텍스트(context)에 달려 있다는 것이다. 그들은 여성들이 포르노그래피를 즐기는 걸 어떻게 받아들일 것이냐고 묻는다. 미국에서 성인 비디오의 40퍼센트는 여성들이 빌려가며, 대부분의 독신 여성들은 케이블 텔레비전을 시청하면서 별도의 돈을 내고 성인용 오락물을 선택한다는 것이다. 또 여성이 만든, 여성을 만족시키고 여성에게 기쁨을 주는 새로운 종류의 포르노그래피도 많은데 이마저 금지되어야 하느냐고 의문을 제기한다.

반검열주의 페미니스트들은 포르노그래피는 여성 억압의 원인이라기보다는 여성이 억압받고 있음을 말해주는 징후인데도 불구하고 반포르노그래피 페미니스트들이 본말의 전도를 범하고 있다고 주장한다. 가부장제 구조하에서 벌어지는 성차별과 비교해볼 때 포르노그래피는 비교적 작은 문제인데도 그것에 과도한 관심과 에너지를 쏟음으로써 다른 중요하고 시급한 문제들로부터 멀어지고 있다는 것이다. 이는 오늘날까지도 계속되고 있는 오래된 논쟁이다.

참고문헌 Brooks 2003, Cowen 2003, Current Biography 1999, Dworkin 1996, Guilbert 2004, Hunt 1996, MacKinnon 1997, McLaren 2003, Pember 1996, Stoltenberg 1999, Taylor 1999, Webb 1989, 강준만 외 1999~2003, 김경호 2008, 배국남 1999, 시무라 마사오 외 1995, 시사저널 1992, 심정순 1999, 윤희영 1999, 장호순 1997, 정기영 1997, 정철영 1997, 정희진 2003, 조한욱 1996, 최민재 2004, 최이정 1999

한국의 '올림픽 반미주의'
제24회 서울올림픽

'올림픽 4위 국가'의 감격

제24회 올림픽이 서울에서 1988년 9월 17일부터 10월 2일까지 16일 간 개최되었다. 88서울올림픽에는 1976년 몬트리올올림픽 이후 12년 만에 IOC 회원 167개국 중 북한 등 일부 회원국을 제외한 160개국이 참가했는데, 이는 당시 유엔 회원국보다 1개국이 더 많은 숫자로 올림 픽 역사상 최대의 행사였다. 당연히 1만 3304명이라는 선수와 임원의 수도 올림픽 사상 최대 규모를 기록했다.

한국은 과거 1~2개의 금메달에 그쳤지만, 이 대회에선 금 12, 은 10, 동 11개 등 도합 33개의 메달을 따내 소련, 동독, 미국에 이어 4위를 차 지하는 대성과를 이루었다.(중국은 9위, 일본은 14위였다.) '스포츠 공화 국'으로 불린 5공 정권의 군사작전식 스포츠정책이 맺은 결실이었다.

5공과 6공에 모두 반대했던 사람들도 이 놀라운 결과에 대해서만큼 은 찬사를 아끼지 않았다. 예컨대, 5공에 저항하다 고려대학 총장직에서 쫓겨난 김준엽(1990)은 다음과 같이 말했다. "우리 민족의 우수성을 재확인하면서 선진국의 문턱에 서게 된 문화민족으로서의 자신감을 만끽하면서 온 겨레는 감격의 눈물을 흘렸다. 더욱이 1936년 베를린올림픽 대회에서 손기정 씨가 마라톤에서 우승을 하여 억압된 우리 민족의 피를 끓게 했고 그의 가슴에 단 일장기를 말소함으로써 일제에 항거한 동아일보가 무기정간 당한 쓰라린 추억을 가지고 있는 나로서는 여간 감개무량한 것이 아니었다."

야당 지도자 김영삼(2000)도 1988년 9월 22일 "올림픽은 우리 국민의 위대한 저력을 보여줘 자존심, 자부심, 미래의 가능성을 심어주고 성숙시켜주었다. 올림픽 이후 고양될 국민의 자부심, 사회의 다양성, 민주화의 자신감은 소수 군인의 쿠데타와 극렬 좌경세력의 민중혁명을 있을 수 없게 할 것이다"라고 말했다. 여론은 김영삼의 견해를 뒷받침해주었다. 올림픽 폐막 직후인 10월 4일 한국 갤럽조사연구소는 '서울올림픽에 대한 여론조사'를 발표했는데, 이에 따르면 한국인의 95.4퍼센트가 올림픽을 잘 치렀다고 응답했다.

서울올림픽의 성공적인 개최가 한국의 이미지 개선에 엄청난 영향을 미쳤음을 그 누가 부인할 수 있을 것인가. '불안한 분단국' '전쟁을 치른 가난한 나라'라는 이미지를 털어냈고, 당시까지만 하더라도 비수교국이었던 32개국이 참석해 외교관계 개선에 크게 기여했다.

그러나 올림픽은 동시에 한국의 반미주의를 키우는 데에도 일조하는 이상한 결과를 초래했다. 이념적·정치적 반미가 아닌 정서적 반미였다. 최진섭(2000)은 대학가에서는 1980년대 중반부터 반미구호가 많이 터져나왔지만 상당수 일반 시민들은 88올림픽을 계기로 '반미

1988년 9월 17일부터 10월 2일까지 16일간 제24회 서울올림픽이 개최되었다.

의식'을 갖게 되었다며 다음과 같이 주장한다.

"1988년 서울올림픽 경기장의 반미열풍은 놀라운 것이었다. 미국 선수단의 무질서함, 미국의 육상영웅 칼 루이스의 오만불손함, 미국 NBC 방송의 편파보도, 올림픽 직전에 발생한 미군 병사의 택시운전사 폭행사건, 미국 수영선수단의 절도 혐의 등이 복합적으로 작용해 전 국민적인 반미열풍을 불러일으킨 것이다."

미국영화 직배 반대 투쟁

올림픽 기간 중에 벌어진 영화인들의 미국영화 직배 반대 투쟁도 그런 정서적 반미주의에 일조했다. 미국영화 직배의 기원은 1985년으로 거슬러 올라간다. 1985년 9월 7일 레이건 대통령은 한국에 대한 '무역 보복'을 지시했다. 한국이 시장을 개방하지 않으면 한국의 대미 수출을 규제하겠다는 협박을 이행하겠다는 것이었다. 이때부터 미국 통상법 301조라는 게 약방의 감초처럼 등장하기 시작했으며, 영화 시장도 그러한 개방 압력의 대상이 되었다.

미국의 거센 영화 시장 개방 압력 때문에 1986년 말에 영화법이 개정된 결과, 1988년 1월 UIP(United International Pictures)와 20세기폭스사의 국내 영업이 허가되었다. 특히 미국 직배영화사 UIP의 활동은 영화계에 큰 논란을 불러일으켰다. 미국의 파라마운트(Paramount), MGM(Metro-Goldwyn-Mayer's Inc.), 유나이티드 아티스트(United Artists), 유니버설(Universal) 등 4개 회사가 공동 출자해서 만든 영화배급 회사인 UIP가 1988년 8월 추석특선 프로그램으로 전국 11개 영화관에서 〈위험한 정사(Fatal Attraction)〉(애드리안 라인 감독, 1987년)를 직배 상영키로 하자 이는 영화계의 격렬한 반대를 촉발했다.(윤상길 1989)

그러나 영화계의 반대 시위는 1988년 8월 17일 올림픽 동안 집회시위가 금지된 '올림픽평화구역'이 선포됨으로써 효과를 거두기 어려웠다. 그다음 날인 8월 18일 평화구역 내에서 영화와는 무관한 시위가 발생했지만 강경 진압되었다.

1988년 9월 14일 영화인협회 감독위원회는 UIP 저지 투쟁을 선언하고 철야농성에 돌입했다. 9월 19일 한국영화업협동조합 조합원 일동은 신문광고를 통해 발표한 「국민께 드리는 우리의 호소문」에서 다음과 같이 호소했다.

미국영화 직배에 반대해 서울 신촌의 한 극장 앞에서 시위를 벌이고 있는 영화감독들.

　"여러분! 우리가 U.I.P 앞에 무릎을 꿇어야 합니까? U.I.P는 세계 영화시장의 60퍼센트 이상을 점유한 미국 4개 대형 영화사들의 연합배급체입니다. 우리의 영화예술가와 영화업자들이 국가사회로부터 미아가 되어 있는 반면 U.I.P는 거대한 미국의 국력을 앞세워 오늘의 우리 영화계를 뿌리째 흔들게 될 상업적 비수를 뽑아 들었습니다. 물론, 그들의 한국 시장 직접배급은 한국영화법상 직접 위법이 아닙니다. 위법이 될 수 없는 이유는, 우리 영화계의 절대 반대에도 불구하고 한국영화법을 그들의 힘으로 개정하여, 외국법인의 국내영화업 개장의 길을 만들었고, 그 무기가 바로 '통상법 301조'였습니다. 90퍼센트 가깝게 미국영화로 독점되어온 한국 외화시장이 어떻게 불공정거래법

301조에 해당이 될 수 있겠습니까. 그러나 개발도상국 국민의 아픔을 삼키며 우리 영화법은 개정되었고 그 후 3년간 오로지 우리 영화인의 자구 정신으로 가까스로 시장개방을 막아왔고 극장문을 지켜왔으나, 마침내 그들은 서울올림픽의 성공적 개최를 위한 평화구역 설정기간을 교묘히 이용하여 평화구역 내에 위치한 극장에 그 실체를 드러냈습니다. 그것이 바로 〈위험한 정사〉라는 영화입니다."

『한겨레신문』은 1988년 9월 23일자 「미국영화의 '융단폭격'과 '민족' 영화의 위기」라는 제목의 사설에서 다음과 같이 주장했다. "지금 서울의 '올림픽 평화구역' 안에서는 기묘한 일이 벌어지고 있다. '평화구역' 안에서의 집단행동을 금지한 한국 정부의 강력한 조치를 이용하여 미국의 영화배급회사가 직접 들여온 〈위험한 정사〉라는 제목의 '위험'하고도 '반평화적인' 미국영화가 곧 안전하게 상영될 채비를 하고 있다. 한국영화가 미국영화의 융단폭격 앞에 유린되는 위기가 시작되는 것이다. …… 이 같은 위기 앞에서 우리의 민족영화는 어떻게 명맥을 유지할 것인가? 이제 우리 국민은 이 위기의 정체를 바로 보고 마지막 '자위권'에 호소해야 할 시점에 와 있다. 그 시급한 과제의 하나가 저 사악한 영화법을 바로 잡는 것임은 두말할 나위도 없다. 미국 영화업자들이 직접 배급하는 영화를 거부하여 '안보기 운동'을 벌이는 것도 우리가 보여줄 수 있는 또 하나의 행동이 될 수 있을 것이다."

'정서적 반미주의'의 실체

1988년 9월 23일 서울의 32개 영화관은 조기를 내걸고 하루 동안 휴관했다. 다음 날인 9월 24일 드디어 〈위험한 정사〉가 코리아극장, 신영극장 등 전국 9개 극장에서 개봉되었다. 영화감독 제작자를 중심으로 한 영화인들은 명동의 코리아극장과 신영극장 앞에서 상영저지 시위를 벌였으며, 이 시위는 10월 7일까지 계속되었다. 9월 30일엔 농성 영화인들이 신영극장의 스크린을 페인트로 훼손하는 사건까지 일어났다.

1989년 2월 4일 코리아극장과 신영극장이 두 번째 UIP직배영화 〈007 리빙 데이라이트(The Living Daylights)〉(존 글렌 감독, 1987년)를 상영하자 영화인들은 다시 시위에 들어갔다. 2월 13일 영화인협회는 예총회관에서 UIP저지궐기대회를 개최했다. 2월 14일 한국영화인협회는 신문 광고를 통해 「미국영화배급회사 U.I.P에 경고함」이라는 성명서를 발표했다.

이 성명서는 "우리는 여기서 미국영화, 특히 최근의 미국영화들의 실상을 비판하지 않을 수 없다. 〈람보〉의 그 대량살상쯤은 그래도 참고 보아줬다. 최근 시중에 범람하고 있는 미국의 비디오영화들을 보면 완전범죄의 찬양, 변태 성행위의 미화, 대량살상을 훨씬 뛰어넘는 피바다 천지다. 그러면서도 교묘히 미국의 아름다움(?)만은 놓치지 않는다. 이따위 미국영화들이 이 나라를 뒤덮을 때를 가상하면 우리는 직배를 절대로 받아들일 수 없는 것이다"라며 다음과 같이 주장했다.

"해방 후 지금까지 친미정책을 펴온 우리 정부는 영화도 70퍼센트이상 미국영화를 수입하게 해왔었고 그 결과로 미국은 달러로 환산할수 없는 엄청난 이익을 얻어 갔다. 미국은 영화입국을 한 나라라고 해도 과언이 아니다. 우리가 그동안 미국을 동경해온 데는 양담배나 콜라, 초콜릿의 달콤한 맛을 보아서가 아니었고 그 위대한(?) 미국영화들을 보아오면서 자랐기 때문이다. 그런데 미국인들은 그것도 모자라

영화를 직배하겠다고 우격다짐을 하고 있다. 직배를 하지 않아도 우리 영화사들은 미국에 엄청난 고가를 치르고 영화를 수입해왔으며 앞으로도 큰 변화가 없을 것인데, 그럼에도 직접 필름을 들고 와 극장창구에서 소매까지 해야겠다니 이야말로 문화침략이 아니고 무엇이란 말인가? …… 우리는 이제 마지막으로 미국의 영화업자들에게 엄중히 경고해둔다. 문화는 각기 문화적 주체의 상호존중을 원칙으로 교류돼야 한다는 것쯤 문화선진국을 자처하는 당신들이 모르고 있을 리 없다. 그렇다면 당신들은 연간 예상수익 3000~4000만 달러의 소탐에 대리(大利)를 놓쳐선 안 된다. 직배의 싸움이 미국영화 안보기 운동으로 번지고 급기야 반미운동으로까지 번지게 되는 것을 우리는 절대 원치 않는다. 만약 우리들 전체 영화인의 이 충고를 무시하고 당신들이 직배를 끝내 고집할 경우 직배영화건 수입영화건 우리는 미국영화 안보기 운동을 시작하여 끝까지 투쟁할 것임을 여기에 엄숙히 천명하는 바이다."

1989년 3월 11일 영화인들은 〈007 리빙 데이라이트〉가 상영 중인 시네하우스 앞에서 반대 시위를 벌였다. 5월 27일엔 〈레인맨(Rain Man)〉(1988)을 상영하던 시네하우스에 뱀 20마리와 암모니아 네 통이 투입되는 사건이 발생했다. 6월 21일 영화인협회는 서울 마로니에공원에서 'UIP저지 전 영화인대회'를 개최했다. 8월 13일엔 〈인디애나 존스 3 - 최후의 성전(Indiana Jones and the Last Crusade)〉를 상영하던 시네하우스 등 서울시내 개봉 영화관 6개소에선 스크린과 의자 등이 방화되고 객석에서는 분말 최루가스가 발견되는 등의 사건이 발생했다.(주태산 1989)

물론 미국영화 직배 반대 투쟁은 실패로 돌아가고 말았지만, 1년 넘게 이루어진 반대 투쟁의 와중에서 반미주의 담론이 적잖이 발산되었다. 이는 운동권 학생들이 1988년 봄부터 벌인 '서울올림픽 남북 공동 개최 투쟁' 중에 '미국 축출'이라는 씨알도 먹히지 않을 구호를 외친 것과는 다른 차원에서 대중의 정서적 반미주의를 자극했다. 혹시 서울올림픽에 대한 감격 때문에 생긴 반미주의는 아니었을까? 즉 올림픽 개최로 어느 정도의 국가적 자긍심을 갖게 되면서 정서적 반미주의가 나타난 게 아니었겠느냐는 것이다.

　물론 이런 정서적 반미주의는 '실리'를 추구하는 것이어서 관객은 재미 위주로 미국영화를 적극 선택했다. 1980년대 초반만 하더라도 국산영화 관객과 외국영화 관객의 수는 거의 같은 비율을 유지했었으나 1987년 7월 영화시장이 개방됨에 따라 그 비율은 2대 8까지 떨어졌다는 사실이 이를 잘 입증한다. 즉, 영화 관객 다섯 명 가운데 국산영화를 보는 관객은 단 한 명 정도에 지나지 않게 된 것이다. 그러나 훗날 한국영화는 다시 부흥기를 맞을 것이므로 '미국의 문화제국주의'라고 혈압 높일 일만은 아니었다.

참고문헌 강준만 2002-2006, 김영삼 2000, 윤상길 1989, 주태산 1989, 최진섭 2000, 홍순호 1999

제5장
미국 '1극 체제'의 탄생

1988년 대선
제41대 대통령 조지 H. W. 부시

게리 하트와 리처드 게파트의 몰락

1988년 대통령선거를 한참 남겨둔 1987년 초부터 미국 언론은 민주당 대통령후보 유망주로 게리 하트(Gary Hart)에게 지대한 관심을 기울였다. 그러나 섹스 스캔들에 관한 보도는 곧 그의 몰락을 초래하고 말았다. 1987년 5월 1일 익명의 전화제보를 받은 『마이애미헤럴드(Miami Herald)』의 기자 4인은 그날 밤부터 이틀 밤을 꼬박 워싱턴에 있는 하트의 집 근처에 잠복하며, 모델인 도나 라이스가 1일 밤 11시 30분 하트의 집에 들어가 그다음 날 저녁 8시 40분 뒷문으로 빠져나가는 장면을 잡아내 대서특필했던 것이다. 하트는 기자회견에서 자신의 혼외정사를 강력하게 부정하는 등 뻔히 들통 날 거짓말을 함으로써 사태를 악화시키고 말았다. 결국 5월 7일 그는 사퇴 성명을 발표했다.

『마이애미헤럴드』의 보도행위는 언론의 기본적 윤리문제를 야기했다. 『뉴욕타임스』의 전 편집국장 에이브 로젠탈(Abraham M.

Rosenthal, 1922~2006)은 이 신문 5월 7일자에 기고한 칼럼을 통해 "한밤중 남의 집에 기자를 몰래 들여보내 망을 보게 하는 행위는 신문으로서 가장 수치스러운 일이다. 내가 만일 기자였다면 그런 명령엔 고개를 돌렸을 것이다"라고 말했다.

또한 기자회견에서 하트에게 "간통을 범한 적이 있습니까"라고 물은 『워싱턴포스트』의 폴 테일러 기자는 『뉴욕타임스』의 칼럼니스트들로부터 호된 비판을 받았다. 앤서니 루이스는 그 질문이 '저질'이라고 했으며, 윌리엄 새파이어는 "언론의 품위를 떨어뜨렸다", 에이브 로젠탈은 "구역질 날 정도로 천박한 질문"이라고 했다. 테일러 기자는 『뉴욕타임스』의 5월 22일자 독자투고를 통해 위의 세 칼럼니스트들의 '위선'을 공박한 후 자신의 질문이 정당하다고 주장했다.

미국인들은 이 사건을 즐겼던 것 같다. '품위'에 구애받지 않는 『내셔널 인콰이어러』, 『스타(Star)』, 『피플』 등 황색 폭로성 주간지들은 이 사건으로 대목을 만났다. 라이스의 친구인 린 아만트는 하트와 라이스와의 관계에 대한 정보와 더불어 하트가 라이스를 자신의 무릎 위에 앉힌 사진 한 장을 건네주고 『피플』로부터 4만 달러를 받아 한몫을 톡톡히 챙겼다. 결국 게리 하트는 화제의 인물로만 끝나고 말았다.

1988년 대선의 또 다른 화제의 인물로 민주당 예비선거에 나섰던 미주리(Missouri) 주 하원의원 리처드 게파트(Richard Gephardt)를 빼놓을 수 없겠다. 그는 텔레비전에서는 아예 없는 것처럼 보이는 금발 눈썹을 검게 칠하고서 대중 앞에 섰다. 유권자들의 환심을 사는 전략으로는 경제적 어려움에 대한 책임을 모두 외국에 떠넘기는 '포퓰리즘'을 구사했다.

게파트는 특히 한국에 대한 흑색선전을 함으로써 한국인의 분노를 일으켰을 뿐 아니라 역풍을 맞고 말았다. 게파트의 30초짜리 텔레비전 광고는 한국이 자국 내에 수입되는 미국 승용차에 아홉 가지 부가세를 매기고 있기 때문에 미국에서 1만 달러에 팔리는 크라이슬러 K차가 한국 시장에서는 4만 달러에 팔린다고 주장했다. 그러고 나서 한국의 엑셀 승용차를 그런 값에 미국 시장에 내놓으면 몇 대나 팔리겠느냐고 반문했다. 당초 게파트는 한국이 아닌 일본을 때리려 했으나 많은 사람이 도요타자동차를 가지고 있다는 이유로 한국을 희생양으로 삼은 것으로 알려졌다.

그러나 게파트의 텔레비전 광고는 한국에서 팔리는 K차의 실제 가격이 2만 8000달러라고 하는 사실을 고의로 왜곡한 것이어서 미국 언론으로부터도 비판의 대상이 되었다. 『뉴스위크』는 게파트가 "주 선거구민의 환심을 사는 일이라면 무슨 변신이라도 할 수 있는 인물"이라고 꼬집었다. 경제학자 폴 크루그먼(Paul Krugman 1988)도 게파트의 "유치하고 무책임한 포퓰리즘이 나라를 망칠 수 있다"고 비판했다.

중도 탈락하긴 했지만, 게파트가 허공에 대고 주먹질을 한 건 아니었다. 게파트 안(案)에서 일부 과격한 조항을 삭제한 '종합무역법'이 게파트의 탈락 직후 만들어졌다는 사실이 이를 잘 말해준다. '무역자유화를 위한 우선대상의 선정 조항(Identification of Trade Liberalization Priorities)', 즉 '슈퍼 301조'가 탄생한 것이다. 슈퍼 301조는 정해진 기간 내에 정해진 절차를 통하여 행정부로 하여금 무역상대국에 대한 보복을 전제로 시장개방 압력을 행사하도록 규정함으로써 미국 주도의 자유무역 확대에 기여한다. 게파트는 노동조합의 강력한 지원을

받아 1992년 대선에도 도전한다.(백창재 2009)

"부시, 더 이상 윔프(wimp)가 아니다"

민주당 예선은 게리 하트 스캔들 외에도 조 바이든(Joe Biden)의 학력 위조와 앨 고어(Albert Gore)의 마리화나 흡연 고백 등으로 풍성한 화제를 낳았다. 결국 민주당 대통령후보는 '슈퍼 화요일(Super Tuesday)' 을 거치면서 앨 고어를 누른 매사추세츠 주지사 마이클 듀카키스(Michael Dukakis)로 결정되었다. '슈퍼 화요일' 은 대통령후보 지명에 있어 남부 주들의 영향력을 증대하기 위해 대다수의 남부 주들이 한 꺼번에 예비선거를 치르는 날로, 1988년부터 생겨났다.

듀카키스는 '성실' 을 자신의 간판상품으로 내세웠다. 그가 바이든에 대해 인신공격적인 비디오를 유포한 자신의 선거 참모 존 사쏘(John Sasso)를 문책한 것도 바로 그런 이유에서였다.(백창재 2009, 이준구 2010)

공화당 대통령후보 조지 H. W. 부시의 대표적인 선거 슬로건은 "제 말을 믿으세요. 새로운 세금은 없습니다(Read My Lips, No New Taxes)" 였다. 나중에 지키지도 못할 약속이었지만, 당시엔 이 슬로건이 제법 먹혀들었다. 부시의 가장 큰 고민은 '유약한 남자(wimp)' 라는 이미지였다. 부시 참모들은 이 이미지를 일거에 날려버리기 위한 일대 쇼를 기획해 CBS-TV의 앵커맨 댄 래더와의 단독 기자회견을 그 무대로 이용하기로 했다. 댄 래더는 평소 '씩씩한 사내(macho)' 로 알려진 대표적 인물이었기에 '유약한 남자' 이미지를 씻기엔 제격이었다. 쇼의 내용은 부시가 래더와 한바탕 싸움을 벌이는 것이었다.

네브래스카 주에서 유세 중인 부시. 부시의 우유부단한 이미지는 냉전 종식 이후 세계질서 구축이라는 과제를 맞아 꾸준히 시험대에 오른다.

1988년 1월 25일 워싱턴을 연결해 당시 부통령인 부시와 생방송 인터뷰를 한 래더는 이란-콘트라 스캔들을 물고 늘어지며 공격적인 질문을 던졌다. 부시는 래더의 성질을 돋우기 위해 동문서답으로 일관했다. 다혈질인 래더는 "레이건 대통령의 이야기를 당신에게서 듣자는 게 아니다. 당신은 자신의 일에 대해서만 이야기하라. 내 질문의 요점은 바로 그것이다. 앞으로 대통령까지 되려고 하는 사람이 그런 정책문서에 서명했다는 것은 신뢰성과 리더십을 의심케 한다"고 쏘아붙였다.

래더에게서 이런 공격적인 발언을 이끌어낸 부시는 속으로 회심의 미소를 지었지만 시청자들을 의식해 매우 분노한 표정을 지었다. 이제 부시의 공격이 시작되었다. 부시는 성난 음성으로 "나는 평소 댄 래더 당신을 존경했다. 그러나 오늘밤 당신의 행동을 보니 내 생각이

틀렸던 것 같다"라고 말한 후 래더의 약점을 건드렸다. 래더는 얼마 전 자신의 뉴스 프로그램이 테니스 중계로 잘려 나간 데에 격분해 스튜디오 밖으로 걸어 나감으로써 무려 7분간 CBS-TV의 방송을 중단시킨 적이 있었다. 부시는 이 점을 겨냥하여 이렇게 말했다. "나의 정치적 커리어를 그렇게 쉽게 판단하지 말라. 내가 당신의 커리어를 당신이 7분간 스튜디오를 걸어 나갔던 사건으로 판단하기를 원하는가?"

이러한 공방전 이후 미국 3대 텔레비전 네트워크들은 하루 뒤인 26일 저녁뉴스 시간에 앞다투어 이 설전 장면을 재방영하고 내용을 분석하는 수선을 떨었다. 신문들도 이 사건을 대서특필했다. 물론 이 설전은 래더의 공격적인 질문을 예상한 참모들의 각본에 따라 이루어졌다는 것이 밝혀졌다. 선거운동에 바쁜 부시가 래더가 스튜디오를 비웠던 시간이 7분이라는 점을 정확히 알고 있다는 것부터가 이상한 일이었다. 그렇지만 이 설전은 부시의 유약한 이미지를 개선하는 데에 크게 기여했다. 「부시, 더 이상 윔프(wimp)가 아니다」라는 신문 기사 제목들이 대거 등장했다.

부시의 러닝메이트가 된 인디애나(Indiana) 주 연방 상원의원인 댄 퀘일(Dan Quayle)은 두고두고 풍성한 화제를 제공했다. 퀘일은 여성 표를 끌어들이는 데에 도움이 될 수 있는 젊은 미남이었지만 멍청한 이미지로 두고두고 부시를 괴롭힌다. "이번 선거는 미국의 차기 대통령이 누가 되느냐를 결정하는 일입니다. 여러분!" 선거유세 연단에서 퀘일이 흥분한 어조로 토하는 열변은 이런 식이었다. 세상에 그걸 누가 모르나? 어눌하다 못해 좀 모자란 듯한 퀘일의 언어 구사와 철자법은 코미디언들과 만화가들 사이에서 인기 소재가 되었으며, 바로 이

것이 나중에 부시가 재선에 실패하는 한 이유가 된다.(Kessler 1997, Miller 2003)

전 대통령 닉슨의 1988년 대선 관전평이 흥미롭다. 닉슨(Nixon 1988)은 1988년 8월 "언론은 선거전을 계속 보잘것없는 것으로 만들어 가고 있다. 미국 언론이 본질은 소홀히 한 채 스타일에만 집착해 있는 데는 이제 구역질이 날 정도다"라며 다음과 같이 말했다.

"부시가 퀘일을 지명했을 때 신문과 텔레비전의 기자들은 자료실로 뛰어가 육체파 로비스트 폴라 파킨슨의 사진을 찾기에 바빴다. …… 백만장자인 듀카키스는 자신이 검소하다는 것을 내보이기 위해 수동식 잔디깎이 기계를 써 왔다. 아이비리그 출신의 부시는 자신이 돼지비계를 즐겨 먹으며 컨트리음악을 듣고 있음을 계속 주장해왔다. 듀카키스는 진보적이라는 딱지를 숨기기 위해, 또 부시는 그의 엘리트 이미지가 오히려 기회를 놓치게 할지도 모른다는 홍보담당 보좌관들의 조언에 따라 각각 자신의 실체를 숨긴 채 다른 모습을 내보이려고 애쓰는 것이다."

"텔레비전의, 텔레비전에 의한, 텔레비전을 위한 쇼"

세상이 달라진 걸 이해해야지 어쩌겠는가. 그 전에도 그랬지만, 1980년대 후반에 이르러 모든 정치행사는 "텔레비전의, 텔레비전에 의한, 텔레비전을 위한 쇼"의 형식으로 기획되는 지경에까지 이르렀다. 1988년 7월 20일 조지아 주 애틀랜타(Atlanta) 시의 옴니 콜로세움에서 열린 민주당 전당대회의 한 장면을 감상해보자.

"민주당의 전당대회는 할리우드 스타일로 진행되고 있다. 200만 달러가 들어간 무대장치며 유명 연예인들이 나오는 행사연출이 '비디오 정치' 지배의 정수를 보여주고 있다. 실제로 옴니 콜로세움의 무대와 행사는 할리우드의 스미스 헤미온 프로덕션팀이 맡고 있다. 상품광고가 30초만 지나도 텔레비전 채널을 돌려버린다는 '리모트컨트롤 시대'의 '성급한 세대'를 의식해 대부분의 연설은 15분을 넘지 않게 하고 있다. 기조연설자 역시 엄숙한 웅변가보다 관객을 웃기는 만담조의 이야기꾼으로 정한 것도 전자시대의 정치를 의식한 것이었다. 전당대회가 저녁 8시부터 11시까지로 돼 있는 것도 텔레비전 골든아워에 맞추기 위한 것이며 50년 만에 가장 짧은 정강을 채택한 것도 정책토론보다는 이미지 쪽에 비중을 두는 비디오 정치 시대의 경향을 말해주는 것이다."(변용식 1988)

그런 분위기 때문에 이 전당대회에서 듀카키스를 민주당 대통령후보로 지명하는 연설을 맡은 아칸소 주지사 빌 클린턴은 피해자가 되고 말았다. 대통령이 될 포부에 차 있던 클린턴으로서는 이 연설이 자신의 지명도를 높일 수 있는 절호의 기회였기에 연설 준비에 지극정성을 기울였지만, 도무지 연설을 할 수 있는 분위기가 아니었다.

데이비드 매라니스(David Maraniss 1996)에 따르면 "클린턴은 청중들이 조용해지기를 바랐다. 또 조명도 분위기를 살릴 수 있게 어슴푸레하게 낮춰질 것을 고대했다. 그러나 여전히 조명은 환하게 빛나고 있었으며 대의원들은 장내 치어리더들의 율동으로 듀카키스의 이름을 연호하며 술렁대고 움직이기 시작했다. 이제 대회장 내에서 클린턴의 연설은 아예 들리지도 않을 정도가 되었다. …… 연설을 생중계하던 ABC 방송국이 중간에 방송을 중단하고 대신 녹화된 다른 보도화면을 내보낼 정도였다. NBC와 CBS는 중계석에서 빨간 불을 켜 보내면서 클린턴에게 연설을 중단하라는 사인을 보내왔다. 청중들은 손으로 목을 자르는 시늉을 하면서 그만 집어치우라고 아우성을 질러댔다."

이처럼 그림 위주의 텔레비전이 선거의 주요 이벤트들을 완전히 '장악' 함에 따라 신문들의 선거보도도 내키지 않는 변화를 겪지 않을 수 없었다. 즉, 신문이 텔레비전을 통해 제시된 선거 이벤트를 보도하지 않을 수 없게 된 것이다. 그래서 신문기자들은 텔레비전 때문에 자기들이 드라마 비평가가 되고 있다고 불평했다. 텔레비전을 의식한 후보들의 행사술과 연기술이 발달함에 따라 그 행사와 연기를 평가하고 숨은 뜻을 캐내는 역할을 맡게 되었다는 것이다.

『뉴욕타임스』 칼럼니스트 헤드릭 스미스(Hedrick Smith 1988)는 1988년 7월 "지난 18일 민주당의 '단합' 을 보여주기 위한 기자회견에 앞서 매리언 베리(R. Marion Berry) 워싱턴시장은 의례적인 우정의 표시로 제시 잭슨이 쓰고 있던 청백색 모자를 장난스럽게 벗겨 마이클 듀카키스의 머리에 씌워주었다. 듀카키스는 카메라 셔터보다도 재빠르게 모자를 벗어 베리에게 돌려주었다. 그러고서 듀카키스는 웃지도 않았다. 이 본능적인 몸짓은 듀카키스가 화해를 하더라도 장난이나마 누구에게 얽매이지 않으려 한다는 것을 보여준다" 며 다음과 같이 말했다.

"이 기자회견은 전당대회의 성공을 위해 그리고 대통령후보로서 듀카키스의 이미지를 위해 선거운동 측면에서 중요했다. 듀카키스 자신은 어설픈 정치적 장난으로 잘 짜인 시나리오에 손상을 입히고 싶지 않아 했다. 기자회견을 통해 민주당 선거운동의 삼위일체가 공개

됐다. 전국을 커버하는 신문의 1면에 화려하게 장식된 민주당 단합의 사진은 그 어떤 연설만큼이나 중요했다. 텔레비전 카메라 앞에서 잭슨을 왼쪽에 그리고 보수주의자 로이드 벤슨 상원의원을 오른쪽에 두고 사이에 선 듀카키스의 모습은 유권자들에게 그의 정치적 중립을 보여주었다. 듀카키스 매사추세츠 주지사가 진보주의자이고 대규모 증세(增稅) 주창자이며 범죄에 대해 너무 관대하다고 비난해온 부시 공화당후보에게 이것은 하나의 생생한 답변이 되어주었다. …… 전반적으로 온건하고 보수적인 물결이 미국을 지배하고 있는 때에 듀카키스의 냉정함은 좋은 방향으로 작용했다. 대부분의 사람들은 이것을 남부와 서부의 중도적이고 보수적인 색채의 유권자들을 향한 영리한 제스처라고 본다."

부시와 듀카키스

듀카키스가 매사추세츠 주에서 시행한 재소자 휴가 프로그램은 강력범죄 13퍼센트 이상 감소, 마약사범 체포율 5배 이상 증가라는 성과를 거두었다. 그런데 이게 웬일인가. 선거 기간 중 살인범으로 종신형을 선고받은 윌리 호튼(Willie Horton)이라는 범죄자가 재소자 휴가 프로그램으로 휴가를 나가 메릴랜드의 한 가정에 침입해 부녀자를 강간하고 그 남편을 살해한 사건이 벌어졌다. 이는 부시 측의 집중적인 공격 대상이 되었다. 또한 듀카키스는 동생이 교통사고로 사망한 후 우울증 증세로 비밀리에 정신과 치료를 받았다는 소문에 대해 부시 측이 요구한 진료기록 공개를 끝내 거부함으로써 민주당 선거운동 본부의 분열을 초래했다.

공화당의 광고는 듀카키스의 그런 악재들을 파고들었고, 민주당은 이에 대응하느라 1988년 대선의 본선 경쟁에선 부정적인 광고가 난무했다. 대통령후보가 상대방을 직접 비난하는 것은 역효과가 날까 봐 후보 자신이 직접 나서지는 않았지만, 양측의 광고는 모두 상대방 후보를 종종 등장시켰다. 듀카키스는 마피아 두목처럼, 부시는 약간 미친 사람처럼 묘사되었다.

듀카키스를 비난하는 광고는 민주당 집회 후 쓰레기 더미에 파묻혀 난감해하는 청소부를 보여주면서, 듀카키스가 보스턴항 오염문제 해결을 거부하고 흉악범을 풀어놓아 전국을 떨게 하면서도 낭비와 중과세를 자행한다고 비난한다. 메사추세츠 주에서 시행되고 있는 죄수의 주말 휴가제를 겨냥한 이른바 '회전문 광고'에서는 흑백의 음울한 화면 속에서 회전문을 통해 쏟아져 나오는 죄수들의 모습을 슬로우 모션으로 비춘 다음 "이는 결코 용납될 수 없다"는 단호한 음성을 내보냈다.

부시 측은 기자에게 감옥에 있는 윌리 호튼과 전화 인터뷰를 시도하게 하는 수법도 사용했다. 기자가 차기 대통령후보 중 누구를 지지하는가를 묻자 호튼은 듀카키스를 지지한다고 답했고, 이는 크게 보도되었다. 부시 측은 듀카키스가 범죄자에게 지지받고 있다고 조롱하면서 듀카키스가 당선되면 호튼이 석방될 수도 있다고 선전했다.(이준구 2010)

반면 듀카키스 측은 '부시의 사탕발림'이라는 제목이 붙은 광고 시리즈를 내놓았다. 여기서는 담배연기 자욱한 방에서 환경, 의료보험, 마약, 퀘일 부통령 지명 등과 관련된 부시의 실책을 은폐하기 위해 고

심하는 참모진의 모습을 보여준다. 등장하는 인물들은 아첨꾼으로 묘사되며 그 과정에서 "이봐, 이봐, 애국심을 따질 때인가"라는 말도 튀어나온다.

부정적 광고가 아닌 텔레비전 광고는 아예 일반 상품광고를 방불케 했다. 부시가 사용한 광고는 남성화장품 광고처럼 부드러운 음악과 달콤한 속삭임까지 가미했다. 부시의 광고에는 이런 내용도 있었다. 부시가 하늘을 가리키며 '바로 이 사람입니다(I'm that man)'라고 외친다. 순간 음악이 커지며 부시가 백악관으로 유령처럼 빨려 들어간다. 부시는 미국의 영원한 번영을 약속하며 "이것은 나의 사명입니다. 나는 해내고 말 것입니다"라고 준엄하게 선언한다.

텔레비전 토론에서 부시는 듀카키스가 1977년 매사추세츠 주 공립학교에서 매일 아침 교사가 학생들 앞에서 '국기에 대한 맹세'를 선창하지 않으면 벌금을 물린다는 법안을 비토한 전력을 공격해 애국심 논쟁을 불러일으킴으로써 큰 재미를 보았다. 텔레비전 토론에서의 '애국심 논쟁'이란 감성에 어필하는 것이지 이성에 어필하는 것이 아니기 때문에 즉각적으로 뇌리에 박힐 만한 짧은 말을 생각해내지 못하면 수세에 몰린다는 인상을 주기가 쉽다. 다른 곳에서는 논리 있는 말을 하기 위해 몇 초간 생각하는 것이 아무런 문제가 되지 않으나 텔레비전 토론에서는 그런 생각할 시간을 허용하지 않는다. 말이 즉각적으로 튀어나와야 신뢰감을 주기 때문이다. 따라서 텔레비전 토론은 순발력을 시험하는 무대로 전락하기 쉽다. 물론 아주 똑똑한 사람과 그렇지 못한 사람의 차이 정도는 가려낼 수 있겠지만, 대충 비슷하게 똑똑한 사람들 사이의 텔레비전 토론이란 일종의 퍼스낼리티 대결로 전락하기가 십상이다. 바로 이런 대결에서 듀카키스는 무능을 드러내고 말았다.

듀카키스는 어떤 특별한 경우엔 텔레비전 토론에서 지나치게 감정을 절제해도 문제가 된다는 실례를 몸소 보여주었다. 듀카키스는 10월 13일 로스앤젤레스 토론에서 CNN-TV의 앵커 버나드 쇼(Bernard Shaw)로부터 질문을 받았다. 쇼는 듀카키스의 사형폐지론을 겨냥하여 "만약 당신의 부인 키티 듀카키스 여사가 강간·살해되어도 사형제도를 찬성하겠습니까?"라고 물었다. 듀카키스는 이 질문에 아무런 감정 없이 냉정하게 대답하는 실수를 저질렀다. "네. 설사 그렇다 해도 전 사형제도에는 반대합니다." 자신의 사형제 반대 소신을 다시 밝힌 것이다. 듀카키스는 토론을 끝내고 나오면서 수석보좌관 존 사쏘에게 "내가 얼빠진 짓을 했어"라고 말했다. 그런 종류의 질문엔 언론의 품위를 이야기한 다음에 기자의 무례를 꾸짖는 게 최상의 대답이었을 것이다. 그러나 좋은 생각은 늘 나중에 나는 법이다.

1988년 대선은 '윌리 호튼'이 지배한 선거라고 해도 과언이 아니었는데, 그런 얼빠진 답을 했으니! 부시 측이 어찌나 '윌리 호튼'을 들먹이고 언론매체가 또 관련 내용을 증폭했던지 미국인의 거의 3분의 2정도가 그 이름을 알고 있었다. 이 사건의 영향력을 보여주는 사례로 ABC-TV 저녁뉴스의 한 장면이 거론된다. 듀카키스의 선거운동 버스에 탑승한 기자 샘 도널드슨은 듀카키스를 바라보며 "윌리 호튼이 선거를 할 수 있다면 당신에게 투표를 하겠다고 한 신문 기사를 보았습니까?"라고 묻자, 듀카키스는 창문을 닫으면서 "그는 투표를 할 수 없어요, 샘"이라고 응답했다.

선거 결과, 부시는 일반투표에서 54퍼센트를 확보하고(듀카키스 46퍼센트), 선거인단 투표에서 426대 112로 듀카키스를 누르고 제41대 대통령에 당선되었다. 의회 의석수에서 민주당은 상하 양원에서 안정적인 다수를 차지했지만, 4년 전 월터 먼데일이 다시는 언론의 취향에 맞추지 못하는 후보를 추천하지 말라고 당에 한 충고는 받아들여지지 않은 셈이다. 선거 후 2년 뒤 연설에서 듀카키스는 자신이 후보로서 부적절했던 점을 다음과 같이 시인했다.

"나는 애틀랜타에서 있었던 후보수락 연설에서 1988년 선거운동은 이념에 관한 것이 아니라 능력에 관한 것이라고 말했는데 내가 틀렸다. 그 선거는 말솜씨나 표현에 관한 선거였다. 10초짜리 육성 삽입에 관한 것이었다. 그리고 텔레비전을 위해 만들어진 배경 같은 것이었다. 그리고 이러한 부정적인 면은 계속 나타날 것이다."(Patterson 1999)

글쎄, 듀카키스 역시 여전히 먼데일처럼 가슴 속 깊은 곳에서 우러나오는 성찰을 고백하기보다는 "나는 억울하다"고 하소연하는 듯하다. 정치의 문법은 그렇게 달라져 있었다. 민주당 전당대회에서 클린턴이 피해자가 되었던 것처럼 민주당도 그 문법을 따랐던 정당이 아닌가. 일찌감치 쓴 맛을 본 클린턴의 훗날 활약상을 지켜보는 게 민주당의 대안이라면 대안이었다.

참고문헌 Ferguson 1988, Hertzberg 1987, Kessler 1997, Krugman 1988, Maraniss 1996, Miller 2003, Nixon 1988, Patterson 1999, Smith 1988, 강준만 1992, 김윤재 2003, 백창재 2009, 변용식 1988, 손세호 2007, 이보형 2005, 이준구 2010, 정연주 1994

미국 쇠락론
폴 케네디의 『강대국의 흥망』

마크 트웨인과 미국의 패권

1987년 10월 19일 월요일 미국의 다우주가 평균은 전날에 비해 무려 22.6퍼센트나 폭락했다. 하루 기준으로는 사상 최대의 주가하락이었으며, 흔히 '암흑의 목요일(Black Thursday)'로 불리는 1929년 10월 24일(목요일) 직후의 12.8퍼센트라는 역사적 주가하락보다도 훨씬 큰 폭이어서 '암흑의 월요일(Black Monday)'이라는 말이 나왔다. 바로 이런 침울한 상황이 한동안 지속되는 가운데 1988년, 예일대학 역사학과 교수 폴 케네디(Paul Kennedy)의 『강대국의 흥망(The Rise and Decline of the Great Powers)』은 순식간에 베스트셀러가 되었다. 이 책이 미국이 영국과 같은 쇠락의 길을 갈지도 모른다고 주장했기 때문이다. 미국 경제에 대한 의구심이 커져 가는 가운데 한동안 '미국 쇠락론'이 유행했다. (Phillips 2004, 이찬근 1998)

말이야 바른 말이지만, 인류 역사 이래로 지금의 미국과 같은 초강대국은 없었다. 어떤 이들은 '초강대국'이라고 부르는 걸로는 모자란다며 '초초강대국'이라 불러야 한다는데, 미국의 거칠 것 없는 오만을 보면 그럴 법하다는 생각이 든다. 그러나 미국에 대해 비판적인 진보적 지식인들은 자신들의 '희망사항'을 피력하고 싶은 열망에 사로잡혀 서둘러 미국 패권의 몰락을 예언해왔다.

이매뉴얼 월러스틴(Immanuel Wallerstein)은 1980년 초에 쓴 한 논문에서 미국 패권의 쇠퇴를 전제로 하여 패권의 상실에서 오는 사회적 변동(dislocation) 요인이 있다는 점, 미국 사회 안에는 다른 선진국가들에 비해 수적으로 훨씬 많은 제3세계 인민들이 존재한다는 점, 또 미국은 다른 나라들에 비해 역사가 더 오랜 여성운동의 뿌리가 있다는 점 등을 들면서 미국 좌파운동이 다른 선진 사회와 비교해 더 밝은 전망을 갖고 있다고 주장했다.

애국적 견지에서 나온 미국 쇠락론도 있었다. 경제학자 레스터 서로우(Lester Thurow)는 1985년에 출간한 『제로섬 해결(The Zero Sum Solution)』에서 '유럽 부상론'을 내세우면서 로마는 공화국과 제국으로 1000년을 존속했는데 미국은 무슨 이유로 불과 반세기 만에 미끄러져 넘어지고 있느냐고 탄식했다.(Nye 2002)

물론 이들의 예견이나 진단은 빗나갔다. 이런 주장은 산업구조의 개편과 같은 표면적 현상에만 집착하여 미국 패권의 근본적 구조의 존속을 과소평가 했거나, 미국의 활동 여지를 넓혀보겠다는 뜻으로 미국 정부가 엄살을 떤 자료들을 그대로 받아들인 데에서 비롯되었다는 해석도 있다. 1985년 브루스 러셋(Bruce Russet 1985)은 다음과 같이 주장했다.

"마크 트웨인(죽기 전에 사망 기사가 신문에 떠들썩하게 났던 미국의 작가)은 결국 죽긴 죽었다. 그와 마찬가지로 미국의 패권도 종언을 고할 날이 있을 것이다. 그러나 한 가지 분명한 것은 마크 트웨인이나 미국의 패권 모두 그 사망 보도가 지나치게 과장되었다는 점이다."

폴 케네디의 '미국 쇠락론'

무언가를 예측하고 싶은 지식인으로서의 욕구도 미국 쇠락론 전파에 일조했다. 폴 케네디의 『강대국의 흥망』도 그런 경우로 보아야 할까? 케네디는 '제국의 과잉팽창'에 따른 문제점에 주목한다. 역사적으로 제국주의 세력은 경제적으로 더 생산적인 부문보다는 군사적인 부문에 지나치게 많은 에너지를 분산시킴으로써 패망을 재촉했다는 것이다. 미국의 경우도 군부를 포함한 행정부와 산업체가 하나로 결탁한 이른바 '군산복합체'의 '낭비, 부정, 남용' 등 비리는 매우 심각하다는 것이다. 이 점을 미국의 딜레마로 보는 케네디는 다음과 같이 말한다.

"미국처럼 전 세계에 과잉팽창한 나라는 군비투자가 적으면 도처에서 불안감을 느낄지도 모른다. 그러나 군비투자를 대폭 늘리면 단기적으로는 안보를 증진할 수 있겠지만 장기적으로 보면 경제 경쟁력을 약화시켜 국가안보를 해치는 결과를 초래할 수 있다."

좀 더 구체적인 주장을 들어보자. "영국은 지리적 규모·인구 및 자연자원에 비추어 다른 조건들이 모두 같다면 세계의 부와 힘의 약 3~4퍼센트를 소유하는 정도에 그칠 수밖에 없었지만 다른 조건들이 결코 같지 않았고 일련의 특수한 역사적·기술적 환경 덕분에 전성기에 세계의 부와 힘의 25퍼센트가량을 소유할 정도로 팽창했으며 그 후 이

유리한 환경이 소멸되자 다시 원래의 '자연스러운' 규모로 돌아갔던 것이다. 마찬가지로 미국은 그 지리적 규모, 인구 및 자연자원에 비추어 세계의 부와 힘의 16~18퍼센트를 소유해야 마땅하겠지만 유리한 역사적·기술적 환경 덕에 1945년에는 그 40퍼센트 정도까지를 소유했다가 그 후에는 우리가 목격하는 바와 같이 더욱 '자연스러운' 몫의 쇠퇴과정을 걷고 있는 것이다."

케네디의 이런 주장은 선풍적인 주목의 대상이 되었다. 이와 관련해, 역사학자 리처드 에번스(Richard Evans 1999)는 "이 책은 근대사에서 부유한 국가들이 제국을 창출하지만 결국에는 그들의 자원을 지나치게 동원한 나머지 쇠락하는 어떤 패턴이 있다고 주장한다"며 다음과 같이 말한다. "역사적인 세부사실들을 풍부하게 곁들여 설명한 이 책이 많은 관심을 끌었던 것은 16, 17세기에 합스부르크 제국이 유럽 지배권을 장악하지 못한 이유를 상세하게 논증한 것 때문이 아니라 미국이 20세기가 지나면서 세계 지배권을 견지할 수 없으리라는 결론 때문이었다. 미국의 로널드 레이건 대통령이 거의 임기를 다할 무렵에 이 음울한 예언은 미국의 대중에게 우려의 분위기를 불러일으켰다. 책은 하룻밤 사이에 베스트셀러가 되었다. 1987년에 쓰인 이 책은 또한 소련이 붕괴하지는 않을 것이라는 주장을 내세웠으며, 그에 따라 상황은 미국 독자들에게는 실로 불길한 것처럼 보였다."

조지프 나이(Joseph S. Nye, Jr. 2002)는 그런 불길한 기운이 감돌던 당시를 이렇게 회고했다. "당시 베스트셀러 목록을 훑어보면 미국의 몰락을 그린 책들이 적지 않았다. 대중잡지의 표지는 한 줄기 눈물이 뺨을 적시는 자유의 여신상을 묘사해놓았고, 일본이 미국의 점심을 빼앗아 먹으면서 곧 미국을 밀어내고 수위를 차지할 참이었다."

조지프 나이 · 앨빈 토플러의 반론

이래선 안 되겠다고 생각한 조지프 나이는 1989년 케네디의 『강대국의 흥망』에 대한 반론으로 『선도할 운명(Bound to Lead)』이라는 책을 출간해 '소프트 파워(soft power)' 개념을 소개하며 미국의 패권이 상당 기간 계속될 것으로 예언했다. 그는 소프트 파워를 "국제사회에서 강제력을 사용하지 않고 목적을 달성할 수 있는 능력"이라고 정의했다. 군사력과 경제력 등이 하드 파워라면 소프트 파워는 미국적 가치관, 정보통신, 교육기관, 문화의 수출, 국제기구와 제도를 통한 의제설정 능력 등에서 나온다는 게 나이의 주장이다. 정치체제, 인터넷과 CNN, 하버드, 맥도널드와 IMF 등이 21세기 미국의 힘이라는 것이다. 소프트파워의 개념은 클린턴 정부에서 국방부 차관보로 참여한 나이와 국무부 부장관이었던 스트로브 탤보트(N. Strobridge Talbott III)의 주도로 현실 정치에 적용되는 국가전략 틀로 편입된다.(홍규덕 2002)

미래학자 앨빈 토플러(Alvin Toffler)도 나이의 주장에 동참했다. 토플러는 서로우와 케네디의 주장을 다음과 같이 반박했다. "서로우 교수는 경제학자다. 그는 경제적인 판단의 틀로 세계를 전망하고 있다. 폴 케네디의 준거 역시 군사력과 경제다. 그리고 그는 역사를 수직적인 흐름으로만 보고 있다. 그러나 이들은 사회정치적, 과학 · 정보적 요소를 간과하고 있다. 미래 사회가 정보에 좌우된다고 할 때 가장 앞서갈 나라는 최고의 컴퓨터와 소프트웨어, 통신수단 등을 보유한 나라가 될 것이다. 유럽은 이 같은 중추 기술에서 상당히 뒤져 있다."(김

철 1992)

토플러(Toffler 1990)는 1990년에 출간한 『권력이동(Power Shift)』에선 '경제'만을 다루는 경제학자들에게 '경제'는 그렇게 공부하는 게 아니라고 꾸짖었다. 그는 미국 대학에서 사용되는 가장 영향력 있는 교과서로 손꼽히는 폴 새뮤얼슨(Paul A. Samuelson, 1915~2009)과 윌리엄 노드하우스(William D. Nordhaus) 공저인 『경제학(Economics: An Introductory Analysis)』의 최신판에는 눈을 피로하게 하는 작은 활자로 28페이지나 되는 색인이 실려 있지만, 색인을 아무리 찾아보아도 '권력'이라는 단어가 없다는 점을 개탄한다. 도대체 권력을 언급조차 하지 않으면서 무슨 경제학을 논하느냐는 것이다.

'소프트 파워'란 무엇인가?

이 '소프트 파워' 개념은 2000년대 들어 대중화된다. 2001년 여름 독일 언론인 요세프 요페(Josef Joffe)에 따르면 "미국의 소프트 파워는 경제적, 군사적 자산보다 훨씬 커 보인다. 저급이건 고급이건 미국의 문화는 로마제국 시대에 마지막으로 보았던 것처럼 맹렬한 기세로 퍼져 나가고 있지만 그와 색다른 면이 있다. 로마와 소련의 문화적 영향력은 군사적 영역을 한 치도 벗어나지 못했다. 그러나 미국의 소프트 파워는 해가 지지 않는 거대한 제국을 지배하고 있다."

그러나 여전히 오해도 만만치 않았다. 나이(Nye 2002)는 "일부 회의론자들은 소프트 파워 논리에 동의하지 않는다. 파워를 명령이나 적극적 통제 형태의 좁은 의미로 인식하기 때문이다"라고 개탄했다. "일부에서는 이 개념을 잘못 이해하고 그릇되게 사용하는가 하면, 코카콜라나 할리우드, 블루진, 자금력의 영향이나 위력 정도로 폄하하기도 했다. 그러나 이보다 더 실망스러운 것은 일부 정책 수립자들이 소프트 파워의 중요성을 외면함으로써 모든 사람이 그에 따른 대가를 톡톡히 치르게 한다는 점이다."

클린턴 행정부 국방차관보를 거쳐 하버드대학 교수가 된 나이(Nye 2004)가 '소프트 파워' 개념을 더욱 발전시켜 2004년 『소프트 파워 (Soft Power: The Means to Success in World Politics)』를 발표한다. 여기에 따르면 '소프트 파워'는 경제력, 군사력으로 대변되는 하드 파워와는 달리 문화 · 외교적 역량, 즉 강제나 보상보다는 사람의 마음을 끄는 힘으로 원하는 것을 얻는 능력을 말한다.

그렇다면 소프트 파워는 영향력인가? 나이는 영향력이란 위협이나 보상과 같은 하드 파워에도 의존하기 때문에 소프트 파워를 단순히 영향력과 동일한 것으로 보기는 어려우며, 소프트 파워는 설득이나 논쟁으로 다른 사람을 움직이는 능력만을 뜻하지는 않는다고 말한다. "그런 능력이 소프트 파워의 주된 요소 중 하나임에는 분명하지만, 그 밖에 사람을 사로잡는 능력도 포함되어 있다. 이런 매력이 군소리 없이 그대로 따르는 묵종(默從)을 이끌어낼 때가 많다. 행위 면에서 보자면 소프트 파워란 한마디로 매력적인 파워인 것이다. 자원 면에서 보자면 소프트 파워 자원은 그런 매력을 만들어내는 자산인 것이다."

나이는 소프트 파워는 하드 파워에 좌우되지 않는다고 역설한다. 스탈린은 "교황 휘하에는 몇 개 사단이 있는가?"라고 조롱하듯이 질문했지만, 그럼에도 바티칸은 막강한 소프트 파워를 행사했다는 것이다. 반면 과거 소련은 엄청난 소프트 파워를 자랑했지만, 헝가리와 체코를 침공한 이후 그런 소프트 파워의 상당 부분을 상실하고 말았다는 것이다.

나이는 파워의 기반이 군사력과 정복 중심에서 계속 벗어나고 있는 이유로 ●역설적인 현상이지만 핵무기는 파괴력이 워낙 커서 엄청난 공포의 대상이 되었던 만큼 무기로서의 유연성을 상실한 점 ●민족주의의 대두로 다른 나라의 민중들을 다스리고 지배하기가 더욱 어려워졌으며, 식민지 지배는 광범위한 지탄의 대상이 될 뿐만 아니라 그 대가도 혹독하다는 점 ●초강대국의 국민이 국가의 존립이 위태로운 경우를 빼면 많은 인명 손실을 꺼린다는 점 ●무력을 사용하면 경제상의 여러 가지 목표가 위협을 받는다는 점을 들었다.

예측이 역사를 바꾸었나?

리처드 에번스(Richard Evans 1999)는 역사가가 미래를 예견하는 것은 잘못이라는 예증을 들기 위해 『강대국의 흥망』을 거론한다. "책의 마지막 장에서 일반론을 법칙으로 바꾸고 이를 이용하여 미래를 예견하는 순간, 그는 곤란한 지경에 빠져들었다. 역사가가 미래를 예견하는 것은 언제나 잘못이다. 과학과는 달리 인생은 그저 경이로 가득 차 있는 것이다."

그러나 또 다른 역사학자 닐 퍼거슨(Niall Ferguson 2002)은 케네디의 예측이 역사를 바꾸었을 가능성에 주목한다. 그는 "케네디는 미국이 1980년대에 직면한 쇠퇴 위험을 지나치게 과장했다는 비난을 받기도 했다. 그러나 이러한 비난은 이미 미국과 북대서양조약기구를 이끈 정치지도자들이 그의 충고를 명백하게 인식했다는 사실을 간과하고 있다"며 다음과 같이 주장한다.

"『강대국의 흥망』의 발간 이래 수년간 서방제국들의 군비지출은 역사적으로 가장 낮은 수준으로 바뀌었다. 주요 서방국의 1997년도 국내총생산 대비 군사비 비율은 미국 3.4퍼센트, 프랑스 3퍼센트, 영국 2.7퍼센트, 이탈리아 2퍼센트였으며, 독일은 1.6퍼센트로 1920년 이래 최저 수준이었고, 프랑스와 이탈리아도 1870년 이래 최저 수준이었다. 그와 동시에 미국의 경우는 마치 냉전 이후의 '평화배당(peace dividend)' 기대가 이루어진 것처럼 경제성장률이 매우 높게 나타났다. 이것이 이미 시작된 미국의 쇠퇴 문제를 해결했음을 의미하는 것일까?"

과연 그럴까? 케네디의 충고가 수용되었다기보다는 케네디도 미처 생각하지 못한 역사적 대변화가 군비지출을 줄이게 만든 건 아닐까? 역사적 대변화는 1989년 11월 9일 베를린장벽의 붕괴로 나타나기 시작했다. 도대체 어떤 과정을 거쳐 이런 일이 벌어진 것인가?

참고문헌 Evans 1999, Ferguson 2002, Kennedy 1996, Nye 2002·2004, Phillips 2004, Russet 1985, Toffler 1990, 강준만 2005, 김철 1992, 이찬근 1998, 홍규덕 2002

미국 '1극 체제'로 가는가?
베를린장벽의 붕괴

중국의 천안문사태

1989년 3월 24일 미국 최대의 정유회사인 엑슨(Exxon)의 유조선 발데스(Baldez)호가 알래스카 근처에서 암초에 부딪혀 좌초함으로써 원유 1100만 갤런이 유출되는 환경 재앙이 발생했다. 이로 인해 1100마일에 이르는 알래스카 해안이 오염되었으며, 3만 6000여 마리의 철새와 1000여 마리의 물개가 떼죽음을 당했다. 전 인류가 큰 관심을 기울여야 할 큰 사건이었지만, 이 사건을 뒷전으로 밀어낸 정치적 격변이 유럽과 중국에서 일어나고 있었다.

1989년 4월 2일 『뉴욕타임스』는 미·소 간의 적대감정이 종식되었다며 냉전이 끝났음을 선언했는데, 이런 선언을 현실로 구체화하는 데에 기여한 주인공은 고르바초프였다. 그는 1989년 2월 15일 아프가니스탄에서 소련군을 완전 철수했으며, 2월 23일 동유럽과 소련 간의 역사적인 관계를 재검토한다고 발표함으로써 동유럽 여러 곳에 주둔

(위)원유 유출로 떼죽음을 당한 새들.
(아래)해안가의 기름을 제거하는 작업 처리반.
2010년 미국 멕시코만 원유 유출 사태가 일어나기 전까지, 이 사고는 미 역사상 최악의 환경참사로 기록되었다.

하고 있던 소련군을 철수하는 작업에 들어갔다. 그는 본의 아니게 중국의 천안문(天安門)사태의 발전에도 결정적인 기여를 했다.

1989년 4월 한때 덩샤오핑(鄧小平, 1904~1997)의 후계자로 여겨지기도 했고 정치개혁에 동조하는 것으로 알려졌던 후야오방(胡耀邦, 1915~1989)이 사망하자, 베이징의 학생 지도부는 그의 죽음을 기리는 대규모 학생시위를 천안문광장에서 벌이기로 했다. 5월 16일 천안문광장에선 대학생 30여 만 명이 시위를 벌였으며, 전날에는 단식시위를 하던 대학생 100여 명이 쓰러졌다. 학생들은 부패 청산, 연고 임용제 폐지, 삶의 질 향상, 민주주의로의 이행 등을 요구했다. 때마침 중국을 국빈 방문 중이던 고르바초프를 취재하기 위해 몰려든 외국 기자들 덕에 이 시위는 전 세계 언론의 집중적인 조명을 받았다.

베이징에 야간 통행금지가 실시된 5월 19일 중국 공산당 총서기 자오쯔양(趙紫陽, 1919~2005)은 천안문광장의 시위대를 찾아가 "우리들이 너무 늦게 왔다. 미안하다"고 울먹이기까지 했다. 그러나 중국의 실권자인 덩샤오핑과 리펑(李鵬) 총리를 포함한 노장파들은 달리 생각했다. 이들은 5월 20일 계엄령을 발동한 뒤, 6월 3일 밤과 6월 4일 새벽 사이에 탱크를 앞세운 군인들을 동원해 학생들을 진압했으며, 이 과정에서 수천 명이 죽었다. 중국 당국은 사망자가 200명이라고 발표했지만, 수천 명으로 기록하고 있는 책들이 많다. 이를 가리켜 6·4 천안문사태라 한다. 시위에 공감했을 뿐만 아니라 폭력진압에 반대했던 자오쯔양은 6월 24일 당을 분열시키고 내란을 유발했다는 비판을 받고 실각했다. 그는 2005년 1월 17일, 85세로 사망하기까지 16년간 가택연금에 처해진다.

1990년대 초 중국을 방문한 독일 국방장관 클라우스 퇴퍼(Klaus Töpfer)가 리펑 총리에게 "중국에서도 인권을 중시하는 정치를 해야 하지 않겠느냐"고 충고하자, 리펑은 이런 냉소적인 답변을 내놓았다고 한다. "우리가 중국 인민의 인권을 보장하는 것은 매우 쉽다. 그런데 혹시 독일이 인권보호 차원에서 매년 1000만 내지 1500만의 중국인들을 좀 잘 먹고 잘살 수 있게 받아줄 수 있는가?"(Martin & Schumann 1997)

당시 천안문광장에는 노동자, 부랑자, 농민, 상점주인, 지식인 등 다양한 계층이 모여들었다. 빈부격차와 지역 격차, 실업, 부패 등은 사회적 불만을 고조시켰고 이것이 천안문사태로 이어졌다. 천안문사태는 이후 중국 정부의 개혁·개방과 시장경제로의 진입에 시련을 가져왔다.

덩샤오핑은 1997년 타계하지만 자오쯔양의 처지엔 아무런 변화도 없었다. 그렇지만 중국 당국은 천안문사태의 후유증을 수습하는 일에 진력했다. 이남주(2005)에 따르면 "1992년 초 86세의 덩샤오핑이 '남순강화(남쪽지방을 순회하는 과정에서의 연설)'를 통해 적극적인 시장화 개혁과 대외개방을 촉구했고, 이를 기회로 중국공산당은 '사회주의 시장경제론'을 채택하는 등 다시 적극적인 개혁·개방에 나섰다. 그 결과 중국은 1990년대 세계에서 가장 높은 경제성장률을 기록했으며 중국공산당은 천안문사태로 실추된 위신을 회복하는 데 성공했다."

라이프치히의 월요시위

중국은 좀 다른 길을 걸었지만, 동유럽은 고르바초프의 뜻이 반영된 길을 걸었다. 고르바초프는 동유럽 국가들에 각자 살 길을 모색하라는 자세를 취했다. 1989년 8월 소련의 지원을 더 이상 받지 못하게 된 폴란드 공산정권이 자유연대에 정권을 이양한 것도 바로 그런 변화에 따른 것이다.

1989년 10월 독일민주공화국 수립 40주년을 축하하기 위해 동독을 방문한 고르바초프는 5개월 전 중국 천안문사태의 급진전에 일조했던 것처럼 베를린장벽 붕괴의 기폭제 역할을 했다. 그는 에리히 호네커(Erich Honecker, 1912~1994)가 이끄는 강경 노선의 동독 정부에 권력을 유지하기 위해 소련군의 지원을 기대해서는 안 된다는 점을 분명히 함으로써 개혁을 요구하는 군중을 자극했다.(Hart-landsberg 2000, Parker 2009)

베를린장벽 붕괴의 조짐은 1988년부터 나타나기 시작했다. 동독 정부는 1988년에 약 3만 명의 서독 이민을 허용했다. 1989년 상반기에는 약 4만 명에게 이민이 허용되면서 그해 말 총 이민이 약 35만 명으로 늘었다. 동독을 떠난 사람의 3분의 2는 숙련노동자, 6분의 1이 대학 졸업자들이었다. 1989년 6월 2000여 명의 동독인이 헝가리를 거쳐 서독으로 탈출했으며, 9월에는 3만여 명이 그 뒤를 이었다.

동독인들의 개혁 요구는 처음엔 여행 자유화였지만, 이것이 근본적인 정치개혁으로 변화되기 시작했다. 그 진원지는 여름 휴가철이 끝나고 모든 것이 새로 시작되는 1989년 9월 4일, 라이프치히(Leipzig)의 니콜라이 교회에서 재개된 월요평화기도회였다. 니콜라이 교회 월요기도회의 시작은 1982년으로까지 거슬러 올라가지만, 1989년 들어 월요기도회를 둘러싼 교회와 국가기관의 대립은 커졌다. 5월부터는 교회로 향하는 길목에서 경찰 검문이 시작됐고 월요기도회 시간에 맞춰 아예 길이 차단됐다. 그러나 니콜라이 교회는 여름 동안의 휴지기가 끝난 뒤 기도회를 강행했고 그 첫 집회에 교회 내 2000개 좌석을 가득 채우고도 남는 인원이 참가한 것이다. 분위기가 전과는 확연히 달랐다. 예전에 들렸던 '동독을 떠나고 싶다'는 구호 대신 '동독에 남겠다'는 새 구호가 등장했다.

이후 라이프치히에선 월요일마다 시위가 일어났으며 그때마다 시위참가자는 늘어났다. 9월 25일에 5000명이던 시위대는 10월 2일에는 2만 명으로 늘었다. 10월 9일의 월요시위가 분기점이었다. 시위대는 동독 정부가 중국 천안문사태 식의 강경진압에 나설 것을 우려했지만 그런 일이 일어나지 않자 대담해져 이날도 최대 규모의 시위를 계획했다. '우리가 인민'이라는 유명한 구호도 들려왔다. 동독은 인민이

라이프치히 시민들은 개혁과 자유를 요구하며 평화 행진을 주도했다. ⓒ Bundesarchiv

지배하는 곳이지 공산당이 지배하는 곳이 아니라는 뜻이었다.

이날은 분위기가 심상찮았다. 나중에 알려진 바에 따르면 에리히 호네커 공산당 서기장의 명령으로 무력진압 방침이 결정됐다. 하루 종일 경찰 병력이 중심가에 속속 집결했다. 이러다간 많은 사람이 다치겠다는 얘기가 오갔다. 당시 라이프치히 게반트하우스 오케스트라 지휘자 쿠르트 마주어(Kurt Masur)가 공산당 간부 3인과 유명 신학자, 유명 개그맨 1인씩을 자기 집으로 불렀다. 후에 '라이프니츠의 6인'으로 불린 이 모임을 대표해 마주어가 선언문을 발표했다. 선언문에는 "사회주의를 더 심화시키기 위한 자유로운 토론이 필요하다. 이 토론이 정부와 함께 이뤄지도록 하자"는 완곡한 내용이 담겼다. 일부 시위대가 체포되긴 했지만 경찰의 무력진압은 무산됐다. 후에 에곤 크렌츠(Egon Krenz) 당시 정치국원은 자신이 무력진압 불가 명령을 내렸다고 주장했다. 7만 명이 참가한 이날 시위는 경찰이 개입하지 못함으로써 동독 공산당이 타협에 나설 것임을 분명히 알리는 계기가 됐다. (송평인 2009a)

베를린장벽의 붕괴

1989년 10월 16일 시위대는 11만 명으로 늘어났으며, 시위는 전국적으로 확대되기 시작했다. 당시 라이프치히 인구는 50만 명이었는데, 10월 23일 라이프치히에서만 시위대는 32만 명까지 불어났다. 이날 전국적으론 67만 5000여 동독인들이 시위에 참여했으며, 10월 30일에는 100만 명을 넘어섰다. 11월 4일 베를린에서 가장 큰 규모의 시위가 벌어졌는데, 이 시위엔 100만 명 가까이 참석해 '혁명적 쇄신'을 요구했다. 동독의 텔레비전 방송은 이 시위를 처음부터 끝까지 방영했다. 11월 9일 동독공산당 정치국이 여행 자유화 조치를 승인했지만, 서베를린을 자유롭게 왕래할 수 있도록 허용하는 더 대범한 결정이 있을 것이라는 소문이 퍼지면서 국경 수비대는 장벽으로 몰려드는 군중에게 굴복하고 말았다.(Hart-landsberg 2000, Parker 2009)

베를린장벽은 5미터 높이의 시멘트 담으로 전체 길이는 165.7킬로미터다. 이는 1961년 8월 13일 하룻밤 사이에 철조망이 둘러지면서 생겨난 것인데, 무려 28년 3개월간 건재해온 장벽이었다. 그간 이 장벽을 넘어 서독으로 탈출하는 데에 성공한 사람은 모두 23만 5000명에 달했다. 1964년 10월에는 57명의 동독 사람들이 땅굴을 파서 서쪽으로 넘어 왔고, 1979년에는 두 가족이 기구(氣球)를 타고 하늘을 날아서 서베를린에 도착하기도 했다. 그러나 비극적인 최후를 맞은 사람도

(위)체크포인트 찰리에 세워졌던 동독 탈주희생자 추모비. ⓒ Victorgrigas
(아래 왼쪽)1989년 11월 16일 장벽 붕괴 축하공연. ⓒ Yann Forget / Durova
(아래 오른쪽)무너지는 장벽 틈새로 서베를린 사람과 대화하는 동독 수비병. ⓒ Sharon Emerson

적지 않았다. 모두 1245명이 서쪽으로 탈출을 시도하다가 사망했고, 그 가운데 바로 장벽 근처에서 죽음을 맞이한 사람만 136명이나 되었다. 죽음은 면했으나 탈출을 기도하다가 체포된 사람도 6만 명에 이르는데, 이들은 평균 4년 동안 감옥 생활을 해야 했다.(요미우리 1996, 주경철 2009)

그렇게 무시무시한 장벽이 11월 9일 시위 군중의 손에 순식간에 무너지고 만 것이다. 그 누군들 이 일을 상상이나 할 수 있었겠는가. 이장훈의 회고다. "동·서독 분단의 상징인 베를린장벽이 무너지던 1989년 11월 9일 한국일보 국제부 기자인 필자는 야근을 하고 있었다. 새벽에 로이터, AP, AFP 등 통신들이 베를린장벽 붕괴란 초긴급 뉴스를 정신없이 타전하기 시작했다. 이 역사적 사건에 흥분한 필자는 편집국이 떠나갈 정도로 '베를린장벽이 무너졌다'고 외쳤다. 그러자 한 간부가 '도대체 몇 명이나 죽었는데 야단이야'라고 핀잔하듯 물어왔다." 장벽 붕괴를 '단순 사고'로 착각한 것이다.(김철웅 2009a)

앞서(10권 1장) 보았듯이 '68혁명'을 높게 평가하는 이매뉴얼 월러스틴(Immanuel Wallerstein)은 베를린장벽의 붕괴에 대해 "1968년은 1989년의 전조였으며 1989년은 주요한 측면에서 1968년의 연속"이라고 평가했다. 1989년 사태는 "나약하고 부패했으며, 지배세력과 공모하고 진정으로 소외된 계층에 대해서는 태만했고, 게다가 오만해진" 역사적 구좌파에 대한 응징의 결과라는 것이다.(Wallerstein 외 1994)

체코슬로바키아의 '벨벳혁명'

베를린장벽이 붕괴된 1989년 11월 9일로부터 8일이 지난 11월 17일

체코슬로바키아에서도 시민들이 손에 손을 잡고 공산주의를 붕괴하는 변화를 주도했다. 바로 역사적인 '벨벳혁명(Velvet Revolution)'이다. 불끈 쥔 주먹을 벨벳 장갑으로 감싼 채 무혈혁명을 완성했다는 의미다. 이 사건은 베를린장벽 붕괴에 이어 동유럽 공산정권들의 연이은 붕괴를 예고했다.

당시 1만 5000명의 프라하 시민들은 1939년 나치 점령하에서 벌였던 '반나치 운동'을 되새기기 위해 모였다. 하지만 이 평화로운 집회는 경찰의 강제진압에 부딪혔고, 이에 반발해 오랜 기간 공산통치에 염증을 느끼던 군중이 시위에 동참했다. 약 열흘간 대규모 시위가 계속되자 체코 공산정부는 권력을 포기하고 일당제를 철폐한다고 발표했다. 마침내 12월 28일 시위를 주도했던 시민포럼의 지도자 바츨라프 하벨(Václav Havel)이 대통령에 취임하면서 혁명이 완성됐다. 벨벳혁명 이후 민주주의와 자유시장 경제를 도입한 체코는 유럽연합(EU)

'프라하의 봄'이라 불린 벨벳혁명 당시 바츨라프 광장. 시민들은 꽃과 초, 전등, 국기를 들고 거리로 쏟아져 나왔으며 자유토론 및 행진을 주도했다. ⓒ Piercetp

과 북대서양조약기구(NATO)에 가입했고 EU의 동유럽 회원국 중 두 번째로 큰 경제 규모를 자랑하는 등 상당한 성공을 거두었다.

벨벳혁명 20주년을 맞은 2009년 11월 17일, 체코 프라하에선 하벨 전 대통령 등 당시 혁명의 주역들이 모여 불꽃놀이, 기념공연 등 행사를 열었다. 이날 프라하 시내에는 수만 명의 체코 시민들이 기념행사에 참가해 지난 20년을 회상했다. 시민들은 사이렌을 울리고 경찰견들이 짖어대던 당시 분위기를 재현한 가운데 프라하 시내를 행진했다. 하벨은 "우리는 자유로운 생각을 지녔던 혁명 동지들을 잊지 말아야 한다"고 말했다. 당시 시위에 참가했던 반체제 음악가들은 700여년 된 한 성당에서 미국 가수 조앤 바에즈(Joan Baez)와 함께 연주회를 열고 분위기를 돋우었다. 20년 전 록 가수로서 공산당원들과 협상을 벌였던 미카일 코차브는 이날 인권장관의 신분으로 행사에 참여했다. (설원태 2009a)

'벨벳혁명' 20주년을 맞아 『뉴욕타임스』는 체코 민중의 궐기가 유언비어 하나로 촉발됐다고 보도했다. 이런 이야기다. 베를린장벽 붕괴 후 8일이 흐른 1989년 11월 17일 체코 프라하 시내에서 학생들이 거리집회를 감행했다. 곧이어 경찰들이 들이닥쳤고, 마르틴 스미스라는 19세 대학생이 경찰의 강경 진압으로 사망했다는 소문이 나돌기 시작했다. 실제로는 몇 명의 학생이 폭행 당했지만 사망한 사람은 없었다. 그러나 유언비어는 순식간에 퍼져나갔다. 당시 언론인이었던 얀 유르반은 인터뷰에서 "그 소식을 사실이라고 믿고 전달했다"며 "언론인으로서 오보한 것은 부끄러움을 느끼지만, 그로 인해 40년 공산체제를 무너뜨릴 수 있었기 때문에 후회는 없다"고 말했다.

그 유언비어는 공산정권과의 타협에 무게를 뒀던 대다수 체코인들의 마음을 급격히 바꿔놓았다. 유르반은 "그 전까지 공산정권과 체코인들 사이에는 '조용히 있으면 별 탈 없이 보호해줄 것'이라는 암묵적인 타협 분위기가 있었다"며 "하지만 학생 사망소식이 전해지면서 '우리 아이들이 죽고 있다, 타협은 끝났다'는 생각이 확산됐다"고 말했다. 성난 군중들은 거리로 몰려나왔고 19일에 20만 명, 20일에는 50만 명으로 불어났으며 27일에는 총파업이 진행된 가운데 거의 모든 프라하 시민이 거리로 나왔다. 다음날 체코 공산당은 일당제 철폐를 발표하고 항복했다. 이런 과정을 거쳐 벨벳혁명은 성공적인 비폭력 시민혁명으로 세계사에 영예롭게 기록됐다는 것이다.(이진희 2009a)

"베를린장벽 붕괴는 말실수에서 시작됐다"

베를린장벽 붕괴의 일등공신은 누구인가? 혹자는 1987년 6월 12일 베를린장벽 앞에서 "고르바초프 서기장, 이 장벽을 허물어버리세요"라고 연설한 로널드 레이건 대통령을 꼽는다. 그러나 이 연설은 당시엔 전혀 주목받지 못했다. 『뉴욕타임스』와 『워싱턴포스트』 등은 늘 하는 이야기이겠거니 하는 시큰둥한 자세로 이 연설을 1면에서 다루지도 않았다. 이 연설은 베를린장벽이 무너진 다음에야 "이 장벽을 허물어버리세요(Tear Down This Wall)"라는 이름이 붙여져 주목을 받은 건 물론이고 '위대한 신화'가 되었다.(Ratnesar 2009) 혹자는 공산권 개방을 선도한 미하일 고르바초프를 내세운다. 당시 민주화를 요구한 대중 전체를 꼽는 사람도 있다.

하지만 당시 급작스러운 장벽 붕괴를 촉발시킨 진짜 주인공은 기자

(위)1987년 서베를린 브란덴부르크문 앞에서 장벽을 허물라고 연설한 레이건.
(아래)1986년 동베를린 브란덴부르크문을 방문한 고르바초프. © Reiche, Hartmut

1989년 11월 4일 '혁명적 쇄신'을 요구하는 동독 시민들. © Deutsches Bundesarchiv

들이었다는 주장도 있다. 당시 동독 공산당(SED) 정치국원이자 선전 담당 비서인 귄터 샤보브스키(Günter Schabowski)로부터 "(동서독 간 통행 자유화가) 즉시 발효된다"라는 말실수를 이끌어낸 사람들은 바로 기자들이었다는 것이다. 『월스트리트저널(Wall Street Journal)』 2009년 10월 21일자 기사에 따르면, 이런 이야기다.

1989년 11월 9일 저녁 샤보브스키는 기자회견에서 동독인들의 해외여행 절차를 간소화하는 행정 조치를 발표할 계획이었다. 주변국 외에 동서독 국경을 통한 출국도 가능케 하는 것 등이 주요 내용이었는데, 연일 커져 가는 시위를 무마하려는 의도였다. 문제는 샤보브스키가 새 조치를 숙지하지 못한 상태로 회견장에 나섰다는 점이다. 그는 당 지도부가 새 여행 규정을 결정하는 동안 휴가로 자리를 비웠다가 기자회견 당일에야 문서를 건네받았다. 회견장에는 국내외 기자들이 가득했다.

그가 여행 자유화에 대해 운을 떼자 기자들이 벌떼처럼 질문을 던졌다. "의미가 뭔가?" "언제 발효되나?" "서베를린에도 적용되나?" 등등 쏟아지는 질문에 그는 당황했고, 들고 간 문서를 정신없이 뒤적이며 즉석 답변을 짜냈다. 귀를 쫑긋 세운 기자들은 발표 내용이 국경개방을 뜻하며, 그것도 즉시 효력이 발생하는 것으로 이해했다.

그날 밤 샤보브스키는 자신의 브리핑 결과를 서독 텔레비전 방송을 통해 봤다. 화면 속 베를린장벽 주변은 인산인해였다. 국경수비대는 사전 지침이 없는 상태에서 혼란에 빠졌다. 그들은 발포를 해서라도 인파를 해산해야 하는지를 놓고 옥신각신하던 끝에 결국 검문절차를 포기하고 국경을 개방했다.

그로부터 20년이 지나 샤보브스키를 혼돈에 빠뜨린 결정적 질문자가 누구인지를 놓고 다시 논쟁이 붙었다. 그동안은 이탈리아 통신사인 안사(ANSA)의 외신기자 리카르도 에르만(Ricardo Ehrman)의 공으로 간주됐다. 그는 자신이 여행 자유에 관한 첫 질문을 던졌으며, 답변을 듣고서 재빨리 회견장을 떠나 "베를린장벽이 무너졌다"는 헤드라인을 송고했다고 한다. 2008년 독일 대통령은 "기자회견장에서의 그의 끈기가 마침내 (장벽을 무너뜨린) 결정적인 발언을 이끌어냈다"며 최고 영예인 '연방십자훈장'을 에르만에게 수여했다.

하지만 독일 타블로이드 신문 『빌트 차이퉁(Bild Zeitung)』의 페터 브린크만(Peter Brinkmann) 기자는 여행 자유화의 발효 시점 등에 관한 결정적 질문을 던진 이는 자신이라며 "텔레비전 화면엔 에르만과 샤보브스키만 잡히지만 목소리는 나"라고 주장했다. 자신은 기자회견 3시간 전에 도착해 맨 앞줄 가운데에 자리 잡은 반면 에르만은 뒤늦게 도착해 연단 가장자리에 걸터앉았다가 방송 카메라에만 잡혔다는 것이다.

당시 동독 텔레비전 자료 화면에 따르면 샤보브스키는 기자회견 도중 "정부는 동독인이 서독으로 여행하는 것이나 이민 가는 것을 허용키로 결정했다"고 답한다. 그러자 기자 세 명이 속사포처럼 질문을 쏟아낸다. 에르만과 브링만 외에 '미국의 소리(VOA)' 기자까지 가세했다. 마침내 "언제 발효되나?"라는 핵심적인 질문이 반복해서 터져나왔다. 샤보브스키는 문서를 뒤적이다 몇 단어를 내뱉는다. "즉시, 지체 없이." 하지만 이 질문자의 신원은 끝내 확인되지 않았다.(전병갑 2009, 정영오 2009)

소련은 담담, 미국은 긴장

베를린장벽 붕괴 20주년을 맞아 당시 소련과 미국의 대응을 담은 비사(秘史)도 공개됐다. 미국 조지워싱턴대학 국가안보문서연구소 토머스 블랜튼 박사팀에 따르면 소련은 베를린장벽 붕괴를 오히려 내부적으로 환영했으며, 어떤 군사적 대응도 고려한 적이 없었다. 베를린장벽 붕괴가 있었던 1989년 11월 9일 미하일 고르바초프 당시 소련 공산당 서기장이 주재한 아침 회의에서 동독문제는 테이블에 오르지도 않았다. 동독 정부가 동독 주민들의 서독여행 자유화 조치를 발표하고 그날 밤 장벽이 붕괴됐지만 비서진은 고르바초프를 깨우지 않았고, 심지어 다음날 아침에 긴급회의조차 소집하지 않았다. 소련이 동유럽 개방문제를 자연스러운 흐름으로 보고, 평화적으로 이루어지기만을 바랐다는 점을 알려주는 대목이다.

고르바초프의 외무담당 비서였던 아나톨리 체르냐예프는 자신의 일기에 "베를린장벽이 붕괴됐다. 사회주의 시스템의 시대가 막을 내렸다. 오늘 (불가리아) 토도르 지브코프의 사임소식을 들었다. 이제 '우리의 친구'는 (쿠바) 카스트로와 (루마니아) 차우셰스쿠 그리고 (북한) 김일성뿐이다. 하지만 그들은 (개방을 추진하는) 우리의 배짱을 싫어한다"고 기술했다.

이와 함께 체코가 동독 주민들의 망명행렬을 견디지 못해 베를린장벽 붕괴 전에 동독 정부에 "동독 주민들이 곧바로 서독으로 갈 수 있도록 해달라"며 사실상 베를린장벽 해체를 요구했던 사실도 드러났다. 베를린장벽 붕괴로 긴장한 것은 오히려 소련보다 미국이었다. 부시 대통령은 베를린장벽 붕괴 소식을 접한 이후 몇 달 동안 "상황이 너무 빨리 흘러 간다"고 노심초사했다는 것이다.(이진희 2009)

베를린장벽이 무너진 지 한 달도 채 되지 않은 1989년 12월 3일 지중해의 섬나라 몰타(Malta)에서 미하일 고르바초프 소련 공산당 서기장과 조지 H. W. 부시 미국 대통령이 역사적인 정상회담을 열었다. 2차 세계대전이 끝난 이후 미·소 정상이 만난 것은 이날이 열일곱 번째였다. 그럼에도 불구하고 특별히 이 회담을 '역사적'이라고 부르는 것은 세계 역사의 물줄기를 바꿔놓은 '냉전 종식 선언'이 여기서 이뤄졌기 때문이다.

이들은 동유럽의 시장경제체제 도입에 대한 소련의 불간섭과 전략 핵무기와 화학무기를 포함하는 군비 축소, 지역분쟁의 평화적 해소 등을 논의했다. 소련의 국내법 개정에 따른 미국의 경제 지원과 무역

혜택 보장도 합의됐다. 서방의 나토와 동구의 바르샤바조약기구를 군사기구가 아닌 정치기구로 탈바꿈시킨다는 원칙에도 합의했다. 1945년 2월 얄타회담으로 시작된 동서 양 진영의 '총성 없는 전쟁 체제'는 몰타회담으로 붕괴된 셈이다.(유신모 2008)

미국의 파나마 침공

이후 곧 전개될 일련의 사태들이 잘 보여주겠지만 '냉전 종식'은 사실상 미국 '1극 체제'의 탄생을 의미하는 것이었다. 이를 입증이라도 하겠다는 듯, 미국은 1989년 12월 21일 파나마를 침공했다. 파나마 군대는 고작 5000명인데, 미국은 스텔스(Stealth)기까지 동원하면서 2만 3000여 명의 해병대로 파나마를 기습 공격한 것이다. 미국과 파나마는 어떤 관계였을까?

1981년 민족주의자였던 파나마의 오마르 토리호스(Omar Herrera Torrijos, 1929~1981) 대통령이 의문의 비행기 사고로 사망하자, 1983년 파나마 수비대의 정보 책임자인 마누엘 노리에가(Manuel Noriega) 대령이 미국의 도움으로 사실상 집권했다. 훗날(1987년) 토리호스의 조카이자 군사위원회의 위원인 로베르트 디아즈 헤레라 대령은 토리호스가 CIA의 음모로 비행기에 장치된 폭발물 때문에 사망했으며, 노리에가가 공모 가담자라고 주장했다.(Blum 2003)

노리에가는 집권 후 미국과 밀월관계를 누렸다. 특히 CIA국장 케이시와 매우 가까워 두 사람은 적어도 여섯 번 이상 만났다. 1988년 대선에선 부시가 CIA국장으로 있던 1976년에 노리에가를 만났다는 의혹이 제기되었는데, 부시는 그 사실을 처음엔 부인하다가 결국엔 인정

(위)수도 파나마 시티의 한 세탁소에 침범한 미 M113 장갑차.
(아래) '정당한 명분' 작전 중 파괴된 시가지.

했다. 황성환(2006)에 따르면 "노리에가는 부시가 CIA국장으로 재직하던 시절 그에게서 정기적으로 뒷돈을 받으며 첩자 노릇을 했는데, 그가 부시에게서 받은 돈은 무려 1100만 달러에 이른다."

그런데 1985년부터 미국에선 노리에가의 마약 및 돈세탁 관련 혐의가 제기되기 시작했다. 노리에가를 돌보던 케이시가 1986년 5월에 죽자, 6월 상원은 노리에가를 즉시 제거해야 한다는 결의안을 통과시켰다. 당시 마약 문제는 주요 이슈 중의 하나였다. 레이건 행정부는 '마약과의 전쟁(War on Drugs)'을 선포했었지만, 별 성과를 거두지 못했다. 1987년 한 해 동안 로스앤젤레스에서는 마약과 관련된 총격전으로 387명이 사망했는데, 그중 절반 이상은 죄 없는 구경꾼이었다. (Blum 2003, 손세호 2007)

레이건 행정부는 상원의 결의안에 반대했지만, 시간이 흐르면서 다른 문제들이 불거지기 시작했다. 노리에가는 집권 후 제2의 파나마운하 건설을 위해 일본 기업과 접촉하는 등 미국의 눈 밖에 날 정책을 펴기 시작한 것이다. 파나마운하 지대에 있는 미 군사학교의 이전 시한을 15년 연장하라는 미국의 제안을 거절하는 등 반미 성향마저 보였다. 그간 노리에가의 마약 밀매를 눈감아온 부시 행정부는 노리에가가 반미정책을 펴자 즉각 응징에 들어갔다. 작전명은 '정당한 명분(Just Cause)'이었다. 마약 범죄자 노리에가를 법정에 세운다는 명분이었다. 미국이 침공하자 노리에가는 바티칸 대사관으로 도주했지만 열흘을 버티다가 1990년 1월 3일 미군에 투항했다. 미국은 그를 압송해 미국 플로리다 법정에 코카인 밀매 혐의로 구속 기소하고 유죄판결을 내렸다. 노리에가는 40년형을 선고받고 복역에 들어갔다.

국방장관 딕 체니(Dick Cheney)
는 사망자 수가 500명에서 600명
에 이른다고 발표했지만, 이 침공
으로 인해 파나마 민간인이 수천
명이 사망했다.(1000명에서 1만 명
까지 설이 다양하다.) 부시 대통령은
"노리에가 한 사람을 잡기 위해 미
군을 보내 무고한 파나마 시민을
희생시킬 만한 이유가 있는 겁니
까?"라는 기자의 질문에 대해 "모

체포된 노리에가.

든 인명은 소중합니다. 그럼에도 그럴 만한 이유가 있는 것입니다"라
고 답했다. 나중에 부시 대통령의 한 보좌관은 "부시 대통령은 노리에
가가 자신에게 도전한다"고 느끼고 있었다고 말했다.(Blum 2003, Zinn
& Stefoff 2008, 송기도 2003, 황성환 2006)

미국의 파나마 침공 1주년을 맞아 파나마인들은 그 날을 기념일로
정할지 애도일로 정할지에 대해 의견이 분분했다. 친미주의자인 기에
르모 엔다라(Guillermo Endara) 대통령은 '국가 반성의 날'로 공표했
다. 그래서 노리에가의 제거 이후 마약 단속이라고 하는 '정당한 명
분'은 실현되었으며 '국가 반성'은 이루어졌는가? 1991년 봄, 언론보
도에 따르면 그 반대였다. 윌리엄 블룸(William Blum 2003)에 따르면
"파나마에는 노리에가가 집권할 때보다도 코카인 공장들이 훨씬 더
많아졌고 파나마 내의 마약 사용은 훨씬 정도가 심해졌다. 새로운 마
약 거래와 돈세탁에 내각의 관리들도 연루되어 있었고, 특히 대통령

과 법무장관 사무실의 관리들이 더 했다."

AP통신 기자 피터 아이스너(Peter Eisner)는 1997년에 출간한 『미국의 죄수: 마누엘 노리에가의 비망록(America's Prisoner: The Memoirs of Manuel Noriega)』에서 "노리에가를 처치해야겠다는 미명 아래 저질러진 살인, 파괴, 불법행위 그리고 파나마 침공을 둘러싼 숱한 거짓말들은 민주주의라는 미국의 근본 원칙을 위협한다"며 다음과 같이 말했다.

"가장 중요한 사실은 노리에가의 유죄를 입증할 근거가 없다는 점이다. 나는 한 주권국가의 통수권자이자 수반으로서 노리에가가 한 행동이 미국의 파나마 침공을 정당화한다고 생각하지 않으며, 또한 노리에가가 미국의 국가 안보에 위협이 되었다고도 생각하지 않는다. …… 미국이 파나마를 침공한 전후를 기점으로 파나마의 정치 상황을 분석한 자료와 내가 직접 작성한 기사들을 살펴볼 때, 미국의 파나마 침공은 혐오스러운 힘의 남용이라고 결론지을 수 있다."

『뉴욕타임스』 칼럼니스트 데이비드 해리스(David Harris)는 2001년에 출간한 『달을 쏘다(Shooting the Moon: The True Story of an American Manhunt Unlike Any Other, Ever)』에서 "미국은 생겨난 지 225년 만에 처음으로 한 국가를 공격하여 그 지도자를 미국으로 불러들였고, 그 국가의 영토 내에서 일어난 일이 미국의 법에 어긋난다는 이유로 외국 지도자를 미국 법정에 세워 처벌했다"고 썼다.(Perkins 2005)

모범수로 감형을 받은 덕분에 2007년 9월 17년형을 마친 노리에가는 당연히 파나마로 돌아가는 줄 알았다. 그러나 형을 마치기 직전 프랑스 정부가 노리에가의 신병 인도를 요청해와 귀국할 수 없었다. 1999년 프랑스 사법당국이 돈세탁 혐의로 궐석재판을 통해 그에게 유죄선고를 내렸기 때문이다. 신병인도를 둘러싼 소송으로 노리에가는 형을 마친 뒤에도 계속 수감 상태로 있었는데, 2010년 4월 27일 그는 다시 프랑스 사법당국의 손에 넘겨졌다. 7월 프랑스 파리 법원은 노리에가에게 7년형을 선고하고, 동결돼 있던 그의 계좌에 있는 289만 달러의 압수를 명했다.(김영희 2010, 조찬제 2010a)

다시 열린 브란덴부르크문

1989년 12월 22일 독일 베를린을 둘로 나누고 있던 브란덴부르크문(Brandenburg Tor)이 30여 년 만에 다시 열렸다. 베를린장벽이 11월 9일에 무너지고 40여 일 만의 일이었다. 바로 이 날 루마니아의 절대권력자 니콜라에 차우셰스쿠(Nicolae Ceauşescu, 1918~1989)와 부인 엘레나(Elena Ceauşescu, 1916~1989)는 군중들의 야유를 받으며 공산당 중앙위원회 건물에서 헬리콥터를 타고 탈출했다.(이들은 외국으로 도망하려 했으나 도중에 헬기에서 내렸다가 붙잡혔다. 이들 부부에 대한 재판은 신속하게 진행되어 군사법정에서 12월 25일 사형 판결이 내려졌으며 곧 총살형이 집행되었다.)

냉전과 분열의 상징이던 브란덴부르크문은 18세기 프로이센의 힘을 과시할 목적으로 프리드리히 빌헬름 2세(Friedrich Wilhelm II, 1744~1797)가 축조했다. 나치 시대에는 나치군이 이 문을 통과하며 퍼레이드를 벌였고 2차 세계대전이 끝난 후엔 연합군이 이 문으로 개선 행진을 했다. 레이건이 "고르바초프 서기장, 이 장벽을 허물어버리세요"라고 연설한 곳도 바로 이 문 앞이었다. 2년여 만에 레이건의 이 발언은 현실이 된 셈이다.

루마니아 혁명(1989년 12월 21일-25일)은 계획경제의 실패로 인한 민중의 반발과 베를린장벽의 붕괴로 촉발되었다.
(왼쪽)자유와 혁명을 부르짖는 루마니아 시민들.
(오른쪽)탈출하는 차우셰스쿠 부부. ⓒ Denoel Paris

　비가 내리는 거리는 역사적 순간을 직접 확인하러 나온 수천 명의 시민들로 가득 찼다. 브란덴부르크문을 지나 서베를린에서 동베를린으로 건너간 첫 번째 주인공은 옛 서독의 헬무트 콜 총리였다. 콜 총리는 맞은편에서 기다리고 있던 옛 동독의 한스 모드로브(Hans Modrow) 총리와 악수를 나눴다. 시민들은 샴페인을 터뜨리고 서로 끌어안으며 환호했다. 모드로브 총리는 독일 전역에 텔레비전으로 생중계된 연설에서 "전쟁의 불타는 악취는 더 이상 이곳에 없다. 브란덴부르크문은 평화의 문이어야 한다"고 선언했다. 콜 총리도 "지금은 내 인생에서 가장 중요한 순간"이라고 화답했다. 브란덴부르크문의 재개방은 동구권 붕괴의 신호탄이 됐다. 문이 다시 열리고 이틀 후인 24일부터

동·서독 간 비자 의무발급 제도가 폐지됐고 환전도 필요 없게 됐다. 체코의 '벨벳혁명'과 함께 헝가리가 1990년 3월 자유 총선을 실시하는 등 변화는 동유럽 전역으로 확산되었다.(최희진 2009)

1990년 소련 15개 공화국이 독립 움직임을 보인 가운데 우선 발트해 3국이 완전 독립 선언을 했고, 1990년 10월 3일에는 동·서독이 통일되었다. 독일 통일은 서독이 동독을 흡수하는 방식으로 이루어졌다. 10월 3일은 독일의 국경일이 되었다. 왜 하필 10월 3일이 국경일이 되어야 하느냐고 이의를 제기하는 사람들도 있다.

독일 사회경제행위연구소 소장 홀거 하이데(Holger Heide 2009)는 "10월 3일이 독일의 국경일이 된 것은 불과 몇 년 전부터다. 1990년 분단의 공식 종료를 기념하는 날이다. 그러나 통일은 기나긴 일련의 사건들의 마지막 단계일 뿐, 이를 대체할 만한 수많은 다른 날들이 있다. 1989년 11월 9일의 베를린장벽 붕괴는 어떤가? 또는 더 거슬러 올라 그해 10월 9일 옛 동독지역의 라이프치히에서 7만 명이 자유와 민주개혁을 요구하며 벌인 비폭력 촛불시위도 있다"며 다음과 같이 말한다.

"애초엔 여러 대안들이 폭넓게 논의됐다. 의회와 정부의 최종 선택은 논리적인 한편으로 속내가 들여다보인다. 베를린장벽의 극적인 붕괴는 대중의 행동이 이끈 결과였던 반면, 1년 뒤 '통일의 날'은 한밤중에 의사당 건물 앞에서 독일 국기 게양식으로 시작됐고 낮 시간의 축하 군중도 정부가 동원했다. 모든 권력이 두려워하게 마련인 대중운동이 권력의 논리로 변형된 것이다."

하이데는 1989년 10월 9일에 큰 의미를 둔다. 그는 "니콜라이 교회도 평화 기도회를 위해 열려 있었다. 동독 권력의 핵심부는 모든 시위

(왼쪽 위)1959년 브란덴부르크문. 표지판에 쓰인 문구: '경고! 당신은 지금 서베를린을 벗어나고 있습니다'.
(왼쪽 아래)1968년 동베를린에서 바라본 '베이비 장벽'과 브란덴부르크문. ⓒ Tamas Szabo
(오른쪽 위)1989년 11월 9일, 장벽 붕괴를 맞아 문 앞으로 모여든 시민들. ⓒ Lear 21
(오른쪽 아래)1990년 10월 3일, 통일을 맞은 시민들. ⓒ Uhlemann, Thomas

에 대한 강경 진압을 명령했다. 도시는 포위됐고, 군대와 경찰은 모두 무장했다. 병원들은 유혈 사태의 부상자에 대비하라는 지시를 받았다. 공포가 퍼져나갔다. 기도회가 끝났을 땐 7만 명이 교회 밖에 모였다. 개혁 세력과 공산당 대표들 사이의 중재를 통해 마련된 '비폭력 선언'이 먼저 낭독됐다"며 다음과 같이 말한다.

"이어진 촛불시위에선 '비폭력', '자유' 그리고 '쏘지 말라, 우리는 인민이다' 등의 슬로건이 내걸렸다. 총은 한 발도 발사되지 않았다. 극도의 긴장과 공포의 상황에서, 비폭력은 집단 저항의 유일한 현실적 수단이었다. 모든 참가자들이 주변 사람들이 통제 불능의 난폭한 상태에 빠지지 않도록 관심을 가지고, 잠재적 선동자를 진정시키고 비상 상황에 대비할 수 있도록 하는 것은 불가결했다. 이런 평화적 촛불시위 원칙은 사람들이 이성을 잃고 격분하게 만드는 대신 공포를 담담히 받아들일 수 있도록 했다. 그리하여 그들은 원하던 것을 성취할 기회를 얻은 것이다. 이것이 독일 역사상 최초의 비폭력 혁명이었다. 그런데 새로 지정된 국경일은? 아무것도 아니다!"

국경일을 어느 날로 하건 베를린장벽의 붕괴로 이제 유럽은 점점 더 통합의 길로 나아간다. 1990년 12월 1일 영국과 프랑스 간의 (48킬로미터) 해저터널이 개통됨으로써 영국도 그 흐름에 가세한다.(실제 승객이 오가는 철도 개통은 1994년 5월에 이루어진다.) 1993년 11월에 출범하는 EU(European Union; 유럽연합)는 베를린장벽의 붕괴라는 토대 위에 세워진 게 아니고 무엇이랴.

참고문헌 Blum 2003, Cohen 2008, Hart-landsberg 2000, Heide 2009, Martin & Schumann 1997, McElvoy 2009, Parker 2009, Perkins 2005, Wallerstein 외 1994, Zinn &

Stefoff 2008, 강준만 2005a, 권용립 2010, 김영희 2010, 김철웅 2009a, 류한수 2003, 문정식 1999, 사루야 가나메 2007, 설원태 2009a, 손세호 2007, 송기도 2003, 송평인 2009a, 신용관 2010, 신호창 · 김지영 1995, 요미우리 1996, 유신모 2008, 이남주 2005, 이마가와 에이치 2003, 이진희 2009 · 2009a, 전병갑 2009, 정연주 1991a, 정영오 2009, 조찬제 2010a, 주경철 2009, 최희진 2009, 황성환 2006

'세계가 후원한 전쟁'
걸프전쟁

'영원한 캠페인'의 문제

미국의 1990년 중간선거에서 재출마한 현역 하원의원 421명 가운데 낙선한 사람은 15명에 지나지 않았다. 현역 상하의원의 재당선율은 무려 96퍼센트에 달했다. 1986, 1988년에 현역 의원의 재당선율은 98퍼센트였다. 그러니 선거를 통한 변화가 가능할 리 만무했다. 미국의 저소득 계층이 선거가 그들의 삶에 어떠한 변화도 가져다주지 못한다는 것을 경험으로 터득하고 정치에 대한 강한 불신을 비치는 건 당연했다.

현역 의원의 높은 당선률은 제도적 결함에서 비롯되었다. 제도적으로 현역 의원들은 도전자보다 10~20배의 선거자금을 더 모금할 수 있는 우위에 있으며 이해타산적인 현실은 이 같은 격차를 더욱 확대했다. 예컨대 1990년 중간선거에서 하원의원 도전자 331명이 모금한 선거자금은 총 330만 달러에 달했으나 이 금액은 당시 뉴욕의 스티븐 솔

라즈(Steven Solarz)와 로스앤젤레스의 멜 레빈(Meldon E. Levine) 두 현역 의원 모금액 340만 달러보다 10만 달러가 적은 것이었다.

이와 같은 사정 때문에 캘리포니아 주의 유권자들은 주 하원의원 임기를 6년, 주 상원의원 및 선거직 관리 임기를 8년으로 각각 제한하는 통과시켰고 콜로라도 주의 유권자들은 이들의 임기를 똑같이 8년으로 제한하는 안을 압도적 다수로 통과시켰다. 또 캔자스 시의 유권자들은 시의원 임기를 8년으로 제한하는 안을 통과시켰다. 기성 정치인 반대단체들은 "정치건달들을 몰아내자" "악당을 몰아내자" 등과 같은 구호를 앞세우며 임기제한운동을 전국적으로 전개하기 시작했다.(김호준 1990, 백창재 2001)

앞서도 지적했듯이, 사실 미국의 정치제도는 '양당제 형태를 띤 1당제'라고 해도 과언이 아닐 만큼 공화당과 민주당의 정치 이데올로기는 서로 차이를 보이지 않았다. 보수주의자들은 그것이 '이데올로기의 종언' 때문이라고 주장했지만, 미국이 선진 자본주의 국가들 가운데 가장 낮은 투표율을 보이고 있는 이유 중의 하나도 바로 그런 '1당제' 때문인 것으로 분석되었다. 유럽에는 이념적 색채가 분명한 군소정당들이 비교적 활발한 활동을 벌이고 있었으나 미국에서 군소정당들은 거의 전멸상태였기 때문이다. 심지어 미국의 공산당 당원들의 상당수는 공산당을 감시하기 위해 입당한 CIA요원들이라는 말이 나올 정도였다.

의원이건 대통령이건 현역이 유리한 체제는 '영원한 캠페인(permanent campaign)'이라는 말을 낳았다. 저널리스트 시드니 블루멘탈(Sidney Blumenthal 1980)은 『영원한 캠페인(Permanent Campaign)』이라는 책에서 오늘날 미국 대통령의 통치행위가 영원한 선거 캠페인 체제로 접어들었다고 주장했다. 대통령의 통치행위가 늘 선거를 염두에 둔 선거유세와 다를 바 없게 되었다는 것이다.

1992년 '영원한 캠페인'의 문제를 넘어서기 위해 대통령 임기를 6년 단임제로 하자는 주장마저 제기되었다. 전 대통령 지미 카터의 백악관 보좌관을 역임한 로이드 커틀러(Lloyd Cutler), 제퍼슨 재단 (Jefferson Foundation) 등이 그 대표적 주창자들이었다. 이들의 주장에 따르면 재선을 염두에 둔 대통령이 진정으로 국정은 걱정하지 않고 다음 선거에 당선될 궁리에만 바빠 문제가 많다는 것이다. 그러므로 단임제로 일해야 재선에 개의치 않고 국익을 위한 강력한 정책을 수행할 수 있다는 논리였다.(Barnes 1986)

39개국이 참가한 '사막의 폭풍' 작전

혹자는 부시 대통령의 '영원한 캠페인'은 1991년 1월 16일에 터진 걸프전쟁(Persian Gulf War)에서 그 일면을 보인 게 아니냐고 의문을 제기한다. 이 의혹을 어떻게 평가하건, 이 전쟁은 우선적으로 미국 '1극 체제'의 자연스러운 결과였다.

걸프전쟁의 씨앗은 1990년 8월 2일 이라크의 독재자 사담 후세인 (Saddam Hussein, 1937~2006)이 14만 명의 병력과 1800대의 탱크로 이웃의 작은 나라 쿠웨이트(Kuwait)를 침공하면서 뿌려졌다. 씨앗을 키운 건 쿠웨이트 망명정부가 1100만 달러를 주고 고용한 PR대행사 힐 앤 노튼(Hill & Knowlton)의 홍보술이었다. 그 내용은 이렇다.

이라크가 쿠웨이트를 침공한 지 2개월 뒤 미국 하원의 공청회에

15세의 '나이라'라는 쿠웨이트 소녀가 증인석에 섰다. 기적적으로 쿠웨이트를 탈출해 미국으로 도망쳐 왔다는 그녀는 자신이 직접 목격한 소름이 끼칠 정도로 무서운 사건을 증언했다. "병원에 마구 쳐들어온 이라크 군인들은 신생아실을 발견하자 갓난아기들을 하나씩 들어 바닥에 내팽개쳤습니다. 차가운 마룻바닥 위에서 아기들은 싸늘하게 식어 갔습니다. 너무나

후세인은 쿠웨이트가 과거 자국의 영토였다고 주장하며 쿠웨이트를 전격 침공했다.

무서웠어요." 그런 식으로 14명의 신생아가 죽었다는 것이다.

CBS의 〈식스티 미니츠〉와 ABC의 〈20/20〉 같은 시사 프로그램들은 이례적으로 힐 앤 노튼에서 제공한 쿠웨이트 내부의 참혹한 현장과 청문회 소녀의 증언을 담은 비디오 자료를 방영했다. 부시 대통령은 이 사건에 대해 "마음속 깊이 혐오감을 느낀다. 이런 행위를 일삼는 자들은 반드시 그에 상응하는 대가를 치러야 한다"고 말했다. 부시는 이 이야기를 한 달에 6회, 44일 동안 8회 언급했으며, 부시 행정부의 고위 인사들은 물론 의회 인사들도 수시로 이 이야기를 언급하곤 했다.

전 미국인이 분노했다. 아니 전 세계가 분노했다. 분노의 물결을 타고 1991년 1월 의회는 부시 대통령에게 전쟁을 선포할 수 있는 권한을 주었다. 1월 16일 미국은 유엔의 승인하에 39개국이 참가한 연합군을 이끌고 '사막의 폭풍(Desert Storm)' 작전을 전개했다. 이른바 '걸프전

퇴각 중이던 이라크의 폭격으로 파괴된 쿠웨이트 유전. 유전 파괴는 대규모 환경오염을 불러왔다. 걸프전은 쿠웨이트 유전에 대한 통제권 다툼이기도 했다.

쟁' 이다.

미리 말하자면, 나이라의 증언은 치밀하게 조작된 것이었다. 나이라는 줄곧 미국에 살았으며 쿠웨이트에는 간 적도 없었다. 그녀는 주미 쿠웨이트 대사의 딸이었다. 이 이야기는 힐 앤 노튼사가 꾸며낸 것이었다. 게다가 CBS와 ABC는 힐 앤 노튼의 비디오 자료를 방영하는 대가로 각각 1200만 달러와 2000만 달러를 받았다. 그러나 중요한 것은 이 모든 사실이 걸프전쟁이 끝난 뒤에야 밝혀졌다는 점이다.(Kellner 1997, Rushkoff 2000, 김윤재 2003, 다카기 도루 2003)

그 사실이 밝혀지기 전까지 이라크 군인들은 신생아를 마룻바닥에 내던져 죽이는 '인간쓰레기' 들로 전 세계가 반드시 응징해야 할 대상이 되었다. 더글러스 러시코프(Douglas Rushkoff 2002)에 따르면 "전쟁에 반대하는 것은 갓난아이들의 고문을 장려하는 행위로 몰렸다. 이러한 기술을 '소외하기(marginalizing)'라고 한다. 불합리한 정치적 결정에 대해 대중의 지지를 끌어내려면, 지도자는 적을 지목하여 악마로 만든 다음 그 악마에 대한 감정적인 분노를 불러일으켜야 한다."

'소외하기' 전략은 쿠웨이트 망명정부와 이해관계를 같이하는 미국 내 호전파의 주도로 이루어졌다. 일부 유력 정치인들과 경제계 단체들을 중심으로 결성된 보수 성향의 연합체인 '걸프지역의 평화와 안보를 위한 위원회' 등 여러 단체들이 걸프전쟁의 당위성을 역설하고 나섰다. 이는 "미국의 쿠웨이트 파병과 그에 따른 국방비 증액을 노린 군산복합체의 발 빠른 움직임이었다."(김윤재 2003)

게다가 세상이 바뀌어 미국 '1극 체제'가 사실상 이루어진 상황이었으니 거칠 게 없었다. 이와 관련해 미 국무부 차관보를 지낸 리처드 A. 클라크(Richard A. Clarke 2004a)는 다음과 같이 말한다. "냉전시대, 한 초강대국의 모든 군사 행동은 다른 초강대국의 반응을 불러왔다. 따라서 50만이나 되는 미군 병력의 페르시아만 이동처럼 대규모의 군사적 이동은 소련의 맞대응을 불러일으켜 충돌이 일어날 가능성이 매우 높았다. 더구나 한 초강대국과 군사적 관계를 긴밀히 하는 국가는 다른 초강대국에 의해 파괴될 위험을 감수해야 했다. 따라서 1차 걸프전 당시 미국이 구축했던 국제협력은 냉전시대라면 불가능했을 것이다."

그런 상황에서 누가 이라크의 편을 들어줄 생각을 했겠는가. 사우디아라비아마저 자국 내에 미군 주둔을 허용하지 않을 수 없었다. 김호준(1991)은 "세계의 정치 지도가 바뀌는 바람에 이라크는 물자나 피

(위) '사막의 폭풍' 작전 중 대이라크 다국적군인 이집트 군대.
(아래)같은 시기, '죽음의 고속도로' 로 불린 압달리 로드의 파괴상.

난처, 또는 강력한 정치적 지지를 보내는 변변한 우방 하나 없이 사방이 적에게 둘러싸인 채 고립돼 있다. 유엔 안보리의 12개 결의안을 등에 업은 미국은 서구 주요국과 아랍 강국들을 망라한 군사연합을 이끌고 있다"며 다음과 같이 말했다.

"물론 미국이 대부분의 군사력을 제공하며 주도권을 행사하지만 사실상 이건 한 국가를 응징하기 위해 세계가 후원하는 전쟁이 돼버렸다. 만일 냉전이 소멸되지 않았다면 소련은 미국과 나토에 대항하기 위해 이라크를 지원하며 이라크와 정치·군사적으로 밀접한 유대를 형성했을 것이다. 그래서 소련이 이라크에 대해 무제한 무기 지원에 나섰다면 현재의 상황은 한국전과 월남전 때처럼 어려워졌거나 1973년 중동전 때처럼 위험했을 것이다. 1973년 중동전 때 모스크바는 이집트를 돕기 위해 파병하겠다고 위협해 미·소 간 핵대결 우려를 고조시켰다."

세계가 후원한 전쟁이니 돈이 크게 들어갈 일도 없었다. 아니 오히려 남았다. 『뉴욕타임스』 1991년 8월 16일자에 따르면, 걸프전쟁에 투입된 610억 달러에서 540억 달러를 우방이 분담했다. 전비엔 전쟁 전 계상된 국방예산 일부와 장비교체 비용 등이 포함돼 있어 미국으로선 결국 남는 장사를 한 셈이었다. (정항석 2002)

'국제 매스 커뮤니케이션의 동시성'

걸프전쟁은 그간 비약적인 발전을 거듭한 첨단과학기술을 유감없이 보여준 전쟁이기도 했다. 이 전쟁에서 미국이 사용한 스마트폭탄과 크루즈미사일(cruise missile)은 2300년 전 그리스의 알렉산더 대왕이 페르시아 정복에 이용했던 '신무기'인 장창과 이동식 쇠뇌(여러 개의 화살을 한꺼번에 쏘는 활)에 비유되었다. 이런 첨단 과학기술은 나중에 21세기의 미래전에 대한 본격적인 논의를 불러일으켜 이른바 '네트전쟁(Net War)'과 '사이버전쟁(Cyber War)'에 대한 전망으로까지 나아간다.

첨단과학기술은 전쟁 보도마저 바꾸어놓았다. 김호준은 "세계가 걸프전 발발을 지켜본 방법은 국제 매스 커뮤니케이션의 동시성을 보여주고 있다. 월남전은 텔레비전 시대의 첫 전쟁이었다. 이때 위성중계 방송뉴스의 직접성이 미국 여론에 얼마나 강력한 영향을 미쳤는지는 이미 잘 알려진 일이다. 그러나 대이라크전은 중요한 몇 가지 측면에서 처음부터 월남전의 경험을 압도하는 것이었다"며 다음과 같이 말한다.

"월남전과 달리 걸프전쟁은 수일간의 초전 상황이 발생과 거의 동시에 보도됐다. …… 통신위성의 무한이용과 세계 동시연결 방영기술은 이번에 CNN 보도진으로 하여금 공격받는 이라크와 이스라엘 그리고 사우디아라비아의 진중 브리핑 등 전쟁관련 사태를 생생하게 중계방송할 수 있게 했다. 이젠 이스라엘에 이라크의 스커드미사일이 떨어지는 것을 미국 대통령이나 한국 농부가 함께 볼 수 있는 시대가 된 것이다. 사태발전이 서서히, 오래 계속됐다는 사실에도 원인이 있긴 하지만 텔레비전의 보도량도 전례 없이 엄청난 것이었다. 한 미디어 연구소에 따르면 작년(1990년) 8월 이라크가 쿠웨이트를 침공한 후 지난주(1991년 1월) 다국적군이 대이라크 공격을 개시했을 때까지 미국의 3대 텔레비전 방송인 ABC · CBS · NBC의 저녁뉴스 시간에 방영된 걸프사태 보도는 약 2600건에 이른다. 게다가 전쟁이 발발하자 3대 텔레비전은 정규 프로그램을 중단하고 전쟁에 관한 보도를 40시간 이상 연속 방송했다. 이 같은 중점보도는 미국 텔레비전 사상 이번이 처음이다. 미국 측 군사브리핑과 공식발표에 보도의 역점이 맞춰지고 미국적 시각이 지배적인 CNN의 세계적 시청은 새 시대의 한 문제점으로 지적되고 있다. 세계의 많은 사람들이 걸프사태를 미국의 렌즈를 통해 보게 되었다는 점 때문이다."

전 세계인의 시선을 지배한 '미국의 렌즈'는 강력한 보도통제의 지배를 받았다. 서동구(1991)는 "보도족쇄가 심하다 보니 오보와 루머와 추측기사가 범람하고 있다. 뉴스의 진공기가 계속될수록 정부나 군 당국에의 브리핑 의존도가 높아지고 있다. 따라서 정부가 의도하는 방향으로 내용이 과대포장되고 있다고 기자들은 안타까워하고 있다"며 다음과 같이 말했다.

"이렇게 정제된 뉴스가 미국 텔레비전을 통해 전 세계를 뒤덮고 있다. 24시간 뉴스 방송에다가 굵직한 특종으로 텔레비전 정상을 누리고 있는 CNN은 세계 103개국에 뉴스를 공급하고 있다. 그 때문에 미국에서 평균 1000만 가구, 해외에서 6000만 가구의 시청률을 자랑하고 있는 CNN-TV 선풍의 공과가 여러모로 지적되고 있다. 오죽했으면 『헤럴드 트리뷴』의 로런스 맬킨 기자가 CNN의 존슨 사장을 만나 '미국의 시각으로 구성된 CNN 뉴스가 제 나라 말로 전달되는 자국 텔레비전을 제치고 세계의 시청자들을 사로잡고 있는 현실을 어떻게 생각하느냐'고 물었을까."

전쟁 영웅의 탄생

다국적군과 이라크군을 합해 100만 명 이상의 군대가 집결한 가운데 걸프전은 42일간 계속되었다. 집중공습에 38일, 지상군 공격이 4일이 소요되었다. 미국 주도의 연합군은 후세인 군대를 격파하고 쿠웨이트를 해방시켰다. 그 와중에 이라크는 초토화되었으며, 이라크 병사 10만명이 전사했고 민간인 20만 명이 사망했다. 1991년 4월 이라크가 정전협정 조건을 받아들임에 따라 전쟁은 종결되었다.

왜 후세인은 쿠웨이트를 침공하는 어리석은 판단을 내렸던 걸까? 이매뉴얼 월러스틴(Immanuel Wallerstein 2004)의 분석은 이렇다. "미국은 갑작스러운 소련의 붕괴에 어리벙벙하고 당혹하여 이 사태를 어떻게 다루어야 할지 분명한 태도를 보여주지 못했다. 공산주의의 붕괴는 미국 헤게모니를 이데올로기적으로 뒷받침하는 유일한 정당성—자유주의의 표면상의 이데올로기적 적수에 의해 암묵적으로 지탱돼온 정당성—을 제거한 것으로 사실상 자유주의의 붕괴를 뜻하는 것이었다. 이 같은 정당성 상실은 곧바로 이라크의 쿠웨이트 침공을 낳았다."

그런 상황에서 후세인은 미국이 사상자 발생을 두려워할 것으로 예측하면서, 전투가 초래할 엄청난 손실을 감안하여 전쟁을 회피할 것으로 확신했지만, 그건 오판이었다. 이라크의 완패 후, 전 인도 육군참모총장 크리슈나 순다르지는 "걸프전에서 얻은 중요한 교훈들 중 하나는 핵무기를 보유하고 있지 않은 국가라면 미국에 대한 공격을 삼가야 한다는 사실이다"라고 말했다.(Falkenrath 2002)

미국에서는 걸프전쟁을 완벽한 승리로 이끈 노먼 슈와르츠코프 (Norman Schwarzkopf) 사우디 주둔 미군 사령관과 콜린 파월(Collin L.

Powell) 합참의장을 전쟁영웅으로 부상시키는 축제가 벌어졌다. 미국 언론들은 차기 합참의장감으로 슈와르츠코프 장군을 점쳤으며, 슈와르츠코프의 중부 군사령부가 위치한 플로리다 주의 공화당 의장은 3월 1일 그를 연방 상원의원 후보로 추대하자고 나섰다.

이라크 장병 귀국환영 퍼레이드 중 콜린 파월.

또 흑인인 파월 합참의장은 인종을 초월한 미국인들의 지지를 불러일으켜 1992년 대통령선거에서 부시 대통령의 러닝메이트로 급부상했다. 『월스트리트저널』의 여론조사 결과에 따르면, 미국민 50퍼센트가 파월 의장의 부시 러닝메이트를 지지해 댄 퀘일 부통령의 인기도 25퍼센트를 압도했다. 심지어 『USA 투데이』 여론조사는 파월 의장의 대통령 출마에 미국인 42퍼센트가 지지하는 것으로 나타났다.

1990년 8월 2일 이라크군이 쿠웨이트를 침공했을 때만 해도 슈와르츠코프 장군은 '종이부대' 사령관이었다. 플로리다의 맥딜공군기지의 병영에 자리 잡은 미 중부 군사령부 사령관인 그는 예하 전투병력 없이 수백 명의 스태프진만 거느리고 있었다. 중부군이 맡은 지역이 중동·북아프리카인데 미국은 그곳에 군 주둔을 못 하고 있었기 때문이다. 그러나 이라크의 쿠웨이트 침공으로 사우디 주둔 미군은 50만 명으로 늘어났고 그는 다국적군까지 합쳐 70만 명의 대병력을 거느리고 현대전을 지휘한 것이다.

그가 더욱 영웅대접을 받는 이유는 미군의 인명피해를 기적적으로 극소화했다는 점이다. 특히 70만 대군의 지상작전에서 다국적군의 인명피해가 수십 명에 불과하다는 것은 일방적인 힘의 우세를 감안하더라도 슈와르츠코프의 전략적 성공으로 평가되었다. 언론은 그의 아이큐가 170이라고 주장하면서 '사막의 방패' 및 '사막의 폭풍' 작전은 그런 탁월한 머리에서 그려진 것이라고 칭찬했다.(김수종 1991)

그러나 슈와르츠코프 육군대장은 '걸프전의 영웅'이라는 영예를 얻었음에도 불구하고 1992년 10월에 출간한 회고록에서 부시 행정부에 있는 강경 성향의 '매파'들이 육상전을 시작할 준비도 되기 전에 하루빨리 개전하라고 압력을 넣었으며 그때는 구소련이 이라크에 쿠웨이트에서 철군토록 외교적 노력을 경주하고 있던 때라고 말했다. 그는 "지상전을 서두르라는 압력에 거의 '미칠 지경'이었다"면서 "머리가 쇠 틈 속에 끼어 있는 것 같은 압박감을 느끼기까지 했다"고 회상했다.(임춘웅 1992)

그런 강경 성향의 '매파'들을 친유태계의 신보수주의자들로 보는 시각이 있다. 보수파이면서도 반유태인 성향이 강한 패트릭 부캐넌은 "미국 석유자본의 이익을 위해서 미국의 젊은이들을 중동 사막에서 죽게 내버려둬도 좋은가"라고 되물었다. 이에 대해 소에지마 다카히코(2001)는 "부캐넌의 발언 내용에서 반유태인(반이스라엘) 냄새를 맡은 언론들은 부캐넌을 집중 성토했다"며 유태계의 영향력을 강조한다.

'1극 체제' 또는 '팍스 아메리카나' 논쟁

신보수주의자인 『워싱턴포스트』 칼럼니스트 찰스 크라우트해머 (Charles Krauthammer)는 1991년 2월 발간된 국제문제 전문잡지 『포린어페어스(Foreign Affairs)』에 「1극 체제 시대」라는 글을 기고했다. 이에 대해 3월 17일 『뉴욕타임스』의 칼럼니스트 레슬리 겔브(Leslie H. Gelb)가 반박하는 글을 게재하고, 3월 22일자 『워싱턴포스트』에 크라우트해머가 재반박 칼럼을 씀으로써 '1극 체제' 논쟁이 벌어졌다.

12쪽에 달하는 크라우트해머의 첫 번째 글은 미국이 월남전 패배 이후의 고립주의에서 벗어나 세계문제를 '부끄럽지 않게' 그러나 '강력히' 개입해 나가야 한다고 주장했다. 미국 다음의 국가 대열에 소련, 독일, 일본 등이 있지만 그 역할을 나눠 맡을 만큼 '필요하고도 충분한 조건'을 모두 갖추지 못했기 때문이라는 것이다. 이에 대해 겔브는 부시 행정부가 세계문제에 있어서 미국밖에 없다는 '일신교' 신자가 되어서는 안 된다고 반론을 폈다. 그의 논지는 다음과 같다.

"부시가 추구하고 있는 새로운 세계질서는 법과 질서가 존중되는 국제사회다. 크라우트해머가 지지하는 부시의 정책은 결국 '강하면서도 어려운 개입주의'다. 그들의 의도는 훌륭한 사상을 담고 있지만 문제는 이것이 새로운 도그마의 길로 가는 데 있다. 미국이 집단안보 체제의 우산 속에서 세계경찰이 되려는 게 그 해답이다. 지금 민주당의 진보세력이 매도당하고 있으나 그들은 건전한 회의주의자로 평가받아야 한다. 부시 행정부에 지금 필요한 것은 '새로운 세계질서'라는 거창하고 새로운 슬로건이 아니라 사리와 분별이다. 미국의 힘은 실용주의, 상식, 재생력 속에 있다. 이 나라는 새로운 하나의 진리를 필요로 하지 않는다."

이 같은 논지에 대해 크라우트해머는 이제 1극 체제의 세계인데 그
것을 즐기지 않을 이유가 뭐냐고 다시 반문했다. "진보주의자들은 이
를 걸프전쟁 승리 이후의 '개선장군의식' 이라고 부르고 있다. 그 범
주에 드는 겔브는 '지적 기회주의' 의 또 다른 사례에 불과하다. 걸프
전쟁 전에 미국의 쇠퇴론자들은 전쟁의 개입으로 황금기가 더욱 단축
된다고 소리 높여 한탄했다. 이제 로마제국이 이런 식으로 쇠퇴했다
고 믿는다면 이 칼럼을 라틴어로 읽게 할 수도 있다. 왜 주저하는가.
쿠웨이트와 폴란드, 아니 어떤 나라에라도 팍스 아메리카나에 대한
그들의 의견을 물어봐도 좋다."

이 논쟁을 소개한 김학순(1991)의 총평에 따르면 "걸프전쟁 이후 세
계질서가 이른바 '팍스 아메리카나(미국 주도의 세계평화)' 로 표현되는
1극 체제로 돼 가고 있다는 데에는 국제사회에서 큰 이의가 없는 것
같다. 많은 국제정치 전문가들 간에는 세계가 미·소 양극체제를 청
산한 후 다원화시대로 진입하는 시점에서 이 같은 1극화의 역풍이 등
장한 데 대해 우려하는 시각들이 많은 것이 사실이다. 그러나 걸프전
후 현실적으로 미국의 독주를 견제할 세력이 전무하게 됐고 따라서
새로운 국제질서는 세계가 원하든 원치 않든 미국 주도로 이끌려 갈
수 밖에 없게 됐다. …… 이 '팍스 아메리카나' 논쟁은 두 신문이 맞수
인 탓도 있지만 두 칼럼니스트 모두 퓰리처상 수상자이면서 권위도
비슷하게 인정받고 있었다는 점에서 흥미를 끈다. 두 칼럼니스트의
이 같은 '팍스 아메리카나' 논쟁은 미국 지식인 사회의 두 조류를 대
변하고 있는 듯하다."

두 조류이긴 하지만, 대세는 크라우트해머의 편이었다. 그의 주장은 이른바 네오콘(Neo-Conservative; 신보수주의자)의 선두주자 폴 울포위츠(Paul D. Wolfowitz)의 '울포위츠 보고서'로 알려진 1992년의 '국방기획지침(Defense Planning Guide)'으로 수용되었다. 그 핵심 내용은 미국이 1극 체제를 유지하기 위해 잠재적 경쟁국이 될 수 있는 지역 강대국의 부상을 견제해야 한다는 것이었다.(백창재 2005)

'베트남 증후군'의 극복

'팍스 아메리카나' 논쟁은 지식인사회에만 머물지 않았다. 미국인들의 가슴에도 파고들었다. 1991년 3월 2일 부시 대통령은 전쟁 승리를 선언하는 자리에서 "이제 베트남 증후군은 완전히 그리고 영원히 아라비아의 사막에 묻혀버렸다"고 말했다. 이러한 낙관·자신감·단결을 보여주기라도 하듯 부시 대통령에 대한 지지도는 역사상 가장 높은 91퍼센트에 이르렀다.

정연주(1991a)는 "베트남에서의 쓰라린 패전 경험에다 이란의 호메이니 혁명 뒤 있었던 미국대사관 직원 인질 사태 등은 '세계에서 항상 1등'이라는 미국의 자존심을 여지없이 짓밟았다. 게다가 일본과 독일의 경제력 향상은 이러한 미국의 자존심 훼손을 더욱 부채질했다. '기울어 가고 있는 제국'이라는 비관과 회의는 오히려 미국 내에서 더욱 강렬하게 나오기도 했다. 베트남 증후군이라는 낱말은 바로 이러한 미국의 쇠락감을 상징하는 것이었다"며 다음과 같이 말했다.

"그러나 『뉴욕타임스』의 표현대로 '번개처럼' 재빨리 그리고 일방적으로 끝장을 내어버린 걸프전쟁은 일거에 이런 쇠락감·좌절·비

냉전 체제가 막을 내렸음에도 미국의 국방비 지출은 증가했다.
(왼쪽)걸프전 중 추수감사절을 맞아 사우디 주둔 미군을 방
문한 부시.
(오른쪽)후일, 낮은 요격률로 논란의 대상이 된 패트리어트미
사일.

관 등을 씻고, 미국 사회를 자기만족·행복·도취에 젖어들게 만들고
있다. 언론과 사회과학자들은 앞다투어 베트남 증후군 완전치유 선고
를 내리면서 좌절과 분열·회의감이 힘·단결·낙관으로 대체되었
다고 진단하고 있다. …… 그러나 베트남 증후군을 치유한 걸프전쟁
은 '이라크 증후군'으로 일컬어질 수 있는 새로운 문제를 제기하고
있기도 하다. 그것은 미국 군사력을 감히 넘볼 자가 없을 것이라는 군
사적 자신감 그리고 아주 쉽게 무력에 의존하여 대외문제를 해결하는
증후를 뜻한다."

'미국쇠락론'을 주장했던 폴 케네디는 걸프전쟁으로 미국의 힘을
평가하는 사람들을 이렇게 비판했다. "그들은 잘못된 척도와 잘못된
목표를 갖고 있다. 1년에 3000억 달러 이상을 국방비에 쏟아부어온 미

국이 군사력이 모자랄 수 있겠는가? 지나치게 많은 자원이 군사부문에 쏟아지고 사회간접자본, 교육 등은 등한시되고 있으니 그것이 문제다."(정연주 1991a)

한국 운동권의 '후세인 평가' 논쟁

한국에서는 엉뚱하게도 운동권에서 '후세인 평가' 논쟁이 일어났다. 운동권의 양대 계파인 NL(민족해방)과 PD(민중민주주의)계 학생들은 ●미국의 제국주의적 성격 ●다국적군의 이라크공습에 대한 비난 ●의료진 파병 등 한국의 직·간접 개입 반대 ●걸프전을 이용한 현 정권의 민중운동 탄압기도 경고 등에 대해서는 한 목소리를 냈지만, 전쟁의 주요당사자인 이라크 대통령 사담 후세인에 대한 평가에서는 큰 차이를 보였다.

NL계는 후세인을 '아랍민족의 영웅'으로 본 반면 PD계는 '독재자이며 파시스트'라고 비난했다. 서울시내 대학 총학생회의 대부분을 장악하고 있는 NL계 학생들은 서울대학 등에 게재된 「걸프사태를 어떻게 볼 것인가」라는 대자보를 통해 "후세인은 세계평화를 위협하는 독재자가 아니라 부패한 아랍의 봉건왕조 국가와 이들을 통해 경제적 이익을 추구하는 미국을 타도하려는 아랍 민중의 열망의 대변자"라고 주장하고 "그러므로 후세인은 아랍뿐 아니라 제3세계 반미투쟁의 선봉장"이라고 치켜세웠다.

반면 PD계 학생들은 "일부 학생들이 후세인을 아랍 민중, 또는 제3세계의 영웅으로 부당하게 미화하는 것은 '반미=선'이라는 지극히 단순화된 논리에 사로잡힌 탓"이라며 NL계를 반박하고 나섰다. 외대

동아리연합회 명의의 대자보에서 학생들은 "후세인은 아랍의 맹주를 꿈꾸는 야심에 찬 파시스트에 불과하다"고 정면으로 비난하고 "반미라는 이유만으로 명백한 독재자를 아랍 민중의 영웅으로 왜곡하는 일은 없어야 한다"고 주장했다.

후세인에 대한 평가가 상반된 만큼 전쟁을 보는 시각도 당연히 차이를 보였다. NL계는 "이 전쟁의 본질은 아랍 민족주의와 미 제국주의의 충돌"이라고 규정하고 "쿠웨이트 점령으로 일부에서 제기하던 이라크의 패권주의적 성향에 대한 비난은 다국적군의 대대적인 이라크 공습과 함께 완전히 사라졌다"고 단언했다. NL계는 "그러므로 후세인을 정점으로 하는 아랍 민중의 반제국주의 투쟁을 지원하기 위해 국내 민족 · 민주세력과 적극 연대, 반전 · 반미운동을 벌여야 한다"고 주장했다. 이에 대해 PD계는 걸프전을 "아랍 민중의 민족 · 민주혁명에 대한 열정을 이용, 아랍의 맹주를 꿈꾸는 후세인과 아랍지역에서 저유가정책을 통해 경제적 이익을 계속 확보하려는 제국주의 사이의 국지전에 불과하다"고 평가했다.(이동국 1991)

'텔레비전 뉴스의 오락화'

걸프전은 '국제 매스 커뮤니케이션의 동시성'을 보여주었을 뿐만 아니라 '텔레비전 뉴스의 오락화'가 극대화된 사건으로도 유명하다. 펜타곤의 강력한 보도통제와 치밀한 영상 관리 결과, 사람들은 전쟁을 '전쟁 쇼'나 '텔레비전 닌텐도게임'을 보는 기분으로 시청했다. 전폭기 콧잔등에 실린 고성능 카메라로 찍은 공중폭격 사진들이 비디오게임처럼 텔레비전 영상을 장식하자 이건 '이라크전쟁'이 아니라 '이

CNN 애틀랜타 본부. CNN의 등장은 뉴스의 대상을 '일어난 사건'에서 '바로 지금 일어나고 있는 순간의 사건'으로 바꾸어놓았다.

라크영화'라는 말까지 나왔다. 사람들이 집에 머물면서 전쟁소식을 전하는 뉴스에 매달리다 보니 영화관 문 앞이 썰렁해져 "영화관 문 앞에 걸프전쟁의 폭탄이 떨어졌다"는 비유마저 나왔다.(사사키 신 1994, 서동구 1991, 정연주 1991)

걸프전 이전부터 방송 저널리즘은 네트워크의 입지가 약화되면서 양적으론 강화되고 질적으론 더더욱 오락화 되는 경향을 보이고 있었다. CBS의 조사담당 부사장 데이비드 폴랙(David Pollack)은 뉴스 프로그램이 증가하는 이유로 ●제작비가 싸고 ●히트하면 오락 프로그램에서는 실현 불가능한 장수 프로그램이 될 수 있으며 ●방송국이 프로그램의 재이용에 관한 전적인 권리를 갖게 되고 ●시청자가 증가하는 경향 등을 들었다. 질적인 측면에선 언론윤리상의 문제를 야기했다. 여태까지 앵커맨은 아무리 오락화 되었어도 저널리스트들이 담당했었으나 이제는 저널리스트 경험이 전혀 없는 사람들조차 용모 기준으로 앵커에 선발되었으며, 사람들을 출연시켜 사건을 실연케 하는 이른바 '드라마적 재현 프로그램' 이 증가했다.

반면 전통적인 방송 저널리즘, 특히 위기상황의 보도에 있어선 CNN이 네트워크 뉴스에 비해 훨씬 우월한 경쟁력을 갖게 되었으며 이는 걸프전쟁 동안 분명히 입증되었다. 24시간 뉴스만 내보내는 CNN에 중독되어 잠도 안 자고 가족들과 얘기도 나누지 않으며 뉴스만 보는 이른바 'CNN 콤플렉스'를 앓는 사람들마저 생겨났다.

정용탁(1991)은 "CNN-TV 방송은 적진 심장부에 들어가서 다국적군의 공습상황을 생방송해주고 있는데 이는 전쟁사상, 방송사상 첫 번째 기록으로서 새로운 전쟁형식의 시작이다. CNN 방송에 의한 공습 실황 중계를 보고 있으면 실제 전쟁을 보고 있는 것인지 〈아이언 이글(Iron Eagle)〉(1986)이나 〈탑 건〉(1987) 같은 전쟁영화를 보고 있는 것인지 또는 비디오 게임을 보고 있는지 혼란스럽다"며 다음과 같이 말했다.

"CNN에서 그동안 방송한 영상은 디테일한 전쟁의 참상보다는 롱숏에 의한 오락 공중전투 영화에서 흔히 보는 승전적 영상이다. 전선에 아내를 내보낸 남편이 세 아이를 돌본다는 다분히 동정적인 또는 애국적인 가정을 취재 보도하는가 하면 미니애폴리스에 〈사막의 소리〉방송을 이용해 전선의 병사와 가족이 직접 통화를 할 수 있다는 것을 사이언스 픽션화해 보도하기도 하다. 따라서 적어도 CNN에서 내보낸 영상은 전쟁의 잔혹한 범죄적 이미지보다는 전쟁영화의 소영웅적 환상이나 전자오락기의 전쟁 게임화 된 이미지다. 월남전 때 텔레비전이 사상자를 중심으로 살해된 젊은 병사의 이미지를 주로 보도해 반전무드를 조성했던 것과는 대조적으로, 걸프전쟁에 대한 참전지지율 76퍼센트가 개전 이틀 후 83퍼센트로 상승했다는 것은 CNN의 이 같은 보도태도와 무관하다고 볼 수 없다. 텔레비전을 통해 현실적 이미지가 픽션처럼 이미지화 되어 가는 과정에서 미국인들은 이성을 잃고 자신들을 〈탑 건〉의 톰 크루즈나 〈아이언 이글〉의 루이스 고세트로 착각하고 있는지도 모른다."

CNN의 맹활약은 다른 지상파 방송사들로 하여금 무리를 하게 만드는 이유가 되었다. 더글러스 켈너(Douglas Kellner 1997)는 "CBS와 ABC 양대 방송국은 전쟁 발발 초기에 '걸프에서의 한판대결(Showdown in the Gulf)'이라는 로고를 사용했으며, CBS는 전쟁기간 내내 그 로고를 사용하면서 걸프전을 선과 악의 전쟁으로 코드화했다"며 다음과 같이 말한다.

"군부의 가장 큰 지지자이자 치어리더로 봉사했던 인물은 '리버럴 (liberal)' CBS의 '리버럴' 댄 래더였다. 전쟁 초기에 래더는 가장 회의적이고 비판적인 방송 기자였다. 그러나 시청률이 떨어지자 그는 사우디아라비아로 가서 전쟁을 직접 보도했다. 이로써 그는 군대의 찬양자이자 지상전의 가장 열렬한 지지자가 되어, 40일 동안의 폭격으로 사기가 완전히 저하되고, 미국이 주도하는 하이테크 다국적 연합군 세력에 대항할 기술도 없는 불운한 이라크인들을 살해한 '싹쓸이', '장엄하고' '뛰어난' 군사작전에 열광했다."

CNN의 힘

앵커 시스템은 1980년대 말을 거쳐 1990년대에 들어서도 미국 텔레비전 뉴스의 핵심 포맷으로 요지부동이었지만, 한 가지 흥미로운 사실은 네트워크 텔레비전 뉴스에 일대 타격을 안겨준 CNN이 기본적으로 앵커 시스템을 수용하되 24시간 뉴스 체제라고 하는 독특한 성격으로 인해 앵커에게 의존하는 비중이 네트워크 텔레비전들에 비해 훨씬 약하다는 점이었다. 우선 앵커의 연봉에 있어서도 CNN은 네트워크 텔레비전들과는 커다란 차이가 있었다. 네트워크 텔레비전들이 일반 기자 연봉의 40배에 이르는 250만 달러까지 지불한 반면 CNN의 앵커들은 기껏해야 10~20만 달러를 받고 있을 뿐이었다. 24시간 내내 뉴스를 방송하는 CNN으로서는 네트워크들처럼 앵커에게 고액의 연봉을 줬다가는 도저히 견뎌낼 수 없기 때문이었을 것이다. 게다가 CNN이 큰 인기를 얻은 것은 세계 그 어느 곳에서든 즉각적인 위성중계를 해준다는 '현장성'과 '즉시성' 때문이지 앵커의 '스타성' 때문은 아니었기 때문이다.

CNN은 이라크 바그다드(Baghdad) 현지에 버나드 쇼, 피터 아넷(Peter G. Arnett), 존 홀리먼(John Holliman, 1948~1998) 등 3명의 특파원 외에 중동지역에만 100여 명의 보도진을 보내 세계 역사상 최초로 전쟁 상황을 생중계하는 기록을 세웠다. CNN이 "백색 섬광이 도처에 번득이고 있으며 공중으로 포탄이 발사되고 있다"는 걸프전 발발 1보를 최초로 보도함으로써 세기적 대특종을 잡을 수 있었던 것도 CNN이 자랑하는 '현장성'과 '즉시성' 덕분이었다. 신속성을 생명으로 아는 세계 4대 통신사들도 1보로 CNN을 인용하지 않을 수 없었으며, 딕 체니 국방장관조차 전쟁개시 소감을 묻는 내외신 기자들에게 "CNN 뉴스를 보니 이라크 공격이 성공한 것 같다"고 논평했을 정도였다.(유인경 1991)

CNN은 큰 사건이나 사고가 있을 때엔 시청률에서 네트워크 텔레비전 뉴스를 압도하기도 했다. 1990년 닐슨사(A.C. Nielsen Company) 조사에 따르면 미국 전역의 유선 텔레비전 시청가구(전체 텔레비전 보유 가구의 60퍼센트) 가운데 CNN은 무려 53.7퍼센트(CNN의 자매 뉴스인 CNN 헤드라인 뉴스의 14퍼센트 포함)의 시청률을 기록했다.(ABC 18.3퍼센트, CBS 15.6퍼센트, NBC 12.4퍼센트), 전체 텔레비전 보유가구를 대상으로 한 시청률 조사에서는 CNN과 CNN 헤드라인 뉴스(CNN Headline News)의 시청률이 도합 37.7퍼센트를 차지했다.

게다가 네트워크들이 걸프전쟁 보도에 엄청난 비용을 쏟아부은 뒤 심각한 재정난을 겪은 것과는 달리 CNN은 가입가구 수를 크게 늘렸을 뿐만 아니라 중요 시간대의 방송광고료가 최고 4배까지 올라 사무실과 인력도 확장하는 등 큰 수익을 올렸다. 시사주간지 『타임』 1992년 신년호는 '올해의 인물'로 CNN 사장 테드 터너(Ted Turner)를 선정했다. 터너가 "진행 중인 사태들에 영향력을 행사하고

CNN의 설립자 테드 터너.

세계 150개국 시청자들을 역사 현장의 목격자로 만들었다"는 이유를 들었다.(국민일보 1991)

미국 '1극주의'는 방송 저널리즘과 대중문화 분야에서도 여실히 나타났다. 먹고사는 것조차 힘겨워하는 일부 제3세계권도 미국의 대중문화 공세로부터 자유롭지 못했거니와, 일반 대중은 이를 적극 반겼다. 미국 작가 피코 아이어(Pico Iyer)의 경험담에 따르면 "지난 1991년 나는 티베트에서 영화 〈조스〉를 봤으며 평양에서 빌리지 피플의 록음악을 들었다. 에디 머피가 주연한 〈커밍 투 아메리카〉는 미국의 비디오가게에 출하되기도 전에 히말라야의 은둔 왕국 부탄에서 그 해적판을 구경할 수 있었다. 걸프전 당시 후세인 이라크 대통령은 CNN-TV를 통해 전황을 추적했고 베트남인들이 미 여배우 메릴 스트립이 나오는 비디오를 보려고 강가의 카페에 몰려든다."(고종철 1992)

미국 대중문화가 '팍스 아메리카나'의 원동력이라는 주장이 나오는 이유다. 베를린장벽의 붕괴는 물론 소련연방 해체도 미국 대중문화 덕분이었다는 주장도 낯설지 않다. 앞서 거론한 '소프트 파워'의 가치를 인정한다면, 결코 외면할 수 없는 주장이다. 소련연방의 해체를 살펴보면서 좀 더 생각해보기로 하자.

참고문헌 Barnes 1986, Blumenthal 1980, Clarke 2004a, Current Biography 2002c, Davis 2004, Falkenrath 2002, Kellner 1997, Rushkoff 2000 · 2002, Wallerstein 2004, Wiener 1993, 강준만 1992, 고종철 1992, 국민일보 1991, 김동춘 2004, 김수종 1991, 김윤재 2003, 김학순 1991, 김호준 1990 · 1991, 다카기 도루 2003, 백창재 2001 · 2005, 사사키 신 1994, 서동구 1991, 소에지마 다카히코 2001, 유인경 1991, 이동국 1991, 임춘웅 1992, 정연주 1991 · 1991a, 정용탁 1991, 정항석 2002, 하영선 2001

미국 '1극 체제'의 탄생
소련연방 해체

15개로 쪼개진 소련연방

베를린장벽의 붕괴와 '벨벳혁명'과 같은 동유럽 혁명은 소련 내에서도 일어나고 있었다. 고르바초프가 1988년과 1989년 사이에 자유로운 정치토론과 선거운동을 허용하자마자 동요가 일기 시작했다. 많은 지역에서 민족주의운동 세력이 1989년 선거 때 공산당후보를 물리쳤다. 1990년 2월 7일 공산당 중앙위원회 총회는 하나의 당 운용, 즉 독재체제를 포기하기로 결정했으며 3월 15일 새로운 헌법에 따라 고르바초프가 대통령으로 선출되었다.

1990년 3월에 치른 지방선거 결과 분리주의자들이 발트 3국, 아르메니아, 그루지야, 서부 우크라이나를 장악했다. 여기에 보리스 옐친(Boris N. Yeltsin, 1931~2007)이 러시아공화국을 장악한 이후에 러시아공화국 정부는 비러시아계 공화국들에서 분리주의를 강하게 선동했다. 그 이면엔 옐친과 고르바초프의 사적인 불화가 촉진한 모스크바의 두

정부(러시아공화국 정부와 연방정부) 간의 라이벌 관계가 있었다.

1991년 1월에 터진 걸프전쟁은 소련 보수파 군부 내에 미국에 대한 반발이 커지는 큰 동요를 불러일으켰다. 이제 미국이 고르바초프 정권의 안전을 염려하는 처지가 되었다. 부시 행정부는 1991년 6월 소련에 대한 경제원조를 강화하면서 고르바초프 정권을 강력히 지지하고 나섰으며, 1991년 7월 29일에는 부시 대통령이 직접 소련을 방문하여 고르바초프와 전략무기삭감 협정을 체결하는 동시에 대소련 경제지원의 확대를 약속했다.

미국의 고르바초프 정권 지지는 소련 보수파의 위기감을 고조시켰다. 그 결과 1991년 8월 19일 새벽, 소비에트 쿠데타가 일어났고 '3일 천하'로 막을 내렸다. 고르바초프를 흑해연안의 별장에 감금하는 데엔 성공했지만, 개혁파의 핵심 인물인 옐친을 체포하지 못했기 때문이다. 옐친은 모스크바에서 쿠데타 세력에 맞서 탱크 위에 올라서는 강인한 모습을 보여주는 등 강력 대처함으로써 쿠데타를 실패로 돌아가게 만들었다. 옐친은 러시아 영토 안에서 공산당을 금지하는 결단마저 내렸다. 고르바초프는 3일 만에 모스크바로 돌아왔지만, 연방정부의 권위는 추락했다. 고르바초프는 연방의 역할을 어느 정도 지키기 위해 여러 가지 방식으로 투쟁했지만, 아무런 소득도 얻지 못했다.

1991년 12월 8일 옐친, 우크라이나 대통령, 벨로루시 대통령이 비밀회동해 소련의 청산을 선언하고 '독립국가연합'으로 연방을 대체했다. 사실상의 쿠데타였다. 옐친은 아무런 합법적 권위도 없이 러시아 입법부에 자문을 구하지도 않은 채, 소련을 폐기처분하고 만 것이다. 1991년 12월 25일 고르바초프는 소련 공산당 서기장직을 사임할 수밖

소련 해체에 반발하는 강경 보수파는 옐친의 강경 대응으로 60시간 만에 좌절되었다. 이를 계기로 옐친은 국민적 영웅으로 떠올랐다. ⓒ ITAR-TASS

에 없었다.(Parker 2009)

1991년 12월 8일, 소련이라는 나라가 지구상에서 사라졌다. 소련을 구성하던 15개 공화국 가운데 14개 공화국이 소련으로부터 탈퇴했고, 터줏대감인 러시아가 구소련을 계승한 것이다. 국토는 소련의 76퍼센트, 인구는 50퍼센트, 경제력은 45퍼센트, 병력은 33퍼센트 수준으로 줄어들었다.(Nye 2002) 이젠 독립국이 된 14개 공화국을 인구 규모(1998년) 순서로 살펴보면 다음과 같다. 우크라이나 5071만, 우즈베키스탄 2322만, 카자흐스탄 1647만, 벨로루시 1029만, 아제르바이잔 758만, 타지키스탄 592만, 조지아 541만, 투르크메니스탄 459만, 키르기즈스탄 457만, 몰도바 432만, 아르메니아 377만, 리투아니아 370만, 라트비아 249만, 에스토니아 146만.

왜 소련연방이 붕괴된 것일까? 고르바초프 때문인가? 차머스 존슨

(Chalmers Johnson 2003)은 "고르바초프가 1980년대 소련의 위기를 다소 인간적으로(혹은 서투르게) 다루었다고 해도, 소련을 붕괴시킨 것은 실제로는 제국의 과잉 팽창 때문이었다"고 주장한다. 반면 미국 스탠포드대학 후버연구소의 피터 시바이처(Peter Schweizer 1998)는 "소련의 공산 체제는 어떠한 국제적 환경으로 인해 스스로 붕괴되지는 않을 체제적 특성을 갖고 있었다" 며 다음과 같이 주장한다.

"미국의 정책들은 소련 역사의 방향을 바꾸어놓을 수 있었고, 그렇게 했다. 많은 서방 관측자들이 소련의 경제를 미국과 비교하고 대결 정책이 소련을 오히려 강하게 만들 뿐이며 미국에게는 소득이 없는 정책이 될 것이라고 봤었는데, 지금 갑자기 소련 제국의 쇠퇴와 붕괴는 피할 수 없는 것이었다고 주장하는 것은 정말 아이러니다. …… 아이러니컬한 것은 현재의 역사가들이 고르바초프에게 냉전 종식에 대한 공을 더 인정해주고 있다는 것이다. 이것은 승리자보다는 오히려 패배자에게 보다 많은 점수를 주는 우스운 일이 아니고 무엇이겠는가?"

'적(敵)이 없는 미국의 비극'

14개 공화국을 떼어주고 나서도 러시아는 여전히 중국, 인도, 미국, 인도네시아, 브라질 다음으로 세계 6위의 인구를 품은 대국이었지만, 이후 한동안 극심한 경제 위기로 인구가 계속 줄어드는 추세를 보였다. 9년 후 미국 후버연구소 연구원 아널드 베이크먼(Arnold Beichman 2000)이 「러시아의 끝없는 추락」이라는 칼럼에서 내린 진단을 미리 보자면 다음과 같다.

"세계는 러시아 국민의 미래에 별로 관심을 두지 않고 있다고 조지

타운대학 머레이 피시배치 교수는 지적한다. 그는 『워싱턴포스트』에 쓴 글에서 '인구 측면에서 볼 때 앞으로 50년간 러시아는 소름 끼치는 운명을 맞게 될 것'이라고 말했다. 1990년 중반에 러시아 인구는 1억 4830만 명이었다. 오늘날 유엔은 러시아 인구를 1억 4640만 명으로 추산한다. 피시배치 교수는 2015년에는 러시아 인구가 1억 3100만 명 내지 1억 3840만 명이 될 것으로 예상했다. 현재의 추세가 지속될 경우 2050년 러시아 인구는 8000만 명으로 줄어들 것이다."

물론 그 후 조금 다른 양상이 나타나긴 하지만, 소련연방 해체는 미국 '1극 체제'를 드라마틱하게 웅변해주는 인류사적 사건이었고, 그런 체제는 2000년대까지 지속된다. 이런 변화는 미국과 세계에 어떤 영향을 미칠 것인가? 1987년 고르바초프의 측근이었던 게오르규 아르바토프(Georgiy Arbatov)는 미국인들에게 이렇게 경고했다. "우리는 당신들에게 정말로 끔찍한 짓을 하고 있다. 우리는 당신들의 적을 없애고 있다."

이 말을 소개한 새뮤얼 헌팅턴(Samuel P. Huntington 2004)은 "실제로 그렇게 되었으며, 이것은 아르바토프의 경고대로 미국에 중요한 영향을 끼쳤다. 하지만 그가 얘기하지 않은 것은 소련에 끼친 영향이었다. 소련인들은 미국의 적을 없앰으로써 자신들의 적도 없앴고, 미국보다 훨씬 더 절박하게 적이 필요했다"며 다음과 같이 말한다.

"처음부터 소련의 관리들은 자신들의 나라를 세계 자본주의와의 역사적 투쟁에서 세계 공산주의의 리더로 규정했다. 이와 같은 투쟁이 없는 상태에서 소련에는 정체성이 없었고, 소련은 곧 대체로 문화와 역사로 자신들의 국가적 정체성을 규정하는 15개 국가들로 분열되었다. …… 미국은 40년 동안 '악의 제국'에 맞서 싸우는 '자유 세계'의 리더였다. 악의 제국이 사라진 후에, 미국은 자신을 어떻게 규정해야 하는가? 혹은 존 업다이크의 지적대로 '냉전이 없는 상황에서, 미국인인 것은 무슨 의미가 있는가? …… 사회학이론들과 역사적 증거들은 외부의 적이나 남이 없을 때 내부의 분열이 높아진다고 얘기한다. 따라서 냉전의 종식이 다른 나라들에서도 그랬듯이 미국에서도 하부 국가적 정체성들의 매력을 높인 것은 놀랄 일이 아니다."

유고슬라비아의 해체

소련연방 해체를 전후로 하여 해체와 분열은 동유럽에서도 나타났다. 가장 비극적인 양상은 유고슬라비아에서 나타났다. 코소보(Kosovo) 자치주는 유고에서도 경제적으로 가장 낙후된 곳으로, 다수 민족인 알바니아인들은 주로 하층의 빈곤계층에 속하는 데 비해 소수의 세르비아인들은 대부분 부유층을 형성하고 있었다. 주민의 90퍼센트인 170만 명이 알바니아계인 반면, 유고 내 최대 민족인 세르비아인의 숫자는 10퍼센트인 20만 명에 불과했다.

코소보 자치주는 명목상 세르비아공화국의 지배를 받고 있었다. 알바니아인들은 경제적 불평등을 이유로 코소보의 자치권 확대와 공화국 승격을 연방정부에 꾸준히 요구했으나, 기득권층인 세르비아인들의 반대로 번번이 좌절되었다. 세르비아공화국이 코소보 자치주의 자치권을 제한하는 헌법을 1989년 1월 통과시키자 알바니아계 주민들이 사상 최대의 폭동을 일으켰다.

1989년 2월 20일부터 약 10여 일 동안 계속된 알바니아계 주민들의

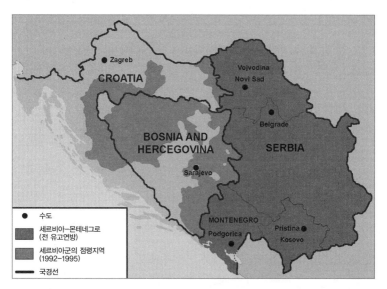

보스니아 내전은 발칸반도의 복잡한 민족 구성과 역사가 원인이 되어 탈냉전 이후, 보스니아 회교정부 및 크로아티아와 신유고연방의 지원을 받는 보스니아 내 세르비아계 사이에서 발발했다. ⓒ Mladifilozof

반세르비아 시위는 유고 연방정부의 군대 투입으로 일단 진압되었지만, 이를 둘러싼 여러 공화국들 사이의 이해관계가 충돌했다. 세르비아계의 점령지에서 이른바 '인종청소'가 행해져 수십만 명이 학살된 사실은 세계를 깜짝 놀라게 만들었다.

1991년 6월 26일 유고슬라비아를 구성하고 있던 크로아티아와 슬로베니아가 독립을 선언하자, 이를 제지하기 위해 유고 연방군이 슬로베니아를 침공해 유고슬라비아 내전이 벌어졌다. 9월에 마케도니아(Macedonia)가 독립함으로써 유고슬라비아 연방은 붕괴되고 말았다.

1992년 3월 세르비아와 몬테네그로(Montenegro)가 신유고연방을 창설하자, 보스니아-헤르체고비나(Bosnia and Herzegovina)도 독립을 선포했다. 그러나 보스니아 내에 거주하고 있는 세르비아계가 세르브스카(Servska) 공화국의 분리 독립을 선언함으로써 보스니아 내전이 시작되었다. 30만 명의 사상자와 220만 명의 난민을 낳은 보스니아 내전은 미국, 프랑스, 영국 등 강대국들의 주선으로 1995년 12월 14일 파리에서 평화협정이 정식 조인됨으로써 4년 만에 종식된다.

결국 유고슬라비아는 슬로베니아, 크로아티아, 세르비아, 마케도니아, 몬테네그로, 보스니아-헤르체고비나의 6개 공화국과 코소보, 보이보디나(Vojvodina)의 2개 자치주로 구성된 다민족 복합국가로 다시 태어난다. 인종적으로는 세르비아인, 크로아티아인, 슬로베니아인, 마케도니아인, 몬테네그로인 등 5개 민족으로 구성된다.(이정록 외 1997)

프란시스 후쿠야마의 「역사의 종언」

미국을 비롯한 서구의 전문가 집단은 이런 일련의 사태에 대해 어떤 생각을 하고 있었을까? 이들을 최초로 곤혹스럽게 만든 건 고르바초프가 들고 나온 페레스트로이카였다. 일본계 미국인으로 소련 전문가였던 프란시스 후쿠야마(Francis Fukuyama 1999)의 말을 들어보자.

"1988년 랜드(RAND; Research And Development) 연구소(미국의 대외정책, 공공정책 등에 대한 연구 및 방향제시를 목적으로 하는 대규모 민간연구소)에서 소련정치담당 연구원으로 일하고 있을 당시 나는 고르바초프의 한 연설문을 읽게 됐다. 사회주의의 핵심은 경쟁에 있다는 내용이었다. 나는 즉시 정치학자인 친구에게 전화했다. '만일, 이게 사실이라면 우리는 역사의 종착점에 와 있다.' 헤겔철학에 정통한 그 친구는 내 말뜻을 금방 알아차렸다. 이런 관측을 토대로 나는 그해 겨울 시카고대학에서 '서방의 승리'란 주제로 강연을 했다. 그리고 오웬 해리스(Owen Harries)가 발간하는 『내셔널 인터레스트(The National Interest)』에 기고했다."

그 기고문이 바로 세계를 떠들썩하게 만든 「역사의 종언(The End of History)」이라는 글이다. 『내셔널 인터레스트』 1989년 여름호에 실렸다. " '역사의 종언' 이라는 한 편의 논문으로 일약 세계적인 석학 반열에 오른 프랜시스 후쿠야마" 라는 표현이 결코 과장이 아닐 정도로 그는 하루아침에 '스타 지식인' 이 되었다.(진철수 1999)

왜 그랬을까? 당시 미국을 포함한 서방 세계는 고르바초프의 페레스트로이카를 규정할 그 어떤 이데올로그가 나타나기를 간절히 바랐던 건지도 모른다. 그러한 바람을 스스로 의식하지는 못했을망정 여건은 무르익었던 것이다. 이제 도발적으로 치고 나오는 사람만 나타나면 된다. 그가 바로 후쿠야마다. 거기까지는 후쿠야마의 공으로 돌려야 한다. 그러나 그 이후는 후쿠야마의 공이 아니었다.

후쿠야마(Fukuyama 1999)는 "그때 오웬은 내게 기고를 요청했다. 당시는 「역사의 종언」과 같은 황당한 제목의 글을 실어줄 학술지가 없었다. 오웬은 나의 글을 두드러지게 편집해주고 세계적으로 저명한 학자들의 논평까지 받아 게재해주었다. 그 다음 일은 '역사' 에 맡겼다"고 했는데, 그건 사실과 좀 다르다. 대단히 치밀한 조직적 '판촉' 이 있었다.

우리는 여기서 그 문제의 논문을 싣고 띄웠던 『내셔널 인터레스트』를 중심으로 형성된 일단의 신보수주의 지식인 그룹에 주목할 필요가 있다. 그들은 모두 미국에서 다 내로라하는 유명 지식인들이다. 파워가 막강하다. 그들이 속된 말로, 떼거리로 '바람잡이 역할' 을 하면 논문 하나로 세계적인 석학을 만들어내는 건 그리 어려운 일이 아니다.

앞서 보았듯이, 『내셔널 인터레스트』는 1965년 어빙 크리스톨 (Irving Kristol, 1920~2009) 과 대니얼 벨(Daniel Bell)이 창간했다. 정통 학술지는 아니며, 지식으로 세계 경영을 해보자는 목적으로 창간된 잡지다. 대니얼 벨은 나중에 손을 뗐고, 어빙 크리스톨이 잡지의 중심 적인 역할을 해왔는데, 크리스톨이 영국에서 시인 스티븐 스펜더 (Stephen H. Spender, 1909~1995)와 함께 창간한 『인카운터(Encounter)』는 CIA 자금 지원을 받은 것으로 밝혀져 그는 한동안 'CIA 첩자'라는 의 혹에 시달려야 했다. 자신은 모르는 일이라고 변명했지만 도의적인 책임은 피하기 어려웠다. 이는 크리스톨이 관여한 『인카운터』나 『내 셔널 인터레스트』모두 강한 이념적 당파성을 갖고 정치와 정책 결정 에 깊이 관여하는 매체임을 시사하는 사건이었다.(Lasch 1969)

『내셔널 인터레스트』는 1972년 대선 시 대니얼 벨이 민주당의 조지 맥거번(George S. McGovern)을, 어빙 크리스톨이 공화당의 리처드 닉 슨을 지지하는 상반된 글을 싣기도 했다. 편집장 오웬 해리스는 홍보 술이 매우 뛰어난 인물이었다. 오웬은 후쿠야마의 논문에 대해 다른 유명 지식인들의 평가를 받아내고 언론 플레이를 통해 대중적인 논쟁 을 만들어내는 탁월한 솜씨를 보여주었다.

후쿠야마는 "나 자신도 16쪽의 논문이 국제적으로 이처럼 큰 반향 을 일으켜 명성을 얻으리라고는 생각하지 못했다"고 실토했지만, 그 건 우연히 이루어진 일은 아니었다. 『내셔널 인터레스트』팀을 비롯 한 신보수주의 세력의 대대적인 '판촉' 결과였다. 후쿠야마는 이른바 네오콘의 이론적 대부인 레오 스트라우스(Leo Strauss, 1899~1973)의 제

자인 앨런 블룸(Allan D. Bloom, 1930~1992)의 제자였다. 후쿠야마 역시
네오콘의 멤버였던 것이다.

'역사의 종언'에 대한 오해

후쿠야마의 논문이 1992년에 책으로 나오자, 책은 『워싱턴포스트』의
베스트셀러 집계에 연속 8주 동안 올랐고 나온 지 한 달 만에 12개국
언어로 번역·출간됐다. 한국에서도 인기를 누렸다. 찬반양론도 다시
뜨겁게 되살아났다.

우파들이 모두 후쿠야마의 주장을 반긴 건 아니다. 행복한 불평이라
고나 할까? 일부 우파들은 아직 더 조심하고 노력해야 하는데 후쿠야
마가 지나치게 낙관적인 견해를 유포한 탓에 팔짱 끼고 구경만 하면 어
떻게 되겠느냐고 우려하면서 비판을 가했다. 예컨대, 마거릿 대처 전
영국 총리는 민주주의와 시장으로 향한 진보를 예언하는 것은 사람들
에게 그것이 불가피하다는 믿음을 줌으로써 자기만족에 빠뜨린다고
비판했다.

냉정한 보수파인 하버드대학의 새뮤얼 헌팅턴 교수는 후쿠야마의
주장이 불확실한 역사에서 '예측성'을 지나치게 강조하고 있다며 "역
사의 종언을 희구하는 것이야 인간적일 수 있으나 그것이 일어나길
기대하는 것은 비현실적이다"라고 평가했다. 후쿠야마가 한땐 공산
주의의 위협을 과장하더니 이젠 공산주의의 소멸을 과장하고 있으며,
자유 민주주의의 세계적 확산이라는 자신의 논지를 정당화하느라 싱
가포르, 스리랑카, 콜롬비아 등의 나라들을 자유 민주주의 국가에 포
함했다는 비판도 제기됐다.(Talbott 1992, 변창섭 1992)

후쿠야마의 글은 큰 반향을 불러일으켰지만, 오해도 많았다. 후쿠야마(Fukuyama 1992)는 "대개의 사람들은 우선 내가 쓴 '역사'라는 말에 대해 혼동을 일으켰다. 그들은 사건의 발생이라는 통상적인 의미로 역사를 이해하고 있었다. 그래서 베를린장벽의 붕괴나, 천안문광장에서 일어난 중국 공산당의 민중탄압, 나아가서는 이라크의 쿠웨이트 침공을 증거로 예시하면서 '역사는 계속되고 있다'고 주장하고, 따라서 나의 의견은 사실의 발생 그 '자체로 인해' 오류임이 증명되었다고 지적했다"며 다음과 같이 말했다.

"그러나 내가 종말이 왔다고 주장한 것은 심각한 대사건을 포함한 여러 역사적 사실의 발생이 아니라 역사 그 자체다. 즉, 어떤 시대, 어떤 민족의 경험에서 생각하더라도 유일한 그리고 일관된 진화의 과정으로서의 역사가 끝났다는 것이다. 역사를 단 하나의 일관된 진화의 과정으로 간주하는 것은 독일의 위대한 철학자 G.W.F. 헤겔의 사상에서 유래한다. 그리고 헤겔에게서 이와 같은 역사의 개념을 빌려온 카를 마르크스에 의해 이 말은 우리들의 일상적인 상식이 되었다. …… 헤겔도 마르크스도, 인간 사회의 진화는 한없이 계속되는 것은 아니며 인류가 그 가장 심오하고도 근본적인 동경을 충족해주는 형태의 사회를 실현했을 때 인간 사회의 진화는 종말을 맞을 것이라고 믿고 있었다. 즉 두 사람 모두 '역사의 종말'을 기정사실로 받아들이고 있었던 것이다. 차이가 있다면 헤겔에게 역사의 종말은 자유주의 국가인 반면, 마르크스에게는 공산주의 사회라는 점이었다. 물론 이러한 종말은 사람이 태어나고 생활하다가 죽는 자연의 사이클이 끝난다든지, 중요한 사건이 더 이상 발생하지 않는다든지, 또는 그러한 사건을 보도하는 신문이 없어진다는 뜻은 아니다. 그보다는 오히려 진정으로 중요한 문제들이 모두 해결되었기 때문에 역사의 근거를 이루는 여러 원리나 제도에는 앞으로 더 이상의 진보나 발전이 없을 것이라는 의미다."

미국은 '인정욕망'이 가장 강한 나라

후쿠야마가 말하는 '역사의 종언'을 오해하지 않도록 주의하자. 그러나 오해하지 않더라도 과연 이후 세상이 그가 말한 대로 흘러갔는지에 대해선 굳이 반박할 필요가 없을 듯하다. 후쿠야마도 더 이상 '역사의 종언'을 말하지 않기 때문이다. '역사의 종언'론은 미국 '1극 체제'의 탄생과 승리를 자축하는 '지적 이벤트' 정도로 여기는 게 옳을 것 같다.

그러나 그렇다고 해서 그가 말한 바를 다 내던질 필요는 없다. 후쿠야마(Fukuyama 1996)가 말하는 '역사의 종언'의 실체는 "오늘날 사실상 모든 선진국이 자유 민주주의라는 정치제도를 받아들였거나 받아들이고 있으며, 이와 동시에 시장경제로 선회하여 전 세계에 걸친 노동의 자본주의적 분배가 이루어지고 있다"는 움직임이며, 따라서 "최종 목표를 향해 나아가는 인류 사회의 폭넓은 진화라는 마르크스주의적 · 헤겔주의적 의미의 역사는 이제 끝났다는 것"이다.

과장된 주장일망정, 후쿠야마가 이른바 '인정 투쟁(struggle for recognition)'의 중요성을 강조한 것을 보면 "그거 이미 다 알고 있는 건데 뭐가 그리 대단해?" 하고 코웃음 칠 일이 아니다. 후쿠야마의 말을 들어보자.

"모든 인간은 타인으로부터 자신의 존엄성을 인정받고 싶어 한다. 다시 말해 그 가치를 제대로 평가받고 싶어 하는 것이다. 이 충동은 너무나도 깊고 근원적이어서 인간의 역사 과정 전체에 원동력으로 작용한다. 왕과 영주가 서로 주도권을 놓고 피나는 투쟁을 벌이던 옛날에는 전장에서 이러한 욕구가 발휘되었다. 오늘날 인정받고자 하는 몸부림은 군사영역에서 경제영역으로 옮겨졌다. 경제영역에서는 이러한 욕구가 부를 파괴하는 것이 아니라 창조함으로써 사회를 이롭게 한다."

그런데 자유 민주주의 체제야말로 '인정욕구'가 모든 사람에게 충족되는 사회라는 것이다. 이 또한 과장된 주장이지만, 자유 민주주의가 인정욕구 충족에 가장 유리한 체제라는 선에서 받아들이면 무난할 것 같다. 후쿠야마는 "우리가 노동을 하고 돈을 버는 동기는 먹고살기 위함이 아니라, 그러한 활동을 통해서만 승인받고 인정받을 수 있기 때문이다. 여기서 돈은 물질적인 것이 아니라 사회적인 지위나 인정을 상징한다. …… 보다 높은 임금을 받으려고 파업하는 노동자는 단순히 탐욕이나 물질적인 혜택 때문에 그러는 것이 아니다. 파업은 자신의 노동을 다른 사람의 노동과 비교해서 정당한 보상을 받으려는 일종의 '경제정의'를 추구하는 활동이다. 다시 말하면 자기 노동의 진정한 가치를 인정하라는 요구인 것이다. 이와 마찬가지로 사업 왕국을 꿈꾸는 기업가는 자신이 벌어들인 수백만 달러를 마음껏 쓰려는 것이 아니라 오히려 새로운 기술과 서비스 창조자로서 인정받고 싶어서 그러는 것이다"라며 다음과 같이 주장한다.

"경제생활이 가능한 한 최상의 물질적인 풍요를 얻는 것뿐만 아니라 승인과 인정을 얻기 위해서 추구되는 것이라면, 자본주의와 자유 민주주의의 상호 의존성은 더욱 명백해진다. 근대 자유 민주주의가 등장하기 이전에는 인정받으려는 투쟁은 야심적인 왕들의 전쟁과 정복을 통해서 이루어졌다. 실제로 인간의 역사적 자기 전개과정에 대한 헤겔의 설명은 원시적인 '유혈전쟁' 으로 시작되었다. 여기서 두 경쟁자는 서로 상대방에게 인정을 받으려다가 결국 하나가 다른 하나를 노예로 삼게 되었다. 종교적이거나 민족주의적 열정으로 인한 싸움은 합리적인 욕망이나 '효용의 극대화' 의 명시라기보다는 인정을 받으려는 욕망의 명시로 보면 훨씬 더 쉽게 이해된다. 근대 자유 민주주의는 정치질서를 보편적이며 평등한 인정의 원리에 입각하여 이런 인정을 얻으려는 욕망을 만족시키려고 노력한다. 그러나 실제로 자유 민주주의는 승인받기 위한 투쟁 때문에 작동하는 것이다. 이는 과거에는 군사적, 종교적, 민족주의적인 수준에서 실행되었지만 지금은 경제적인 차원에서 추구되고 있다. 다시 말하면 과거에는 왕들이 전쟁을 통해서 목숨을 걸고 상대방을 정복하려고 했던 데 반해, 지금은 산업제국을 건설함으로써 자본을 걸고 상대방을 정복하고자 한다. 이 모든 것에서 그 기저의 심리적인 욕구는 같으며, 단지 차이점은 인정을 받으려는 욕망이 물질적인 가치를 파괴하기보다는 부의 산출을 통해서 만족된다는 점뿐이다."

날카로운 분석이다. 후쿠야마가 '역사의 종언' 을 말할 것이 아니라 '미국이 성공한 이유' 를 말하는 선에만 머물렀더라면 좋았겠다는 생각이 든다. 물론 그랬다면 세계적인 '스타 지식인' 은 될 수 없었겠지만, 주장의 정확성은 더욱 높아졌을 것이다. 후쿠야마의 주장을 '세계학'이 아닌 '미국학'으로 자리매김한다면 우리가 얻을 수 있는 게 많다. 미국은 국가적 차원에서건 국민 개개인 차원에서건 세계에서 '인정욕망'이 가장 강한 나라이기 때문이다. 미국을 중심으로 세계를 바라보는 버릇— 이해할 수는 있지만 바로 그게 늘 문제다. 그러나 미국 대중문화는 미국인을 넘어 전 세계인을 상대로 '인정욕망'이 아름답다고 설파하고 있으니, 미국으로선 크게 걱정할 일은 아니겠다. 이제 1990년대의 미국을 살펴보면서 그런 '인정욕망'의 명암(明暗)을 음미하는 산책에 나서자.

참고문헌 Beichman 2000, Current Biography 2001, Elson 1989, Fukuyama 1992 · 1996 · 1999, Huntington 2004, Johnson 2003, Lasch 1969, New Republic 1988, Nye 2002, Parker 2009, Schweizer 1998, Talbott 1992, 김성한 2005, 변창섭 1992, 오타 류 2004, 옥한석 1999, 이마가와 에이치 2003, 이정록 외 1997, 임상우 1993, 정우량 2003, 진철수 1999

William C. Adams, 「As New Hampshire Goes…」, Gary R. Orren & Nelson W. Polsby, eds., 『Media and Momentum: The New Hampshire Primary and Nomination Politics』, Chatham, N. J.: Chatham House, 1987, pp.42~59.

Jonathan Alter, 「Red Sails in the Sunset」, 『Newsweek』, October 3, 1983, p.51.

Jonathan Alter, 「Hard Money, Hard Times」, 『Newsweek』, November 4, 1985, p.68.

Jonathan Alter, 「A Bodyguard of Lies」, 『Newsweek』, October 13, 1986, pp.43~46.

Jonathan Alter, 「Rethinking TV News in the Age of Limits」, 『Newsweek』, March 16, 1987, pp.78~80.

크리스토퍼 앤더슨(Christopher Anderson), 윤수인 옮김, 『슈퍼스타의 신화, 마돈나』, 새론문화사, 1995.

Harry Anderson, 「Reagan's Double Take」, 『Newsweek』, February 24, 1986, pp.16~19.

Martin Anderson, 『Revolution: The Reagan Legacy』, New York: Harcourt Brace Jovanovich, 1988.

Ian Angus & Sut Jhally, 「Introduction」, Ian Angus & Sut Jhally, eds., 『Cultural Politics in Contemporary America』, New York: Routledge, 1989, pp.1~14.

아이언 앤거스(Ian Angus) & 수트 젤리(Sut Jhally), 엄광현 옮김, 「현대 미국의 문화정치학」, 이영철 엮음, 백한울 외 옮김, 『21세기 문화 미리보기』, 시각과 언어, 1996, 369~384쪽.

Thomas A. Bailey, 『Presidential Greatness: The Image and the Man from George Washington to the Present』, New York: Appleton Century, 1966.

George Bain, 「A Commitment to Sports over News」, 『MacLean's』, August 20, 1984, p.47.

Ken Banta, 「Threatening to Say Goodbye」, 『Time』, October 3, 1983, p.13.

벤자민 R. 바버(Benjamin R. Barber), 박의경 · 이진우 옮김, 『지하드 대 맥월드』, 문화디자인, 2003.

James David Barber, 「The Presidential Character: Predicting Performance in the White House」, 3rd ed., Englewood Cliffs, N. J.: Prentice-Hall, 1985.

Fred Barnes, 「Standing Pat」, 『New Republic』, May 13, 1985, pp.10~12.

Fred Barnes, 「The Agenda Gap」, 『New Republic』, June 23, 1986, pp.13~14.

Fred Barnes, 「Presidential Nancy」, 『New Republic』, March 23, 1987, pp.11~13.

Fred Barnes, 「Born Again」, 『New Republic』, January 4, 1988, pp.16~17.

Fred Barnes, 「Color Up」, 『New Republic』, January 25, 1988a, pp.10~11.

Fred Barnes, 「The Juicy Bits」, 『New Republic』, June 6, 1988b, pp.10~11.

Laurence Barrett, 『Gambling with History: Reagan in the White House』, Garden City, N. Y.: Doubleday, 1983.

Tom Barry, Beth Wood & Deb Preusch, 『Dollars and Dictators: A Guide to Central America』, Albuquerque, N. M.: The Resource Center, 1982.

아널드 베이크먼(Arnold Beichman), 권화섭 정리, 「해외논단: 러시아의 끝없는 추락」, 『세계일보』, 2000년 10월 30일, 6면.

월든 벨로(Walden Bello), 이윤경 옮김, 『어두운 승리: 신자유주의, 그 파국의 드라마』, 삼인, 1998.

Lance Bennett, 『News: The Politics of Illusion』, 2nd ed., New York: Longman, 1988.

Richard Bernstein, 「U. S. Aids Suggests Members Take the U. N. Elsewhere of Dissatisfied」, 『New York Times』, September 20, 1983, pp.A1, A10.

앨런 블룸(Allan Bloom), 이원희 옮김, 『미국 정신의 종말』, 범양사출판부, 1989.

윌리엄 블룸(William Blum), 조용진 옮김, 『미군과 CIA의 잊혀진 역사』, 녹두, 2003.

Sidney Blumenthal, 『Permanent Campaign: Inside the World of Elite Political Operations』, Boston, Mass.: Beacon Press, 1980.

Sidney Blumenthal, 「Marketing the President」, 『The New York Times Magazine』, September 13, 1981, pp.42~43, 110~118.

Sidney Blumenthal, 「Reagan the Unassailable」, 『New Republic』, September 12, 1983, pp.11~16.

Raymond Bonner, 『Weakness and Deceit: U. S. Policy and El Salvador』, New York: Times Books, 1984.

William Boot, 「Iranscam: When the Cheering Stopped」, 『Columbia Journalism Review』, March/April 1987, pp.25~30.

Gerald M. Boyd, 「Reagan Book Depicts President Steered by Wife and the Stars」, 『New York Times』, May 9, 1988, pp.1, 11.

David A. Brancaccio, 「Disarming the Press」, 『Psychology Today』, June 1988, pp.40~42.

Andrew Breslau, 「Demonizing Qaddafy」, 『Africa Report』, March/April 1987, pp.46~47.

Joel Brinkley, 『Defining Vision: The Battle for the Future of Television』, New York: Harcourt Brace & C., 1997.

Broadcasting, 「ABC Weather Charges of Biased Olympic Coverage」, 『Broadcasting』,

August 13, 1984, pp.52~53.

앤 브룩스(Ann Brooks), 김명혜 옮김, 『포스트페미니즘과 문화이론』, 한나래, 2003.

Walter Dean Burnham, 「The Class Gap」, 『New Republic』, May 9, 1988, pp.30~44.

데이비드 캘러헌(David Callahan), 강미경 옮김, 「치팅컬처: 거짓과 편법을 부추기는 문화」, 서돌, 2008.

알렉스 캘리니코스(Alex Callinicos) & 크리스 하먼(Chris Harman), 이원영 옮김, 「노동자계급에게 안녕을 말할 때인가」, 책갈피, 2001.

Lou Cannon, 『Reagan』, New York: G. P. Putnam's Sons, 1982.

William L. Chaze, 「The Big Shake-Up」, 『U. S. News & World Report』, January 21, 1985, pp.22~25.

George Church, 「Fast and Loose with Facts」, 『Time』, November 5, 1984, pp.22~24.

George Church, 「Anxiety over an Ailing President(Cover Story)」, 『Time』, July 22, 1985, pp.16~23.

George Church, 「Chief Operating Officer」, 『Time』, July 29, 1985a, pp.20~21.

Darda B. Clark, 「Reagan Power(Letter to the Editor)」, 『Time』, July 28, 1986, p.6.

리처드 A. 클라크(Richard A. Clarke), 황해선 옮김, 『모든 적들에 맞서: 이라크 전쟁의 숨겨진 진실』, Human & Books, 2004a.

Francis X. Clines, 「President Backs Idea That U. N. Can Leave U. S.」, 『New York Times』, September 22, 1983, pp.A1, A10.

Alexander Cockburn, 「Reagan: After Nearly Four Years Many Questions Remain」, 『Nation』, September 15, 1984, pp.198~199.

Alexander Cockburn, 「A Mendacity So Immense」, 『Nation』, March 29, 1986, p.446.

Joshua Cohen & Joel Rogers, 「Reaganism After Reagan」, Ralph Miliband, Leo Panitch and John Saville, eds., 『Socialist Register 1988』, London: The Merlin Press, 1988, pp.387~424.

워렌 코헨(Warren I. Cohen), 김기근 옮김, 『추락하는 제국: 냉전 이후의 미국 외교』, 산지니, 2008.

Richard Corliss, 「News by the Numbers」, 『Time』, March 16, 1987, p.64.

타일러 코웬(Tyler Cowen), 이은주 옮김, 『상업문화예찬』, 나누리, 2003.

Current Biography, 「Nofziger, Lyn」, 『Current Biography』, 1983b.

Current Biography, 「Gramm, Phil」, 『Current Biography』, 1986a.

Current Biography, 「Fitzwater, Marlin」, 『Current Biography』, 1988.

Current Biography, 「Flynt, Larry」, 『Current Biography』, 1999.

Current Biography, 「Fukuyama, Francis」, 『Current Biography』, 2001.

Current Biography, 「Cheney, Richard B.」, 『Current Biography』, 2002c.

Robert Dallek, 「Ronald Reagan: The Politics of Symbolism」, Cambridge, Mass.: Harvard University of California Press, 1984.

James W. Davis, 『The American Presidency: A New Perspective』, New York: Harper &

Row, 1987.

케네스 데이비스(Kenneth C. Davis), 이순호 옮김, 「미국에 대해 알아야 할 모든 것, 미국사」, 책과함께, 2004.

Michael K. Deaver, 『Behind the Scenes』, New York: William Morrow, 1987.

Lloyd Demouse, 『Reagan's America』, New York: Creative Roots, 1984.

Robert E. Denton, Jr. & Dan F. Hahn, 『Presidential Communication: Description and Analysis』, New York: Praeger, 1986.

Patricia Derian, 「Some of Our Best Friends Are Authoritarians」, 『Nation』, 7 November, 1981, pp.467~470.

Edwin Diamond, 「News by the Numbers」, 『New York』, May 25, 1987, pp.20~21.

얀 디스텔마이어(Jan Distelmeier), 「부시의 원리주의를 위한 네 편의 영화」, 이그나시오 라모네(Ignacio Ramonet) 외, 최병권 · 이정옥 엮음, 『아메리카: 미국, 그 마지막 제국』, 휴머니스트, 2002, 132~136쪽.

Sam Donaldson, 『Hold On, Mr. President!』, New York: Fawcett Crest, 1987.

Ann Reilly Dowd, 「What Managers Can Learn from Manager Reagan(Cover Story)」, 『Fortune』, September 15, 1986, pp.32~41.

Elizabeth Drew, 『Portrait of an Election: The 1980 Presidential Campaign』, New York: Simon & Schsuter, 1981.

안드레아 드워킨(Andrea Dworkin), 유혜련 옮김, 『포르노그래피: 여자를 소유하는 남자들』, 동문선, 1996.

George C. Edwards III & Stephen J. Wayne, 『Presidential Leadership: Politics and Policy Making』, New York: St. Martin's Press, 1985.

John Elson, 「Has History Come to an End?」, 『Time』, September 4, 1989, p.49.

Michael Emery & Edwin Emery, 『The Press and America: An Interpretive History of the Mass Media』, 8th ed., Boston, Mass.: Allyn and Bacon, 1996.

리처드 에번스(Richard Evans), 이영석 옮김, 『역사학을 위한 변론』, 소나무, 1999.

리차드 폴켄라스(Richard A. Falkenrath) 외, 박수철 옮김, 『미국의 아킬레스건』, 홍익출판사, 2002.

마틴 펠트스타인(Martin Feldstein), 「레이거노믹스 · 대처리즘에 돌 던져선 안 된다」, 『중앙일보』, 2009년 12월 22일자.

니알 퍼거슨(Niall Ferguson), 류후규 옮김, 『현금의 지배: 세계를 움직여 온 권력과 돈의 역사』, 김영사, 2002.

Thomas Ferguson, 「Dick and Trade」, 『Nation』, February 20, 1988, pp.221~222.

Thomas Ferguson & Joel Rogers, 「Why Mondale Turned Right」, 『Nation』, October 6, 1984, pp.313~315.

Thomas Ferguson & Joel Rogers, 『Right Turn: The Decline of the Democrats and the Fortune of American Politics』, New York: Hill & Wang, 1986.

Seymour Maxwell Finger, 「The Reagan-Kirkpatrick Policies and the United Nations」,

『Foreign Affairs』, 62:2(Winter 1983–1984), pp.436~457.

Douglas Foster, 「The U.S. Shadow over Argentina」, 『Mother Jones』, March, 1985, p.38.

프랜시스 후쿠야마(Francis Fukuyama), 이상훈 옮김, 『역사의 종말: 역사의 종점에 선 최후의 인간』, 한마음사, 1992.

프랜시스 후쿠야마(Francis Fukuyama), 구승회 옮김, 『트러스트: 사회도덕과 번영의 창조』, 한국경제신문사, 1996.

프란시스 후쿠야마(Francis Fukuyama), 강영진 옮김, 「'역사는 끝나지 않았다. 후인간의 시대가 온다' : '역사의 종언' 후쿠야마 교수의 자기비판」, 『신동아』, 1999년 9월호.

Todd Gitlin, 「How the Center Shifted Right」, 『Nation』, November 24, 1984, pp.545~546.

Erving Goffman, 『The Presentation of Self in Everyday Life』, New York: Anchor, 1959.

Mikhail Gorbachev, 고명식 옮김, 『페레스트로이카』, 시사영어사, 1988.

존 스틸 고든(John Steele Gordon), 강남규 옮김, 『월스트리트제국: 금융자본권력의 역사 350년』, 참솔, 2002.

Henry F. Graff, 「Presidents Are Not Pastors」, 『New York Times』, May 27, 1987, p.21.

Mark Green, 「Presidential Truths and Consequences」, 『Nation』, October 29, 1983, pp.385, 399, 403.

Mark Green, 「Amiable of Chronic Liar?: And Why the Press Lets Him Get Away With It」, 『Mother Jones』, June/July 1987, pp.9~17.

Mark Green & Gail MacColl, 『There He Goes Again: Ronald Reagan's Reign of Error』, New York: Pantheon Books, 1983.

Mark Green & Gail MacColl, 『Reagan's Reign of Error: The Instant Nostalgia Edition』, New York: Pantheon Books, 1987.

Fred I. Greenstein, 「Popular Images of the President」, Aaron Wildavsky ed., 『Perspectives on the Presidency』, Boston, Mass.: Little, Brown, 1975, pp.287~296.

Margaret Grevatt, 「Everybody Came But 'Larry'」, 『Nation』, September 12, 1987, pp.228~229.

Thomas Griffith, 「Selling an Agreed Version」, 『Time』, December 30, 1985, p.86.

Thomas Griffith, 「Blaming the Customer」, 『Time』, March 30, 1987, p.65.

Michael Baruch Grossman & Martha Joynt Kumar, 『Portraying the President: The White House and the Media』, Baltimore, Md.: Johns Hopkins University Press, 1981.

조르주-클로드 길베르(Georges-Claude Guilbert), 김승욱 옮김, 『포스트모던 신화 마돈나』, 들녘, 2004.

Robert Haeger, 「Bitburg: Reagan's "Magnanimous Gift"」, 『U. S. News & World Report』, May 13, 1985, p.26.

Dan F. Hahn & Ruth M. Gonchar, 「Political Myth: The Image and the Issue」, 『Today's Speech』, 20:3(Summer 1972), pp.57~65.

다너 해러웨이(Donna J. Haraway), 임옥희 해설 및 번역, 「사이보그를 위한 선언문: 1980년대에 있어서 과학, 테크놀로지, 그리고 사회주의 페미니즘」, 문화과학, 1995년 겨울호.

다나 J. 해러웨이(Donna J. Haraway), 민경숙 옮김, 『유인원, 사이보그, 그리고 여자: 자연의 재발명』, 동문선, 2002.

Jeffrey Hart, 『When the Going Was Good!: American Life the Fifties』, New York: Crown, 1982.

마틴 하트-랜즈버그(Martin Hart-landsberg), 신기섭 옮김, 『이제는 미국이 대답하라: 한반도의 분단과 통일』, 당대, 2000.

홀거 하이데(Holger Heide), 「베를린 장벽과 잘못된 국경일」, 『한겨레』, 2009년 11월 9일자.

William A. Henry Ⅲ, 「A Made-for-TV Extravaganza」, 『Time』, August 13, 1984, pp.68~69.

William A. Henry Ⅲ, 「Another Rush to Judgment」, 『Time』, November 19, 1984a, p.146.

Edward S. Herman & Frank Brodhead, 『Demonstration Elections: U.S.-Staged Elections in the Dominican Republic, Vietnam, and El Salvador』, Boston, Mass.: South End Press, 1984.

Hendrik Hertzberg, 「Sluicegate」, 『New Republic』, June 1, 1987, pp.11~12.

Don Hewitt, 『Minute by Minute...: 60 Minutes』, New York: Random House, 1985.

Christopher Hitchens, 「Minority Report」, 『Nation』, April 5, 1986, p.478.

Christopher Hitchens, 「Blabscm: TV's Rigged Political Talk Shows」, 『Harper's Magazine』, March 1987, pp.75~76.

Adam Hochschild, 「Inside the Slaughterhouse」, 『Mother Jones』, June 1983, pp.18.

Martha Honey, 「Contra Coverage-Paid for by the CIA: The Company Goes to Work in Central America」, 『Columbia Journalism Review』, March/April 1987, pp.31~32.

린 헌트(Lynn Hunt), 「외설성과 현대성의 기원, 1500~1800」, 린 헌트(Lynn Hunt) 엮음, 조한욱 옮김, 『포르노그라피의 발명: 외설성과 현대성의 기원, 1500~1800』, 책세상, 1996.

새뮤얼 헌팅턴(Samuel P. Huntington), 형선호 옮김, 『새뮤얼 헌팅턴의 미국』, 김영사, 2004.

수잔 제퍼드(Susan Jeffords), 이형식 옮김, 『하드 바디: 레이건 시대 할리우드 영화에 나타난 남성성』, 동문선, 2002.

차머스 존슨(Chalmers Johnson), 이원태·김상우 옮김, 『블로우백』, 삼인, 2003.

R. W. Johnson, 『Shootdown: The Verdict on KAL 007』, London: Chatto & Windus, 1986.

카트린 칼바이트(Cathrin Kahlweit) 외, 장혜경 옮김, 『20세기 여인들 성상, 우상, 신화』, 여성신문사, 2001.

Michiko Kakutani, 「Donald Regan's White House Memoir: Remembrance of Odd Things Past」, 『New York Times』, May 9, 1988, pp.13, 16.

Marvin Kalb, 「It's Ron and Milkhail in a New Summit Mini-Series」, 『New York

Times』, June 7, 1988, p.27.

Roger E. Kanet, Personal Letter to Joon Mann Kang, September 14, 1989.

Neal Karlen, 「Reagan's Number Two」, 『Newsweek』, April 22, 1985, p.20.

Scott Keeter, 「Public Opinion」, Gerald M. Pomper et al., 『The Election of 1984: Reports and Interpretations』, Chatham, N. J.: Chantham House, 1985, pp.91~111.

Barbara Kellerman, 『The Political Presidency: Practice of Leadership』, New York: Oxford University Press, 1984.

더글라스 켈너(Douglas Kellner), 김수정 · 정종희 옮김, 『미디어문화: 영화, 랩, MTV, 광고, 마돈나, 패션, 사이버펑크』, 새물결, 1997.

James Kelly, 「Days of Turbulence, Days of Charge」, 『Time』, 16 March, 1987, pp.62~64.

James Kelly and Barry Kalb, 「Discord in the House of Murrow」, 『Time』, November 4, 1985, p.65.

폴 케네디(Paul Kennedy), 이일수 외 옮김, 『강대국의 흥망』, 한국경제신문사, 1996.

로널드 케슬러(Ronald Kessler), 임홍빈 옮김, 『벌거벗은 대통령 각하』, 문학사상사, 1997.

래리 킹(Larry King), 정미나 옮김, 『래리 킹, 원더풀 라이프』, 청년정신, 2009.

Jeane J. Kirkpatrick, 「Dictatorships and Double Standards」, 『Commentary』, 68(November 1979), pp.34~45.

Jeane J. Kirkpatrick, 「U. S. Security & Latin America」, 『Commentary』, 71:1(January 1981), pp.29~40.

Jeane J. Kirkpatrick, 「Human Rights and Foreign Policy」, Fred E. Bauman ed., 『Human Rights and American Foreign Policy』, Gambier, Ohio: Pubic Affairs Conference Center, Kenyon College, 1982, pp.1~11.

Jeane J. Kirkpatrick, 『The Reagan Phenomenon—and Other Speeches on Foreign Policy』, Washington, D.C.: American Enterprise Institute for Public Policy Research, 1983.

Dick Kirschten, 「White House Strategy」, 『National Journal』, February 21, 1981, p.300.

Andrew Kopkind, 「The Age of Reaganism」, 『Nation』, November 3, 1984, pp.433, 448~451.

Peter Kornbluh, 「What North Might Have Wrought」, 『Nation』, June 27, 1987, pp.871, 887~889.

Charles Krauthammer, 「The Bitburg Fiasco」, 『Time』, April 29, 1985, p.90.

Paul Krugman, 「Gephardtnomics: How It Would Wreck the Country」, 『New Republic』, March 28, 1988, pp.22~25.

폴 크루그먼(Paul Krugman), 송철복 옮김, 『대폭로』, 세종연구원, 2003.

조지 레이코프(George Lakoff), 유나영 옮김, 『코끼리는 생각하지 마: 미국의 진보세력은 왜 선거에서 패배하는가』, 삼인, 2006.

죠지 레이코프(George Lakoff) & 로크리지연구소(The Rockridge Institute), 나익주 옮김, 『프레임 전쟁: 보수에 맞서는 진보의 성공전략』, 창비, 2007.

Jacob V. Lamar, Jr., 「More Popular Than Ever」, 『Time』, August 12, 1985, p.17.

Jacob V. Lamar, Jr., 「Exit the Whiz Kid: Stockman Heads for Wall Street」, 『Time』, July 22, 1985a, pp.28~31.

Christopher Lasch, 『The Agony of the American Left』, New York: Vintage Books, 1969.

Stephen C. LeSueur & Dean Rehberger, 「Rocky IV, Rambo II, and the Place of the Individual in Modern American Society」, 『Journal of American Culture』, 2:2(Summer 1988), pp.25~33.

Bob Levin, 「Kaddafi: The Most Dangerous Man in the World?」, 『Newsweek』, July 20, 1981, pp.40~47.

Anthony Lewis, 「Teflon in the Stars」, 『New York Times』, May 12, 1988, p.23.

고트프리트 리슈케(Gottfried Lischke) & 앙겔리카 트라미츠(Angelica Tramitz), 김이섭 옮김, 『세계풍속사 3: 마릴린 먼로에서 마돈나까지』, 까치, 2000.

잉그리트 로셰크(Ingrid Loschek), 이재원 옮김, 『여성들은 다시 가슴을 높이기 시작했다: 20세기 패션문화사』, 한길아트, 2002.

Theodore J. Lowi, 「McCarthyism of the Left」, 『Nation』, May 6, 1981, pp.597~602.

루터 S. 루드케(Luther S. Luedtke), 「미국 국민성의 탐색」, 루터 S. 루드케(Luther S. Luedtke) 편, 고대 영미문학연구소 옮김, 『미국의 사회와 문화』, 탐구당, 1989, 13~45쪽.

캐서린 A. 맥키넌(Catharine A. MacKinnon), 신은철 옮김, 『포르노에 반대한다』, 개마고원, 1997.

존 매들리(John Madeley), 차미경·이양지 옮김, 『초국적기업, 세계를 삼키다』, 창비, 2004.

데이빗 매라니스(David Maraniss), 권노갑 옮김, 『백악관 가는 길: 빌 클린턴 미국 대통령 선거』, 풀빛, 1996.

Anthony Marro, 「When the Government Tells Lies」, 『Columbia Journalism Review』, March/April 1985, pp.29~41.

한스 피터 마르틴(Hans-Peter Martin) & 하랄드 슈만(Harald Schumann), 강수돌 옮김, 『세계화의 덫: 민주주의와 삶의 질에 대한 공격』, 영림카디널, 1997.

Larry Martz, 「Deaver's Deals」, 『Newsweek』, May 5, 1986a, pp.18~20.

Larry Martz, 「Ollie Takes the Hill(Cover Story)」, 『Newsweek』, July 20, 1987, pp.12~20.

John W. Mashek, 「Four More Years」, 『U.S. News & World Report』, November 19, 1984, pp.24~28.

Michaed Massing, 「War, Politics, and the Press(Cover Story)」, 『Columbia Journalism Review』, November/December 1983, pp.42~49.

Barbara Matusow, 『The Evening Stars: The Making of the Network News Anchor』, New York: Ballantine, 1983.

Charles William Maynes, 「America's Third World Hang-Ups」, 『Foreign Policy』, 71(Summer 1988), pp.117~140.

Edwin McDowell, 「Regan's Book Gives Harcourt a Lift」, 『New York Times』, May 19, 1988, p.44.

Anne McElvoy, 「It Happened One Night: '89 The Year That Changed the World」, 『Time』, June 29, 2009, pp.38~44.

앵거스 맥래런(Angus McLaren), 임진영 옮김, 『20세기 성의 역사』, 현실문화연구, 2003.

Jeff McMahan, 「Reagan and the World: Imperial Policy in the New Cold War」, New York: Monthly Review Press, 1985.

마크 크리스핀 밀러(Mark Crispin Miller), 김태항 옮김, 『부시의 언어장애』, 한국방송출판, 2003.

데이비드 몰리(David Morley) & 케빈 로빈스(Kevin Robins), 마동훈·남궁협 옮김, 『방송의 세계화와 문화정체성』, 한울아카데미, 1999.

Jefferson Morley, 「Bruce Springsteen and the End of Reaganism」, 『New Republic』, March 23, 1987, pp.20~23.

Lance Morrow, 「"Forgiveness to the Injured Doth Belong"」, 『Time』, May 20, 1985, p.90.

Lance Morrow, 「Twilight of the Firebrand: George Wallace Bids Farewell to an Odyssey and an Era」, 『Time』, April 14, 1986, p.31.

Lance Morrow, 「Why Is This Man So Popular(Cover Story)」, 『Time』, July 7, 1986a, pp.12~16.

Allan Nairn, 「Behind the Death Squads: An Exclusive Report on the U. S. Role in El Salvador's Official Terror(Cover Story)」, 『The Progressive』, May 1984, pp.20~29.

Nation, 「The Wiz and the Press」, 『Nation』, September 22, 1984, p.225.

Johanna Neuman, 「Reagan: Media Has Me Miscast」, 『USA Today』, May 28, 1987, p.4a.

New Republic, 「Symbolism and Public Relations」, 『New Republic』, May 13, 1985, pp.7~8.

New Republic, 「The War Over Allan Bloom: Saint or Sinner? A Philosopher's Slugfest(Cover Story)」, 『New Republic』, April 4, 1988.

New York Times, 「Senate Votes to Cut U.S. Contribution to U. N.」, 『New York Times』, September 23, 1983, p.A7.

New York Times, 「Koch Says U.N. Should Stay as Nation Needs Cesspool」, 『New York Times』, September 27, 1983a, p.A16.

New York Times, 「Buchanan Assumes a Powerful Position in the White House」, 『New York Times』, April 11, 1985, pp.A1, A25.

Newsweek, 「What It Takes to Succeed」, 『Newsweek』, February 24, 1986, p.4.

Newsweek, 「Games Shows」, 『Newsweek』, February 9, 1987, pp.62~68.

Rosy Nimroody, 「The S.D.I. Drain」, 『Nation』, January 16, 1988, p.41.

리처드 닉슨(Richard M. Nixon), 「닉슨이 보는 미 선거전: 허위와 불화로 김빠진 후보 지명」, 『동아일보』, 1988년 8월 25일자.

조지프 나이(Joseph S. Nye), 홍수원 옮김, 『제국의 패러독스』, 세종연구원, 2002.

조지프 S. 나이(Joseph S. Nye), 홍수원 옮김, 『소프트 파워』, 세종연구원, 2004.

Colleen O' Connor, 「It Makes Us Look Like Jerks」, 『Newsweek』, October 13, 1986, p.46.

Gary R. Orren, 「Thinking about the Press and Government」, Martin Linsky, ed., 『Impact: How the Press Affects Federal Policymaking』, New York: W. W. Norton, 1986, pp.1~20.

David Osborne, 「Registration Boomerang」, 『New Republic』, February 25, 1985, pp.14~16.

David L. Paletz & Robert M. Entman, 『Media Power Politics』, New York: Free Press, 1981.

Michael Parenti, 『Inventing Reality: The Politics of the Mass Media』, New York: St. Martin's Press, 1986.

데이비드 파커(David Parker) 외, 박윤덕 옮김, 『혁명의 탄생: 근대 유럽을 만든 좌우익 혁명들』, 교양인, 2009.

토머스 패터슨(Thomas E. Patterson), 미국정치연구회 옮김, 『미디어와 미국선거: 이미지 정치의 명암』, 오름, 1999.

Don R. Pember, 『Mass Media Law』 1996 ed., Dubuque, Iowa: Brown & Benchmark, 1996.

존 퍼킨스(John Perkins), 김현정 옮김, 『경제저격수의 고백』, 황금가지, 2005.

케빈 필립스(Kevin P. Phillips), 오삼교 · 정하용 옮김, 『부와 민주주의: 미국의 금권정치와 거대 부호들의 정치사』, 중심, 2004.

Paul Piccone, 「The Crisis of American Conservatism」, 『Telos』, 1987-1988 Winter(vol. 74), pp.3~29.

Paul Piccone & Victor Zaslavsky, 「The Socio-Economic Roots of Re-Armament」, 『Telos』, 1981-1982 Winter(vol. 50), pp.5~18.

Frances Fox Piven & Richard A. Cloward, 『Why Americans Don't Vote』, New York: Pantheon, 1988.

Henry A. Plotkin, 「Issues in the Campaign」, Gerald M. Pomper et al., 『The Election of 1984: Reports and Interpretations』, Chatham, N. J.: Chantham House, 1985, pp.35~59.

Gerald M. Pomper, 「Presidential Election」, Gerald M. Pomper et al., 『The Election of 1984: Reports and Interpretations』, Chatham, N. J.: Chantham House, 1985a, pp.60~90.

Neil Postman, 『Amusing Ourselves to Death: Public Discourse in the Age of Show Business』, New York: Penguin Books, 1985.

Paul J. Quirk, 「The Economy: Economists, Electoral Politics, and Reagan Economics」, Michael Nelson, ed., 『The Elections of 1984』, Washington, D. C.: CQ Press, 1985, pp.157~187.

Dorothy Rabinowitz, 「Reagan's 'Heroine' at the U. N.」, 『New York』, 14(20 July), 1981.

Andrew Radolf, 「Government Wages UNESCO Campaign」, 『Editor & Publisher』,

February 4, 1984, pp.7, 30.

Andrew Radolf, 「A Newspaper Majority for Reagan」, 『Editor & Publisher』, November 3, 1984a, pp.9~12.

Stanley Reed, 「Behind the Libyan Myth」, 『Nation』, April 24, 1982, pp.479, 496~498.

Richard Reeves, 『The Reagan Detour』, New York: Simon & Schuster, 1985.

Donald T. Regan, 『For the Record: From Wall Street to Washington』, New York: Harcourt Brace Jovanovich, 1988.

Robert B. Reich, 「Sentimental Education」, 『New Republic』, July 4, 1988, pp.26~29.

Howard L. Reiter, 『Parties and Elections in Corporate America』, New York: St. Martin's Perss, 1987.

윌리엄 라이딩스 2세(William J. Ridings, Jr.) & 스튜어트 매기버(Stuart B. McIver), 김형곤 옮김, 『위대한 대통령 끔찍한 대통령』, 한 · 언, 2000.

Steven V. Roberts, 「Irate President Says New Book Attacks His Wife」, 『New York Times』, May 7, 1988, p.6.

Steven V. Roberts, 「First Lady Plans Further Sessions with Astrologer」, 『New York Times』, May 10, 1988a, pp.1, 10.

Steven V. Roberts, 「President Charms Students, But Not by Dint of His Ideas」, 『New York Times』, June 1, 1988b, p.7.

Michael J. Robinson, 「The Media in Campaign '84: Wingless, Toothless, and Hopeless」, 『Public Opinion』, February/March 1985, pp.43~48.

Michael J. Robinson & Maura Clancey, 「Teflon Politics」, 『Public Opinion』, 7:2(April/May 1984), pp.14~18.

Michael J. Robinson & Andrew Kohut, 「Believability and the Press」, 『Public Opinion Quarterly』, 52:2(Summer 1988), pp 174~189.

Peter C. Rolloins, 「Introduction」, Peter C. Rollins, ed., 『Hollywood as Historian: American Film in a Cultural Context』, Lexington: University Press of Kentucky, 1983.

Bernard D. Rossiter, 「Questioning the Value of the United Nations」, 『New York Times Magazine』, April 11, 1982, pp.16~20.

더글라스 러슈코프(Douglas Rushkoff), 홍욱희 옮김, 『당신의 지갑이 텅 빈 데는 이유가 있다: 디지털 시대에도 예외가 아닌 대기업의 교묘한 마케팅 전략』, 중앙M&B, 2000.

더글러스 러시코프(Douglas Rushkoff), 방재희 옮김, 『미디어 바이러스』, 황금가지, 2002.

Bruce Russet, 「The Mysterious Case of Vanishing Hegemony; or, Is Mark Twain Really Dead?」, 『International Organization』, 39:2(Spring 1985), pp.207~231.

William Safire, 「Stargazing Wars」, 『New York Times』, May 9, 1988, p.19.

Alvin P. Sanoff, 「Olympic Fever!」, 『U.S. News & World Report』, August 13, 1984, pp.20~22.

Dan Schiller, 「Transformations of New in the US Information Market」, Peter Golding,

Graham Murdock & Philip Schlesinger, eds. 「Communicating Politics: Mass Communications and the Political Process」, Holmes & Meier, N.Y.: Leicester Press, 1986, pp.19~36.

Arthur M. Schlesinger, Jr., 「The Imperial Temptation」, 「New Republic」, March 16, 1987, pp.17~18.

Kay L. Schlozman & Sidney Verba, 「Sending Messages, Getting Replies」, 「Society」, 24:4(May/June 1987), pp.48~55.

William Schneider, 「An Insiders' View of the Election」, 「Atlantic Monthly」, July 1988, pp.29~57.

David Schoenbrun, 「America Inside Out: At Home and Abroad from Roosevelt to Reagan」, New York: McGraw-Hill, 1984.

Martin Schram, 「The Great American Video Game: Presidential Politics in the Television Age」, New York: William Morrow, 1987.

하랄트 슈만(Harald Schumann), 크리스티아네 그레페(Christiane Grefe) & 마티아스 그레프라트(Mathias Greffrath), 김무열 옮김, 「아탁: 세계화 비판론자들은 무엇을 원하는가?」, 영림카디널, 2004.

Herman Schwartz, 「In Dubious Victory」, 「Nation」, 24 November, 1984, pp.540~541.

Tony Schwartz, 「Inside CBS: Turmoil and Takeover Talk」, 「New York」, 4 November, 1985, pp.36~42.

피터 시바이처(Peter Schweizer), 한용섭 옮김, 「냉전에서 경제전으로: 소련을 붕괴시킨 미국의 비밀전략」, 오롬시스템, 1998.

Barrett Seaman & David Beckwith, 「I Love People」, 「Time」, July 7, 1986, p.16.

Fred Setterberg, 「The Pentagon Republic of Honduras」, 「Mother Jones」, January 1987, pp.21~24, 50~54.

Walter Shapiro, 「The Bitburg Summit」, 「Newsweek」, May 6, 1985, pp.20~23.

Walter Shapiro, 「Cashing in on Reagan」, 「Newsweek」, March 31, 1986, pp.21~24.

David Shaw, 「Press Watch: A Provocative Look at How Newspapers Report the News」, New York: Macmillan, 1984.

Gail Sheehy, 「Reality? Just Say No: The President's Denial Syndrome」, 「New Republic」, March 30, 1987, pp.16~18.

Janet Shenk, 「Can the Guerrillas Win?」, 「Mother Jones」, April 1988, pp.35~44

로이 셔커(Roy Shuker), 이정엽 · 장호연 옮김, 「대중음악사전」, 한나래, 1999.

Hugh Sidey, 「A Waste of Everybody's Time」, 「Time」, September 30, 1985, p.27.

Hugh Sidey, 「Son of a…」, 「Time」, March 17, 1986, p.28.

Hugh Sidey, 「Reading in the Roosevelt Room」, 「Time」, June 2, 1986a, p.20

피터 싱어(Peter Singer), 정연교 옮김, 「이렇게 살아가도 괜찮은가」, 세종서적, 1996.

Holly Sklar, 「Reagan, Trilateralism and the Neoliberals: Containment and Intervention in the 1980s」, Boston, Mass.: South End Press, 1986.

헤드릭 스미스(Hedrick Smith), 「듀카키스 일부러 잭슨 냉대: "뜨거운 4일" 미국민주당 전당대회 현장」, 『조선일보』, 1988년 7월 23일, 5면.

Robert Smith, 「New Technologies in Campaigns」, L. Patrick Devlin, ed., 『Political Persuasion in Presidential Campaigns』, New Brunswick, N. J.: Transanction Books, 1987, pp.17~27.

Larry Speakes, 『Speaking Out: Inside the Reagan White House』, New York: Charles Scribner's Sons, 1988.

Joseph C. Spear, 『Presidents and the Press: The Nixon Legacy』, Cambridge, Mass.: MIT Press, 1984.

Richard Stengel, 「How Reagan Stays Out of Touch」, 『Time』, December 8, 1986, p.34.

David A. Stockman, 『The Triumph of Politics: Why the Reagan Revolution Failed』, New York: Harper & Row, 1986.

존 스톨텐버그(John Stoltenberg), 「포르노의 정치학」, 전석호 엮음, 『포르노 섹스 그리고 미디어』, 가산출판사, 1999, 133~140쪽.

Strobe Talbott, 「Terminator 2: Gloom on the Right」, 『Time』, January 27, 1992, p.32.

리사 테일러(Lisa Taylor), 「정신분석학적 페미니즘에서 대중적 페미니즘까지」, 조안 홀로우즈(Joanne Hollows) & 마크 얀코비치(Mark Jancovich) 엮음, 문재철 옮김, 『왜 대중영화인가』, 한울, 1999.

Ruy A. Teixeira, 『Why Americans Don't Vote: Turnabout Decline in the Untied States 1960-1984』, New York: Greenwood Press, 1987.

Evan Thomas, 「Reagan's Toughest Fight」, 『Time』, July 29, 1985, pp.16~19.

Evan Thomas, 「In the Defense of Liberty: Buchanan Scorns Moderation」, 『Time』, March 17, 1986b, pp.25~26.

헬렌 토머스(Helen Thomas), 한국여성언론인연합 공역, 『백악관의 맨 앞줄에서』, 답게, 2000.

Judie Mosier Thorpe, 「Lee Iacocca and the Generation of Myth in the Spokesman Advertising Campaign for Chrysler from 1980-1984」, 『Journal of American Culture』, 2:2(Summer 1988), pp.41~45.

Time, 「What Ever Happened to Ethics(Cover Story)」, 『Time』, 25 May, 1987, pp.14~29.

앨빈 토플러(Alvin Toffler), 이규행 감역, 『권력 이동』, 한국경제신문사, 1990.

Calvin Trillin, 「Uncivil Liberties」, 『Nation』, March 10, 1984, p.279.

Edward R. Tufte, 『Political Control of the Economy』, Princeton, N. J.: Princeton University Press, 1980.

에드워드 R. 터프트(Edward R. Tufte), 김도훈 옮김, 『경제의 정치적 통제: 선거와 경제』, 대영문화사, 1987.

Jeffrey K. Tulis, 『The Rhetorical Presidency』, Princeton, N.J.: Princeton University Press, 1987.

제임스 B. 트위첼(James B. Twitchell), 최기철 옮김, 『럭셔리 신드롬: 사치의 대중화, 소비의 마지막 선택』, 미래의창, 2003.

Evi Underhill, 「Unesco and the American Challenge」, 『Journal of World Trade Law』, 18(1984).

Guillermo Ungo, 「The People's Struggle」, 『Foreign Policy』, 52(Fall 1983), pp.51~63.

드미트리 안토노비치 볼코고노프(D. Volkogonov), 김일환 외 옮김, 『크렘린의 수령들: 레닌에서 고르바초프까지(전2권)』, 한송, 1996.

James Walker & Douglas Ferguson, 『The Broadcast Television Industry』, Boston, Mass.: Allyn and Bacon, 1998.

리처드 워커(Richard Walker), 이종수 · 황유석 옮김, 『한국의 추억: 워커 전 주한 미국대사 회고록』, 한국문원, 1998a.

이매뉴얼 월러스틴(Immanuel Wallerstein), 한기욱 · 정범진 옮김, 『미국 패권의 몰락』, 창비, 2004.

이매뉴얼 월러스틴(Immanuel Wallerstein) 외, 송철순 · 천지현 옮김, 『반체제운동』, 창작과비평사, 1994.

Margaret Garrard Warner, 「Ideologue-in-Residence」, 『Newsweek』, May 27, 1985, pp.26~27.

Harry F. Waters, 「Red, White and Blue TV: ABC's Coverage Scores High Despite a Touch of Jingoism」, 『Newsweek』, August 13, 1984, pp.32~33.

Paul H. Weaver, 「Captives of Melodrama」, 『The New York Times Magazine』, August 29, 1976, pp.6, 48~51, 54~57.

Peter Webb(피터 웹), 김덕자 편저, 『광고와 에로티시즘』, 미진사, 1989.

Steven R. Weisman, 「The President and the Press: The Art of Controlled Access」, 『New York Times Magazine』, October 14, 1984, pp.34~37, 71~74, 80~83.

Jon Wiener, 「Rockin with Ron」, 『Nation』, October 6, 1984, p.309.

로버트 위너(Robert Wiener), 김현희 옮김, 『바그다드로부터의 생방송』, 장인출판, 1993.

Aaron Wildavsky, 「President Reagan as Political Strategist」, 『Society』, 24:4(May/June 1987), pp.56~62.

Amy Wilenz, 「Just Say Goodbye, Don」, 『Time』, March 9, 1987, pp.28~31.

Roger Wilkins, 「Smiling Racism」, 『Nation』, November 3, 1984, p.437.

George F. Will, 『The New Season: A Spectator's Guide to the 1988 Election』, New York: Simon & Schuster, 1988.

Dennis A. Williams, 「The Mob vs. Kirkpatrick」, 『Newsweek』, March 21, 1983, p.77.

Gary Wills, 『Reagan's America: Innocents at Home』, New York: Doubleday, 1987.

Gary Wills, 「Standing Pat」, 『New Republic』, May 2, 1988, pp.32~34.

Alan Wolfe, 「Jeane's Designs」, 『Nation』, February 7, 1981, pp.133~134.

Bob Woodward, 『Veil: The Secret Wars of the CIA 1981-1987』, Simon and Schuster, 1987.

Michael D. Wormser, ed., 『Candidates '84』, Washington, D.C.: Congressional Quarterly, 1984.

하워드 진(Howard Zinn) & 레베카 스테포프(Rebecca Stefoff), 김영진 옮김, 『하워드 진 살아 있는 미국역사』, 추수밭, 2008.

강신철 외, 『80년대 학생운동사』, 형설신서, 1988.

강준만, 『정보제국주의: 제3세계의 도전과 미국의 대응』, 한울아카데미, 1989.

강준만, 『춤추는 언론 비틀대는 선거: 언론과 선거의 사회학』, 아침, 1992.

강준만, 『TV와 이미지 정치』, 공간미디어, 1995.

강준만, 『정치는 쇼비즈니스다』, 인물과사상사, 1998, 『대통령과 여론조작: 로날드 레이건의 이미지 정치』, 1989 개정판.

강준만, 『이미지와의 전쟁: 커뮤니케이션 사상가와 실천가들』, 개마고원, 2000.

강준만, 『세계의 대중매체 1: 미국편』, 인물과사상사, 2001.

강준만, 『나의 정치학 사전』, 인물과사상사, 2005.

강준만, 『세계문화사전』, 인물과사상사, 2005a.

강준만, 『한국현대사 산책(전18권)』, 인물과사상사, 2002~2006.

강준만, 「자동차의 미디어 기능에 관한 연구: 자동차는 한국인의 국가 · 사회 정체성 형성에 어떤 영향을 미쳤는가?」, 『언론과학연구』, 제9권2호(2009년 6월), 5~46쪽.

강준만 외, 『시사인물사전(전20권)』, 인물과사상사, 1999~2003.

경향신문, 「'마돈나 성교육의 선구자'」, 『경향신문』, 1999년 4월 7일, 21면.

고광헌, 『스포츠와 정치』, 푸른나무, 1988.

고종철, 「미 '코카 · 콜로니제이션' 찬 · 반 팽팽」, 『국민일보』, 1992년 3월 19일, 19면.

구춘권, 「미국 헤게모니 이후의 세계질서: 문명의 충돌과 공존을 중심으로」, 『진보평론』, 8(2001년 여름), 37~59쪽.

국민일보, 「'올해의 인물' 터너/타임즈」, 『국민일보』, 1991년 12월 30일, 5면.

권용립, 『미국 외교의 역사』, 삼인, 2010.

김경호, 「'의견표현'과 '사실적시' 이분법에 따른 대법원의 표현의 자유 보호 법리에 관한 연구」, 『언론과학연구』, 제8권1호(2008년 3월).

김동춘, 『미국의 엔진, 전쟁과 시장』, 창비, 2004.

김민호, 「80년대 학생운동의 전개과정」, 『역사비평』, 창간호(1988년 여름).

김성곤, 「할리우드가 만드는 것과 만들지 않는 것」, 『황해문화』, 제32호(2001년 가을), 62~77쪽.

김성한, 「미국 신보수주의 외교이념의 구성과 주장」, 남궁곤 편, 『네오콘 프로젝트: 미국 신보수주의의 이념과 실천』, 사회평론, 2005, 181~206쪽.

김소영, 「테크노 페미니즘: 영상 테크놀러지와 여성」, 『문화과학』, 1995년 겨울, 137~154쪽.

김수종, 「파월 · 슈와르츠코프/미, '영웅 만들기' 부산」, 『한국일보』, 1991년 3월 3일, 4면.

김영삼, 『김영삼 회고록: 민주주의를 위한 나의 투쟁』, 백산서당, 2000.

김영희, 「독재자 노리에가 또 감옥행」, 『한겨레』, 2010년 7월 8일자.

김윤재, 『워싱턴 퍼즐: 세계정치를 지배하는 워싱턴의 작동 방식』, 삼우반, 2003.

김종서, 「세속화와 종교해방운동의 전개」, 미국학연구소 편, 『21세기 미국의 역사적 전망 Ⅱ: 문화 · 경제』, 서울대학교출판부, 2002, 3~32쪽.

김종철, 『오바마의 미국, MB의 대한민국』, 시대의창, 2009.

김철, 「특별 인터뷰—토플러가 보는 오늘의 세계」, 『조선일보』, 1992년 5월 26일, 3면.

김철웅, 「[여적]베를린 장벽 붕괴 20주년」, 2009a년 11월 3일자.

김학순, 「미 언론 「팍스아메리카나」논쟁/WP · NYT 저명칼럼니스트 논리대결」, 『경향신문』, 1991년 3월 25일, 4면.

김학준, 『북한 50년사: 우리가 떠안아야 할 반쪽의 우리 역사』, 동아출판사, 1995a.

김형찬, 「밀레니엄 담론」, 『동아일보』, 1999년 8월 31일자.

김호준, 「신진엔 문턱 높은 미 의사당」, 『서울신문』, 1990년 11월 10일, 4면.

김호준, 「'하이테크'가 주도하는 '신종전쟁' : 워싱턴서 본 걸프전 새 양상」, 『서울신문』, 1991년 1월 27일, 4면.

다카기 도루, 『전쟁 광고대행사: 정보조작과 보스니아 분쟁』, 수희재, 2003.

동아일보사 편, 『선언으로 본 80년대 민족 · 민주운동』, 신동아 1990년 1월호 별책부록.

류한수, 「20세기 전쟁의 연대기와 지리」, 『진보평론』, 16(2003년 여름), 9~34쪽.

문정식, 『펜을 든 병사들: 종군기자 이야기』, 전국언론노동조합연맹, 1999.

문창극, 『한미갈등의 해부』, 나남, 1994a.

박세길, 『다시 쓰는 한국현대사 3』, 돌베개, 1992.

박영배 · 신난향, 『미국 현대문명 보고서: 게이 레즈비언부터 조지 부시까지』, 이채, 2000.

박윤형, 『러시아 정치사상사』, 문예림, 2000.

박은석, 「노동계급이 낳은 미국 록의 '메시아'」, 『한겨레』, 2009년 6월 3일자.

배국남, 「'포르노 왕'이 정가의 '저승사자'로」, 『주간한국』, 1999년 1월 14일, 51면.

배기찬, 「반미 논쟁」, 『80년대 한국사회 대논쟁집』, 중앙일보사, 월간중앙 1990년 신년별책부록.

백승찬, 「[어제의 오늘]1985년 미국 영화배우 록 허드슨 사망」, 『경향신문』, 2009a년 10월 2일자.

백창재, 「정치개혁과 미국 정치제도의 장래」, 미국학연구소 편, 『21세기 미국의 역사적 전망 Ⅰ: 정치 · 외교 · 환경』, 서울대학교출판부, 2001, 3~75쪽.

백창재, 「미국 신보수주의 외교와 한반도」, 남궁곤 편, 『네오콘 프로젝트: 미국 신보수주의의 이념과 실천』, 사회평론, 2005, 364~386쪽.

백창재, 『미국 패권 연구』, 인간사랑, 2009.

변용식, 「미국 민주당 전당대회 3일째 이모저모 "시청자 잡아라" 비디오정치 활짝」, 『조선일보』, 1988년 7월 23일, 5면.

변창섭, 「'삶은 인정받기 위한 투쟁이다' : 후쿠야마의 '자유민주주의 승리' 논쟁 가열…범죄 · 전쟁 계속돼 비판론 확산」, 『시사저널』, 1992년 7월 2일, 51면.

사루야 가나메, 남혜림 옮김, 『검증, 미국사 500년의 이야기』, 행담출판, 2007.

사사키 신, 송용회 옮김, 『백악관과 언론』, 한국문원, 1994.

서동구, 「부시의 신병기 'TV뉴스'」, 『경향신문』, 1991년 1월 30일, 5면.

설원태, 「정정불안 · 빈부차…체코 공산정권 붕괴 20년 '미완의 벨벳혁명'」, 『경향신문』, 2009a년 11월 19일자.

소에지마 다카히코, 신동기 옮김, 『누가 미국을 움직이는가』, 들녘, 2001.

손세호, 『하룻밤에 읽는 미국사』, 랜덤하우스, 2007.

손제민, 「[어제의 오늘]1984년 인도 보팔 가스 참사」, 『경향신문』, 2009a년 12월 3일자.

송기도, 『콜럼버스에서 룰라까지: 중남미의 재발견』, 개마고원, 2003.

송평인, 「베를린 장벽 붕괴 서막 연 20년전 월요시위 아시나요」, 『동아일보』, 2009a년 9월 5일자.

시무라 마사오 외, 이경애·황순애 옮김, 『미국문화지도』, 한나래, 1995.

시사저널, 「모든 남성 다 아는 마돈나의 육체」, 『시사저널』, 1992년 11월 5일, 94면.

신용관, 「차우세스쿠: 스탈린보다도 잔혹한 '공포정치' 펼친 독재자」, 『조선일보』, 2010년 4월 10일자.

신호창·김지영, 『피할 수 없는 PR』, 미세기, 1995.

심정순, 「외설과 표현의 자유 문제: 벗기는 공연 '미란다'(1994)가 제기한 이론적 이슈들」, 심정순 편저, 『섹슈얼리티와 대중문화』, 동인, 1999, 80~99쪽.

오치 미치오 외, 김영철 편역, 『마이너리티의 헐리웃: 영화로 읽는 미국사회사』, 한울, 1993.

오타 류, 민혜홍 옮김, 『네오콘의 음모』, 아이필드, 2004.

옥한석, 『세계화시대의 세계지리읽기: 자유시장경제는 세계지리를 얼마나 변화시킬까』, 한울, 1999.

요미우리 신문사 엮음, 이종주 옮김, 『20세기의 드라마(전3권)』, 새로운 사람들, 1996.

우노 마사미, 서인석 옮김, 『유태인의 세계전략』, 안산미디어, 1987.

우태희, 『오바마 시대의 세계를 움직이는 10대 파워』, 새로운제안, 2008.

유신모, 「[어제의 오늘]1989년 몰타 미·소 정상회담」, 『경향신문』, 2008년 12월 3일자.

유인경, 「CNN "개전" 제1보로 각광」, 『경향신문』, 1991년 1월 18일, 11면.

윤상길, 「한미 영화분쟁 '2라운드 돌입'」, 『국민일보』, 1989년 2월 7일.

이경재, 「민중의 승리: 5·17에서 6·29까지」, 『신동아』, 1987년 8월호.

이남주, 「천안문사태의 이후 중국 정치개혁 논의의 부침: 자오쯔양 사망의 현재적 의미」, 『고대 대학원신문』, 2005년 3월 2일, 3면.

이동국, 「운동권 '후세인 평가' 상반」, 『한국일보』, 1991년 2월 6일, 19면.

이동연, 『문화부족의 사회: 히피에서 폐인까지』, 책세상, 2005.

이마가와 에이치, 이홍배 옮김, 『미국의 패권주의 이대로 갈 것인가: 미국 대통령의 아시아·중동정책』, 이채, 2003.

이보형, 『미국사 개설』, 일조각, 2005.

이상훈, 「새천년과 가상현실」, 한국철학사상연구회, 『문화와 철학』, 동녘, 1999.

이정록 외, 『20세기 지구촌의 분쟁과 갈등』, 푸른길, 1997.

이정희, 「미국 신보수주의 외교정책과 사회세력의 정치적 영향력」, 남궁곤 편, 『네오콘 프로젝트: 미국 신보수주의의 이념과 실천』, 사회평론, 2005, 283~310쪽.

이준구, 「미국 환경정책의 현황」, 미국학연구소 편, 『21세기 미국의 역사적 전망 I: 정치·외교·환경』, 서울대학교출판부, 2001, 385~430쪽.

이준구, 『대통령을 만든 사람들: 선거의 귀재, 정치 컨설턴트』, 청와출판사, 2010.

이진희, 「"소련, 베를린 장벽 붕괴 오히려 환영": 20주년 맞아 미·소 대응 담은 비사 공개… 유럽 정상들 참여 속 기념식 열려」, 『한국일보』, 2009년 11월 10일자.

이진희, 「"체코 공산정권 붕괴는 유언비어에서 촉발": "진압과정서 사망자 발생" 루머가 '벨벳혁명' 도화선」, 『한국일보』, 2009a년 11월 19일자.

이찬근, 『투기자본과 미국의 패권』, 연구사, 1998.

이찬근, 『뉴 금융 라운드: 세계금융체제 개편논쟁』, 모색, 1999.

임상우, 「자유주의는 역사의 종착점인가: 후쿠야마의 『역사의 종말』에 대한 비판」, 『역사비평』, 1993년 겨울호.

임춘웅, 「슈워츠코프 『걸프전 회고록』 파문/NYT지, 출간전 일부원고 공개」, 『서울신문』, 1992년 9월 22일, 5면.

장호순, 「해설/성평등과 표현의 자유: 캐서린 맥키넌의 주장에 대하여」, 캐서린 A. 맥키넌 (Catharine A. MacKinnon), 신은철 옮김, 『포르노에 반대한다』, 개마고원, 1997, 157~174쪽.

전병갑, 「베를린 장벽 붕괴는 말실수에서 시작됐다」, 『조선일보』, 2009년 10월 22일자.

정기영, 「'저질의 철학' 완성한 포르노 제왕의 일생」, 『TV저널』, 1997년 2월 26일, 48면.

정명진, 「전 CIA 국장 로버트 게이츠 회고록 『그늘에서』 미정치학계 관심」, 『중앙일보』, 1996a년 6월 2일, 19면.

정연주, 「걸프전 증후군/미국 안방 강타」, 『한겨레』, 1991년 1월 26일, 4면.

정연주, 「미국 '힘'에 대한 자신감 팽배/걸프 승전뒤 '베트남 증후군' 사라져」, 『한겨레』, 1991a년 3월 7일, 6면.

정연주, 「취재원도 돈주고 독점」, 『한겨레』, 1994년 2월 1일, 12면.

정영오, 「"독일 통일의 수훈갑은 기자들": WSJ "기자회견서 말실수 이끌어내 베를린 장벽 붕괴 촉발"」, 『한국일보』, 2009년 10월 22일자.

정용탁, 「CNN, 전쟁을 '영화'처럼 형상화」, 『한국일보』, 1991년 1월 22일, 8면.

정우량, 「팍스 아메리카를 꿈꾸는 민주적 제국주의자: 아메리카의 전사 네오콘의 정체」, 『월간 중앙』, 2003년 11월, 326~335쪽.

정철영, 「홧김에 투자한 6백달러가 性혁명」, 월간 『WIN』, 1997년 10월호.

정항석, 『왜 21세기 화두는 미국과 테러리인가』, 평민사, 2002.

정희진, 「안드레아 드워킨: 나는 섹스한다, 고로 존재하지 않는다」, 강봉균 외, 『월경하는 지식 의 모험자들』, 한길사, 2003, 376~387쪽.

조찬제, 「미국서 20년간 복역한 노리에가 프랑스로 신병 인도 다시 법정에」, 『경향신문』, 2010a년 4월 28일자.

조한욱, 「해설: 포르노그라피 만들기와 포르노그라피 읽기」, 린 헌트(Lynn Hunt) 엮음, 조한욱 옮김, 『포르노그라피의 발명: 외설성과 현대성의 기원, 1500~1800』, 책세상, 1996.

주경철, 「베를린 장벽」, 『조선일보』, 2009년 11월 7일자.

주태산, 「미직배 영화관 6곳 연쇄피습」, 『세계일보』, 1989년 8월 15일, 14면.

진철수, 「인터뷰: 후쿠야마」, 『문화일보』, 1999년 7월 25일, 4면.

최민재, 「'표현의 자유' 진짜 수혜자는?」, 『신문과 방송』, 제398호(2004년 2월), 124~125쪽.

최이정, 「클린턴 공격하는 공화당 '성추문 의원 또 있다'」, 『일요신문』, 1999년 1월 17일, 40면.

최진섭, 『한국언론의 미국관』, 살림터, 2000.

최혜실, 『모든 견고한 것들은 하이퍼텍스트 속으로 사라진다』, 생각의나무, 2000.

최희진, 「어제의 오늘」, 『경향신문』, 2009년 11월 3일~2009년 12월 22일자.

하영선, 「21세기 미국 군사의 역사적 전망」, 미국학연구소 편, 『21세기 미국의 역사적 전망 Ⅰ: 정치·외교·환경』, 서울대학교출판부, 2001, 249~272쪽.

한겨레, 「대학강단 서는 마돈나 케임브리지 '이미지와 현실'」, 『한겨레』, 1999년 10월 8일, 29면.

한윤정, 「'터미네이터·람보 환상에 빠진 미국' : 미국인 정신분석서 '하드바디'」, 『경향신문』, 2002년 2월 8일, 19면.

홍규덕, 「[미국을 다시본다] (6)소프트 파워 전략」, 『한국일보』, 2002년 4월 23일, 9면.

홍순호, 「'분단빈국' 이미지 벗고 북방외교 물꼬 터」, 『한국일보』, 1999년 11월 22일, 23면.

황성환, 『미 정부 비밀 해제 문건으로 본 미국의 실체』, 소나무, 2006.

찾아
보기